职业院校“十四五”规划教材
职业教育课程改革规划创新教材

Excel 在会计中的应用

（Excel 2013 及以上版本/WPS Office 电子表格适用）

主　编　张永禄
副主编　廖治琼　张小磊
　　　　高向红　米光鑫

中国石化出版社
HTTP://WWW.SINOPEC-PRESS.COM
中国经济出版社
CHINA ECONOMIC PUBLISHING HOUSE

内 容 提 要

本书以科目汇总表账务处理程序为主线，详细介绍了应用 Excel（WPS Office 电子表格）的工作表函数构造公式、进行余额试算平衡、记账凭证录入的逻辑控制、会计科目自动生成、记账凭证自动打印、账簿文件（总分类账和明细分类账）自动生成、会计报表数据自动提取，以及常用的原始凭证数据自动化处理、工资薪酬计算等。

本书既可作为职业院校相关专业的教材，也可作为在职财务人员提升电子表格软件应用能力的参考书。

图书在版编目（CIP）数据

Excel 在会计中的应用 / 张永禄主编.
— 北京：中国石化出版社，2020. 9（2025. 7 重印）
ISBN 978-7-5114-5931-2

Ⅰ. ①E… Ⅱ. ①张… Ⅲ. ①表处理软件－应用－会计 Ⅳ. ①F232

中国版本图书馆 CIP 数据核字（2020）第 155064 号

中国石化出版社出版发行

地址：北京市东城区安定门外大街 58 号
邮编：100011 电话：（010）57512500
发行部电话：（010）57512575
http://www.sinopec-press.com
E-mail：press@ sinopec.com
北京科信印刷有限公司印刷
全国各地新华书店经销

*

787 毫米×1092 毫米 16 开本 14 印张 322 千字
2025年7月第1版第4次印刷
定价：40. 00 元

编 委 会

主　编　张永禄

副主编　廖治琼　张小磊
　　　　高向红　米光鑫

编　委　楼庆冬　广　胜　陈竹娴
　　　　施秀萍　李国志　赵舒婷
　　　　夏昌梅　向应伟　刘文凤
　　　　孙秀萍　贾　佳

前　　言

随着通用会计软件应用的普及,会计数据处理效率得到了极大提高。然而,通用会计软件也有力所不能及的数据处理领域,难以满足企业基础数据处理的个性化需求,在自制原始凭证的数据处理方面显得尤为突出。专门的电子表格软件,包括微软的Excel和国产的金山WPS Office电子表格,功能强大,在数据处理与数据分析方面具有通用会计软件不具备的优势。利用电子表格软件处理业务数据和进行日常办公应用,已成为财务人员的一项必备技能。

为提升在职财务人员和财经类职业院校学生电子表格应用技能,编者通过深入企业进行岗位技能需求调研,结合多年的教学实践,从职业岗位技能需求出发,以“教师为主导,学生为主体”的理念,模拟企业真实的财务核算过程,把工作过程和工作环节的技能需求转换为教学内容,以模块化的方式,按照“项目引领,任务驱动”的教学模式,编写了本书。

本书从日常会计基础数据处理典型案例入手,根据科目汇总表账务处理程序,依据《企业会计准则》,详细讲解了自制原始凭证制作、会计科目及期初余额表的数据录入逻辑控制与设计、试算平衡的自动化处理、记账凭证表设计与逻辑控制、记账凭证打印设计、明细分类账自动生成、科目汇总表数据自动生成、总分类账自动生成、会计报表的数据采集、职工薪酬计算等内容。通过本书的学习,能满足财务人员及相关岗位人员在日常业务数据处理方面对电子表格软件的操作需求。

本书有以下几个显著特点:

一是简单性。在编写本书过程中,编者尽量在众多的方法中筛选最直观、最简单易学的方法,用浅显的语言以及清晰的步骤,将复杂的操作分解为简单的模块,最后将简单的模块进行“搭积木”式的综合,以“分分合合”的教学策略,达到提升学习者操作技能的目的。

二是实用性。任何具有电子表格软件操作基础和会计基础的人员,都可以借助本书的配套素材,按照本书讲解的操作步骤,轻松应用电子表格软件进行会计数据处理。同时,本书素材中的很多公式可以“即拷即用”,如小写金额的大写转换、明细分类账的自动生成等,是可以直接为使用者服务的。

三是可拓展性。本书中介绍的操作方法,不局限于会计数据处理,这些操作方法同样可以应用到其他数据处理领域,在数据的查找、筛选、自动计算等方面都能发挥重要作用,提高工作效率。

本书内容丰富、结构清晰、图文并茂、由浅入深、通俗易懂,既突出基础性内容,又重视实践应用。每个项目都穿插了大量极富实用价值的操作实例,并对重要的知识和应用技巧进行了归纳和总结。每个项目末尾都安排了针对性的练习,有助于读者巩固所学的知识与技能。

本书以 Excel 2013 为操作平台,一是考虑到该版本目前在职业院校中使用较为普遍,方便师生使用;二是该版本在社会各领域的应用也最为广泛,更重要的是该版本的功能、操作方法、工作表函数等核心技术,在 Excel 的更高版本和在金山 WPS Office 电子表格中具有很好的通用性。在 Excel 2013 中实现的操作,在 Excel 的更高版本和 WPS Office 电子表格中也能实现。

感谢本书的所有读者和使用者,希望本书能对你们提高电子表格软件应用技能有所帮助。但由于税收政策、《企业会计准则》等的变化,加之编者水平有限,书中介绍的会计业务处理和涉及税额的计算,难免存在滞后的情况,还望广大读者予以理解并不吝赐教,编者将及时更新素材文件和相关的教材内容,并对你们的帮助表示衷心感谢。

编　者

目　录

1

项目一
认识 Excel 2013 的几个关键知识

作为微软办公软件 Office 的组件，Excel 凭借其强大的数据处理功能被广泛应用于经济领域的数据加工，尤其在会计数据处理方面更具有独到的优势。从自制原始凭证、编制记账凭证等环节的数据初加工，到账簿文件的生成、报表的编制和财务分析等环节对会计数据归类、整理、分析的深加工，用户都能根据需求处理会计数据，产生对企业经营管理有用的会计信息，具有针对性强、易于掌控等特点。随着版本不断升级，Excel 2013 的功能较之前版本更加强大，操控愈显简便，而且应用于会计数据处理的操作技能同样适用于日常办公事务，具有广泛的适用性，熟练应用 Excel 已成为财务人员的必备操作技能之一。

在学习 Excel 2013 在会计中的应用之前，有必要掌握有关的理论知识和基本的操作技能，以便于以后更好地学习。

【知识目标】

◇ 了解单元格格式的含义
◇ 了解引用的四种方式
◇ 掌握名称的概念
◇ 掌握数据保护的概念
◇ 掌握公式和函数的概念
◇ 理解数据验证的概念及设置目的

【技能目标】

◇ 准确录入数据
◇ 准确采用引用方式
◇ 公式的录入与函数的应用
◇ 进行简单的数据验证允许条件设置
◇ 名称的应用
◇ 单元格数据及工作表的保护

任务一　单元格格式与数据录入

【知识准备】

一、数据的类型

录入到 Excel 2013 工作表单元格中的数据主要有三种基本类型：数值、文本和公式。

➢　数值型数据：用来表示某种对象的数量，例如，科目的借贷方发生额、余额，销售量、天数等。数值也可以是日期或时间。

当录入的数值型数据超过 11 位（不包含 11 位）时，单元格将会以科学记数法显示，此时编辑栏显示的数值与单元格输入的数值一致，在进行数值计算时，将以实际输入的数值为准；而当输入的数值超过 15 位，从第 16 位开始，输入的数值将被 Excel 自动改为零。

科学记数是以指数方式（使用 E）显示数值。如，2.35E+12 表示 2.35 乘以 10 的正 12 次方，而 2.35E-12 表示 2.35 乘以 10 的负 12 次方。

数值型数据可以进行加、减、乘、除等算术运算。

➢　文本型数据：是一些说明性的符号或文字，通常用来标注项目名称或对项目、工作表进行说明。那些用于表示某种对象的代码，明显不用于算术运算的数字或数字组合也是文本型数据，如科目编码、身份证号码、电话号码、QQ 号等也是文本型数据。

当需要输入由数字组成的文本型数据，如身份证号码、科目编码时，需要先将单元格格式设置为“文本”，再输入数字；也可以先输文本引导符“ ' ”（英文单引号），再输入数字。前者适用于批量数字型文本的输入，后者适用于少量数字型文本的输入。

文本型数据不可以进行加、减、乘、除等算术运算。

➢　公式：由数据、引用、函数及其参数、括号等通过运算符连接而成。通常用于完成数据加工，返回加工结果，有时也用于信息反馈。公式的输入总是以“=”或“@”开头。由于“@”只在公式开始为函数的时候有效，因此输入公式时通常以“=”开头。

电子表格的精髓在于公式，公式使电子表格成为真正意义上的电子表格。

二、单元格格式

单元格格式包括录入数字的分类、数据的对齐方式、字体字号、边框样式、填充、保护属性等诸多项目。通过单元格格式的设置，可以使工作表中的数据清晰易读，工作表的样式美观大方，重点突出。更重要的是，为不同类型的数据设置匹配的单元格格式，可以使 Excel 准确解读用户录入的数据，保证数据加工的准确性。

Excel 提供了“设置单元格格式”功能对单元格格式进行设置，其中“数字”选项卡中的各个选项，只针对录入到单元格中的数字或数字组合设置数据类型，即专门设置录入到单元格中的数字或数字组合的分类。当选择其中一种分类时，在“设置单元格格式”对话框右侧的“示例”部分将显示选中数字分类的文字说明，可对部分分类进行详细设置。

【任务描述】

A 企业计划用 Excel 2013 进行员工薪酬管理,要求设计一个工作表录入基础数据,包括“员工 ID”“姓名”“身份证号码”“入职时间”“银行卡号”“应发工资”“扣项”“实发工资”等八个项目。

事实上,一个企业的薪酬构成要比该任务复杂得多,该任务的目的只是为了帮助读者理解数据类型,掌握单元格格式设置及数据录入。

【任务分析】

根据要求,需要新建一个工作簿,在该工作簿中建一个存放薪酬数据的工作表,该工作表有八个项目:

1. “员工 ID”“身份证号码”“银行卡号”三个项目的内容均为由数字组合的文本(当然身份证号码中会有少数最后一位不是阿拉伯数字,而是罗马数字 X 的),因此需将这三个项目相关单元格格式的数字分类设置为“文本”。

2. “应发工资”“扣项”和“实发工资”三项内容应显示为数值,且统一保留两位小数,达到简捷、美观大方的目的。

3. “实发工资”项应由“应发工资”减去“扣项”得到,因此,应输入公式。

【任务实施】

步骤 1:新建一个 Excel 2013 工作簿文件,并命名为“项目 1_任务 1. xlsx”。

步骤 2:将工作表标签“Sheet1”改为“工资表”。

步骤 3:分别在 A1、B1、C1、D1、E1、F1、G1、H1 输入项目名称。

步骤 4:将“员工 ID”“身份证号码”“银行卡号”三个项目的单元格格式设置为“文本”。

步骤 4. 1:单击列标号 A 选中 A 列,然后按下【Ctrl】键,再依次选中 C、E 两列。

步骤 4. 2:释放【Ctrl】键,鼠标箭头指向选中区域的任一位置,再右键单击,弹出快捷菜单,如图 1-1 所示。

图 1-1　“设置单元格格式”命令

步骤 4. 3:在弹出的快捷菜单中单击“设置单元格格式”命令,打开“设置单元格格式”对话框,单击“数字”选项卡(默认的情况下,当前选项卡就是“数字”选项卡),在分类列表中单击“文本”,如图 1-2 所示。

步骤 4. 4:单击“确定”按钮,完成三个项目的单元格格式设置。

步骤 5:将“应发工资”“扣项”和“实发工资”三个项目的单元格格式设置为保留两位小数、使用千位分隔符、负数用“-”号表示的“数值”。

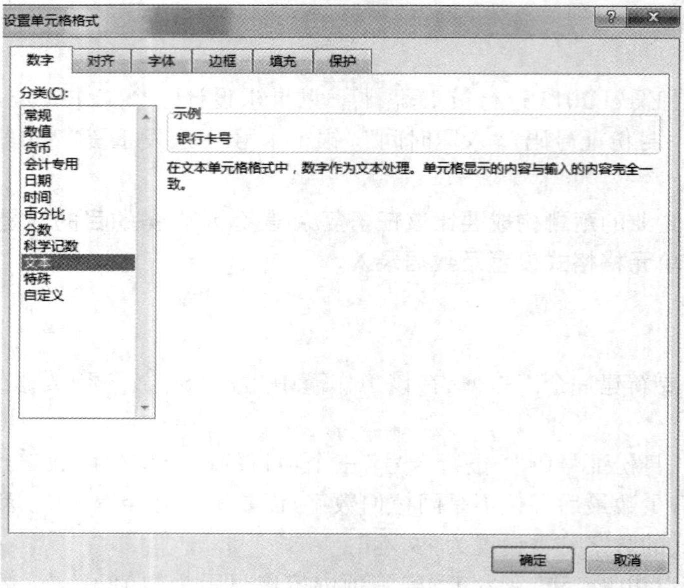

图 1-2　设置“文本”类别

步骤 5.1：同时选中 F、G、H 三列。

步骤 5.2：在选中区域的任一位置右击，在弹出的快捷菜单中单击“设置单元格格式”命令。

步骤 5.3：在弹出的“设置单元格格式”对话框中，单击“数字”选项卡，在分类列表中单击第 2 项“数值”。

步骤 5.4：将“小数位数”调整为 2，勾选“使用千位分隔符”，在“负数”列表中选择用“-”号表示的数值样式，如图 1-3 所示。

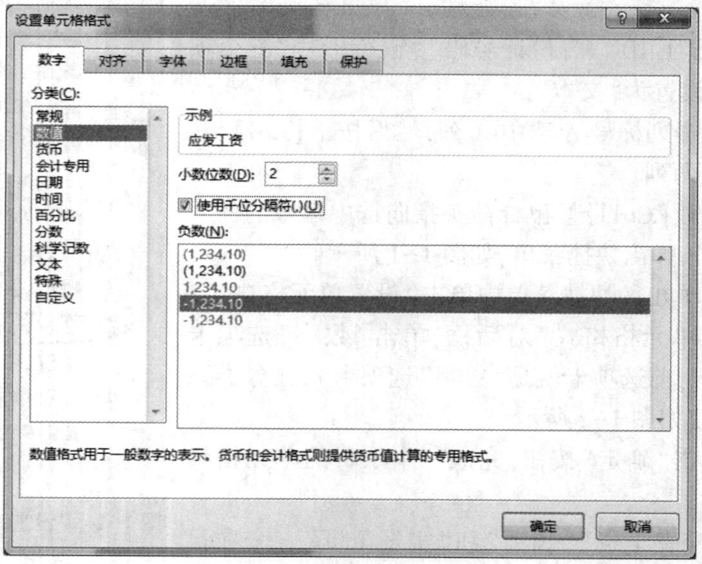

图 1-3　设置“数值”类别

步骤 5.5:单击“确定”按钮,完成三个项目的单元格格式设置。

步骤 6:输入基础数据。在 A2～G2 单元依次输入“001”“张会计”“530902198112140031”“2003-09-10”“8450262158421000026”“5000”“50”;

步骤 7:在 H2 单元格中输入公式“=F2-G2”,按【Enter】键确认,H2 单元格即显示计算结果“4 950.00”。

操作结果如图 1-4 所示。

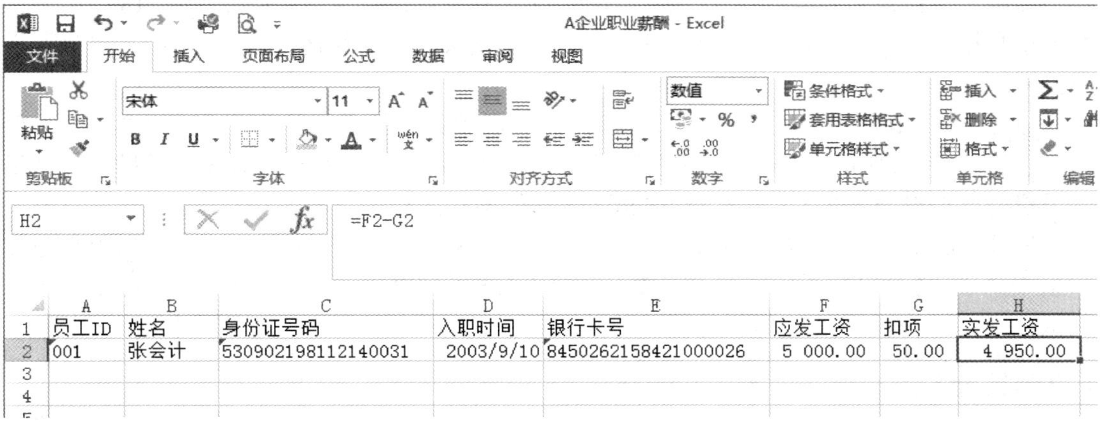

图 1-4　格式设置操作结果

如果不进行单元格格式设置,直接录入以上数据,则结果如图 1-5 所示。

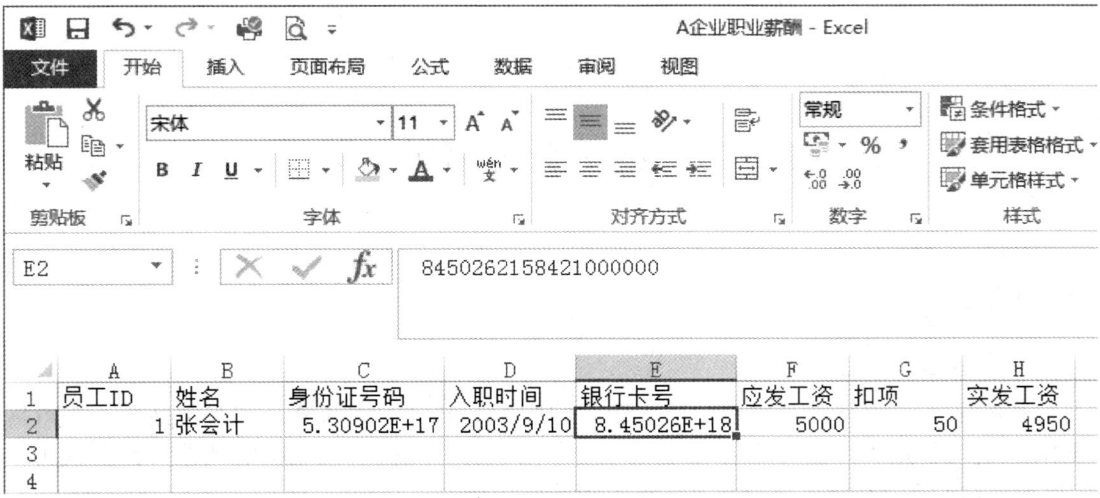

图 1-5　格式设置前的输入结果

图 1-5 中:

1.“员工 ID”的前两个数字“00”为何不显示?这是因为在单元格中输入数字或数字组合时,Excel 将把输入的数据类型解读为“数值”,直到出现第一个非数字字符为止,而对数值型数据,将删除无效“0”。此例中的前两个“0”,被 Excel 解读为无效“0”,所以将其删除。

2.“身份证号码”和“银行卡号”采用科学记数法显示,且从第 16 位开始,以后的数字全都改成了“0”(请注意图 1-5 的编辑栏)。

3.“应发工资”“扣项”和“实发工资”三项值的显示不够美观。

从以上的示例不难得出这样的结论:在录入数字或数字组合前,为数据设置与之相匹配的单元格格式很有必要。如果录入的数字或数字组合不是数值型,则按照“先设置,再录入”的原则操作。

特别提醒:单元格格式的设置不改变设置前已存在数据的数据类型。

如果先前已录入数值型数据“180”,现将单元格格式设置为“文本”,那么“180”仍然是数值型数据,若要使 Excel 将“180”解读为“文本”,则必须在单元格格式设置为“文本”后,重新输入“180”。

显然,图 1-5 中“身份证号码”和“银行卡号”两项数据的单元格格式应设为“文本”,但由于事先未设置,所以 Excel 仍然按照数值型数据显示和处理。在现有数据的基础上将其格式设置为“文本”,改变不了原先的数据类型(数值型),除非重新输入。

另外,在录入日期型数据时,Excel 自动将日期分隔符改成正斜线“/”,若要采用其他显示格式,可以通过设置单元格格式的数字分类“日期”加以设置,有兴趣的读者可以自己试一试。

【巩固技能】

A 企业计划用 Excel 2013 进行员工数据管理,需要录入每一员工的基础数据,包括“工号”“姓名”“性别”“入职日期”“年龄”“身份证号码”“移动电话”“QQ 号”“家庭地址”等内容,其中“工号”用 5 位阿拉伯数字组合顺序编号,从“00001”开始。请设置正确的单元格格式,并录入 3~5 条记录。

任务二　绝对引用和相对引用

【知识准备】

一、引用及其类型

所谓引用,就是使用其他单元格或区域的数据。创建的大部分公式都包括单元格或区域引用,这些引用可以使公式动态地处理包含在那些单元格或区域中的数据。在公式中使用单元格(区域)引用时,可以使用 3 种类型的引用:

➢ 相对引用:当把公式复制到其他单元格中时,行或列引用会发生改变,因为这些引用实际上相对于当前行或列的偏移量。默认情况下,Excel 会在公式中创建相对单元格的引用。

➢ 绝对引用:当复制公式时,行和列引用不会发生改变,因为引用的是单元格的实际地址。为了表示绝对引用,需要在其地址中使用绝对引用的标识符:美元符号,用在列字母前表示列是绝对引用,用在行号前表示行是绝对引用(如 $C$8)。

➢　混合引用：行或列中有一个是相对引用，另一个是绝对引用。地址中只有一个组成部分是绝对的（如 $A8 或 A$8）。当把公式复制到其他单元格中时，标识为绝对引用的列或行不会发生改变，改变的只是相对引用的列或行。

只有在打算将公式复制到其他单元格时，才需要关注单元格引用类型。

二、引用工作表外部的单元格

公式也可以引用其他工作表中的单元格，甚至这些工作表可以不在同一个工作簿中。Excel 使用一些特殊的符号来处理这种引用类型。

➢　引用其他工作表中的单元格

要引用同一工作簿中不同工作表中的单元格，需使用以下格式：

工作表名称！单元格地址

也就是说，需要在单元格地址前面加上工作表名称，后跟一个惊叹号。如：

=C3 * Sheet1！A3

这个公式的作用是将当前工作表单元格 C3 的数值乘以工作表 Sheet1 中的单元格 A3 的数值。

➢　引用其他工作簿中的单元格

要引用其他工作簿中的单元格，需使用下面的格式：

[工作簿名称]工作表名称！单元格地址

也就是说，需要将工作簿名称用方括号括起来，后面加上工作表引用。如：

[A 企业薪酬管理]工资！C3

这个公式的作用是引用“A 企业薪酬管理”工作簿中“工资”工作表的 C3 单元格的数据。

如果引用中的工作簿名或工作表名包括一个或多个空格，就必须为工作簿和工作表名加上单引号，这种情况一般出现在用英文标识工作簿或工作表名称中。例如：

‘[My Books]Story’！C3

这个公式的作用是引用“My Books”工作簿中“Story”工作表的 C3 单元格数据。

如果引用的工作簿没有打开，就必须加上这个工作簿引用的完整路径。例如：

‘D:\我的文件[My Books]Story’！C3

这个公式的作用是引用存放在 D 盘名为“我的文件”文件夹中，尚未打开的工作簿“My Books”内“Story”工作表的 C3 单元格的数据。

三、更改引用类型

通过在单元格地址的适当位置输入美元符号，可以输入绝对引用或混合引用。或者，也可以使用【F4】键。当输入单元格引用（通过键入或指向）后，重复按【F4】键可以让 Excel 在相对引用、绝对引用、行绝对混合引用、列绝对混合引用 4 种引用中循环选择。

当为单元或区域命名时，Excel 会为名称使用绝对引用（默认设置），对该名称的引用将采用绝对引用。

【任务描述】

A 企业使用 Excel 2013 记录某品牌家电的销售情况，用于员工业绩考核。记录的项目有“工号”“姓名”“销售数量”“销售额”,该家电售价统一为 3850.00 元/台。要求:在相应的“销售额”栏设置公式,使得输入“销售数量”后能自动计算出销售额。

【任务分析】

根据要求,需要新建一个工作簿,在该工作簿中建一个员工销售数据的工作表,该工作表有四个项目:

1.“工号”为由数字组合的文本,因此需将其单元格格式的“数字分类”设置为“文本”。

2.“销售数量”输入的是数字组合,在默认情况下,输入的数字组合将被解读为数值型,与“销售数量”的数据类型一致,不用设置单元格格式。

3.“单价”是统一的,在工作表中选择合适的单元格存放单价。

4.“销售额”等于“销售数量”乘以“单价”,应输入公式。

5. 设置的“销售额”公式需要复制,以便所有“销售额”单元公式都能通过复制得到。为保证计算结果的准确性,设置公式时要保证单元格引用类型的准确。

6.“销售额”公式中对“销售数量”单元格应采用相对引用方式,对“单价”单元格应采用绝对引用方式。

【任务实施】

步骤 1:新建一个 Excel 2013 工作簿文件,并命名为“项目 1 任务 2_1. xlsx”。

步骤 2:将工作表标签“Sheet1”改为“A 企业销售数据”。

步骤 3:分别在 A1、B1、C1、D1 输入项目名称,在 F1 单元格输入提示文本“单价”,在 G1 单元格输入数值 3850。

步骤 4:将“工号”项目的单元格格式的“数字分类”设置为“文本”。

步骤 5:将“销售额”“单价”项目的单元格格式设置为“数值”,小数位数为“2”,“使用千位分隔符”。

步骤 6:输入三个员工的销售基础数据,如图 1-6 所示。

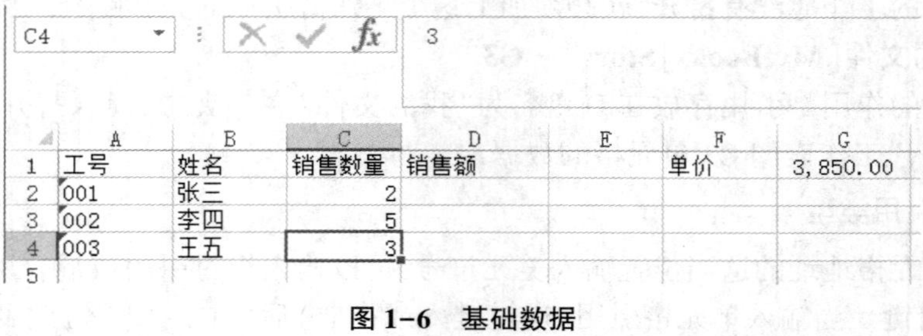

	A	B	C	D	E	F	G
1	工号	姓名	销售数量	销售额		单价	3,850.00
2	001	张三	2				
3	002	李四	5				
4	003	王五	3				
5							

图 1-6　基础数据

步骤 7:计算销售额。

步骤 7.1:在 D1 单元格(工号为“001”对应的销售额单元格)输入公式“=C2 * $G $1”,按【Enter】键后,单元格显示公式计算的结果,编辑栏显示公式“=C2 * $G $1”,如图 1-7 所示。

步骤 7.2:使用拖曳操作将 D2 单元格公式复制到 D3、D4 单元格,完成工号“002”“003”

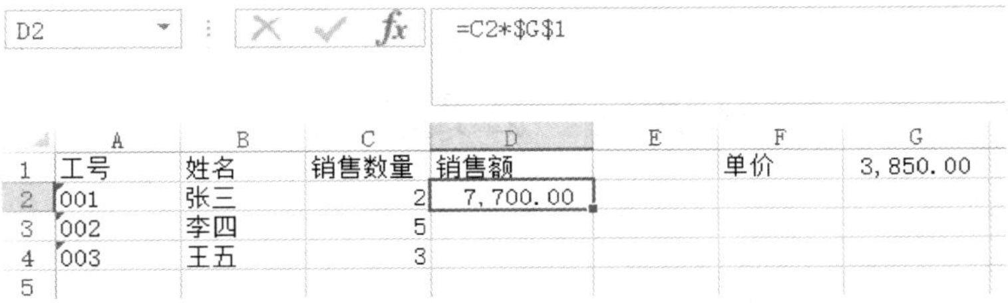

D2　=C2*$G$1

	A	B	C	D	E	F	G
1	工号	姓名	销售数量	销售额		单价	3,850.00
2	001	张三	2	7,700.00			
3	002	李四	5				
4	003	王五	3				
5							

图 1-7　公式计算结果

的销售额自动计算,如图 1-8 所示。

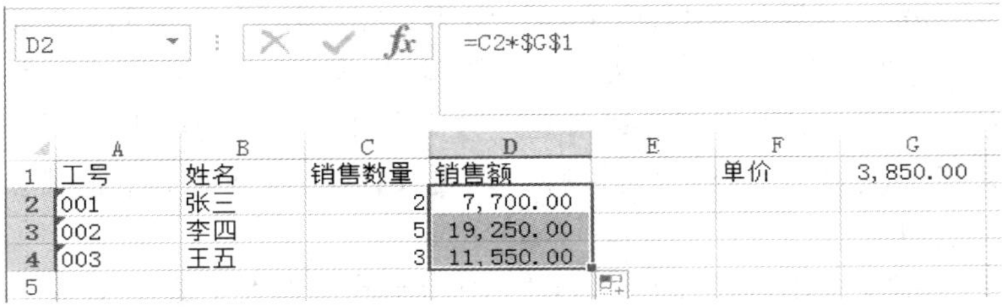

D2　=C2*$G$1

	A	B	C	D	E	F	G
1	工号	姓名	销售数量	销售额		单价	3,850.00
2	001	张三	2	7,700.00			
3	002	李四	5	19,250.00			
4	003	王五	3	11,550.00			
5							

图 1-8　复制计算公式结果

在 D2 单元格公式中,使用相对引用“C2”来引用“销售数量”,使用绝对引用“＄G＄1”。这样可以达到复制单元公式后,“销售数量”作相应变化,而作为统一的“单价”不发生变化的目的。将单元格分别定位到 D3、D4,在编辑栏中可以看到公式分别是“=C3＊＄G＄1”“=C4＊＄G＄1”,即相对引用的单元格引用发生了相应变化,绝对引用的单元格引用未发生变化。

作为 Excel 的使用者,根据数据处理需求采用正确的单元格引用方式是必备的基本技能,务必熟练掌握。

【巩固技能】

A 企业使用 Excel 2013 记录员工的加班情况,用于计算员工的加班工资。记录的项目有“工号”“姓名”“加班天数”“加班费”。其中“工号”由 3 位阿拉伯数字组成,采用顺序编码,从“001”开始。要求:在相应的“加班费”栏设置公式,使得在相应的单元格输入“加班费发放标准”后能自动计算出每个员工的加班费,结果保留两位小数,使用千位分隔符。操作结果如图 1-9 所示(参考)。

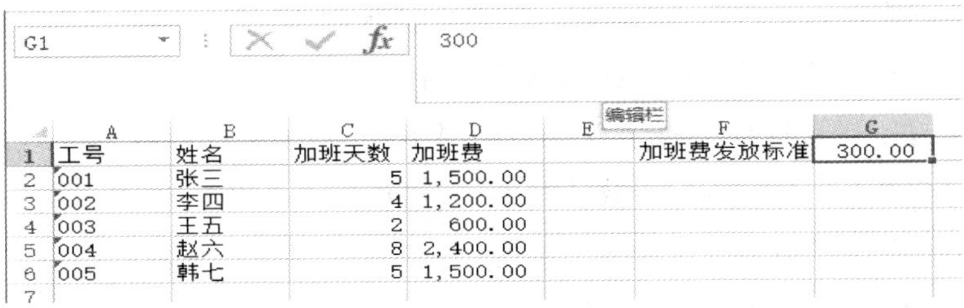

G1　300

	A	B	C	D	E	F	G
1	工号	姓名	加班天数	加班费		加班费发放标准	300.00
2	001	张三	5	1,500.00			
3	002	李四	4	1,200.00			
4	003	王五	2	600.00			
5	004	赵六	8	2,400.00			
6	005	韩七	5	1,500.00			
7							

图 1-9　练习操作结果(参考)

任务三　公式和函数

【知识准备】

一、公式基础知识

公式是以“=”或“@”号开头的，由单元格引用、运算符、数值、字符、函数等组成的能够进行运算的表达式。它可以执行某个类型的计算，然后返回结果，并且将结果显示在单元格中。公式使用各种运算符和工作表函数来处理数值和文本。在公式中使用的数值和文本可以位于其他单元格中（引用），这样就可以轻松地更改数据，并且为工作表赋予动态特性。公式由下列一些元素组成：

- 运算符。如“+”（用于相加）和“>=”（用于比较是否大于或等于）；
- 引用（包括命名的单元格和区域）；
- 数值或文本；
- 工作表函数及其参数（如 SUM、COUNT、TRUNC 等）；
- 括号。

在单元格中输入公式后，单元格将显示公式计算的结果。而选择单元格时，公式本身将会出现在编辑栏中。

在公式中输入的函数名、单元格引用等不区分大小写。Excel 2013 将自动将小写转换为大写，除非输入有误。因此用户在输入函数名、单元格引用时大小写是等价的。

二、在公式中使用的运算符及优先级

Excel 公式支持多种运算符。运算符是一种符号，用于指明需要公式执行的运算类型。表 1-1 列出了 Excel 可以识别的各种运算符及其优先级，为使公式产生正确的结果，必须掌握表 1-1 列示的内容。除了这些运算符外，Excel 还内置了许多函数，可以进行其他更多的计算。

表 1-1　运算符号及优先级

运算符	名称	执行的操作	优先级
:	冒号	单元格之间连接以表示连续的区域	1
,	逗号	将单元格合并成一个连续或不连续的区域	1
	空格	返回两个区域都包含的单元格数据（不常用）	1
^	幂	求幂	2
*	乘	数值型数据之间的乘法运算	3
/	除	数值型数据之间的除法运算	3

（续表）

运算符	名称	执行的操作	优先级
+	加	数值型数据之间的加法运算	4
-	减	数值型数据之间的减法运算	4
&	连接	数值或文本之间的连接	5
=	等于	逻辑比较(是否等于)	6
>	大于	逻辑比较(是否大于)	6
<	小于	逻辑比较(是否小于)	6
>=	大于等于	逻辑比较(是否大于或等于)	6
<=	小于等于	逻辑比较(是否小于或等于)	6
<>	不等于	逻辑比较(是否不等于)	6

可以使用括号改变优先级,Excel 总是最先计算括号中的表达式。

即使不是必需的,最好也使用括号,因为这样更有利于指明公式的意图。

公式中可以嵌套使用括号,嵌套是把一个括号放到另一个括号之内。Excel 将按“由内到外”的原则首先计算最里层括号中的表达式,然后再计算外面的表达式。

三、工作表函数及其功能

工作表函数是在公式中使用的一种内置工具。工作表函数能够让你执行无法用其他方式完成的计算或操作,函数一般有一个或多个参数(也有少数函数没有参数,即无参函数),并返回一个结果。

函数具有如下功能:

➢ 简化公式。例如,假定需要计算 A1~A100 共 100 个单元格的总和,如果不使用函数,就需要用以下公式计算:

=A1+A2+A3+…+A100

而如果使用函数,只需要一个简单的公式就可以实现:

=SUM(A1:A100)

➢ 允许公式执行难以用其他方式完成的计算。例如,如果需要确定某个范围的最大值,不使用函数是难以得到答案的。下面这个简单的公式使用 MAX 函数返回 A1:H600 的最大值。

=MAX(A1:H600)

➢ 提高编辑任务的速度。例如,如果需要将 A1~A100 单元格所有英语单词的第一个字母都转换成大写,只需要在 B1 单元格中使用下面的公式:

=PROPER(A1)

然后:

步骤 1:将 B1 的公式使用拖曳操作复制到 B100;

步骤 2:选择 B1~B100 单元格区域,单击鼠标右键,在弹出菜单中单击“复制”命令;

步骤 3:选择 A1 单元格,单击鼠标右键,在弹出菜单中单击“粘贴选项”|“值”。

A1~A100 单元格所有英语单词的第一个字母都转换成了大写。

➢ 允许有条件地运行公式,使之具备基本判断能力。IF 函数可以为公式提供判断功能。

四、函数的参数类型

所有的函数都需要括号,括号中的内容就是函数的参数,函数参数的使用方法各不相同。函数可以:

➢ 不带参数。

➢ 固定数量的参数。

➢ 数量不确定的参数。

➢ 可选参数。

可以作为函数参数的有:

➢ 名称。函数可以把单元格或区域引用作为它们的参数,如果作为参数的单元格或区域定义了名称,则这个名称可以代替作为参数的单元格或区域。例如要计算 A20:A100 的和,可以使用:

=SUM(A20:A100)

如果为 A20:A100 定义了名称(如"销售量"),就可以用这个名称来替换引用,写成:

=SUM(销售量)

➢ 把整行或整列作为参数。在某些情况下,需要把整行或整列作为参数。下面的公式用来统计 A 列中大于或等于 60 的单元格个数。

=COUNTIF(A:A,">=60")

如果要计算的范围是变化的,使用整行或整列引用就特别有用。

➢ 把直接输入的值作为参数。例如,要计算 324 的算术平方根,就可以用下面的公式:

=SQRT(324)

➢ 把表达式作为参数。表达式是公式中的公式(没有前导符"=")。Excel 遇到作为函数参数的表达式时,会先计算这个表达式,然后将其结果作为参数。例如:

=SQRT(A2^3+A3*2)

这个公式使用了 SQRT 函数,它的参数是下列表达式:

A2^3+A3*2

Excel 在计算公式时,首先计算参数中的表达式,然后再计算该结果的平方根。该表达式将单元格 A2 中值的 3 次方与单元格 A3 中的值乘以 2 相加。

➢ 把其他函数作为参数(函数嵌套)。Excel 可以将表达式作为参数,这些表达式也可以包括其他函数。Excel 会先计算最深层的嵌套表达式,再逐步向外计算其他表达式。如下面的公式:

=SQRT(SUM(A3:A10))

该公式先计算出 A3~A10 的和,再计算和的算术平方根。

➢ 把数组作为参数。函数也可以使用数组作为参数。

【任务描述】

A 企业使用 Excel 2013 记录国外客户人员名单，如图 1-10 所示。业务员将人名字母全部输为大写，且有的人名前后有空格，现在需要将人名的书写统一为第一个字母大写，其余字母为小写，并在名字前加上“Mr.”的格式。

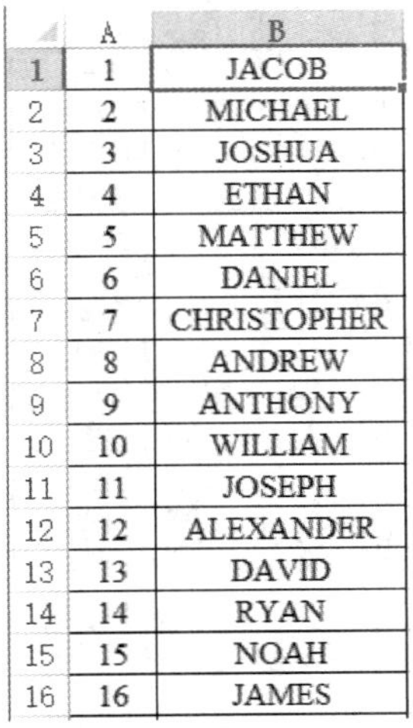

	A	B
1	1	JACOB
2	2	MICHAEL
3	3	JOSHUA
4	4	ETHAN
5	5	MATTHEW
6	6	DANIEL
7	7	CHRISTOPHER
8	8	ANDREW
9	9	ANTHONY
10	10	WILLIAM
11	11	JOSEPH
12	12	ALEXANDER
13	13	DAVID
14	14	RYAN
15	15	NOAH
16	16	JAMES

图 1-10　原始数据

【任务分析】

根据要求，需要先删除人名前后的空格，然后将人名转换为第一个字母为大写，其他为小写字母的格式，再在其前面加上字符“Mr.”，最后将结果粘贴到 B 列原来的位置。

【任务实施】

步骤 1：在 C1 单元格输入公式“=TRIM(B1)”，以删除人名前后的无效空格。

步骤 2：将 C1 单元格公式修改为“=PROPER(TRIM(B1))”，将 B1 单元的人名转换为第一个字母为大写，其他为小写字母的格式。

步骤 3：将 C1 单元公式修改为：“="Mr.“&PROPER(TRIM(B1))”，在人名前面加上文本“Mr.”，按【Enter】键后，C1 单元显示操作结果，如图 1-11 所示。

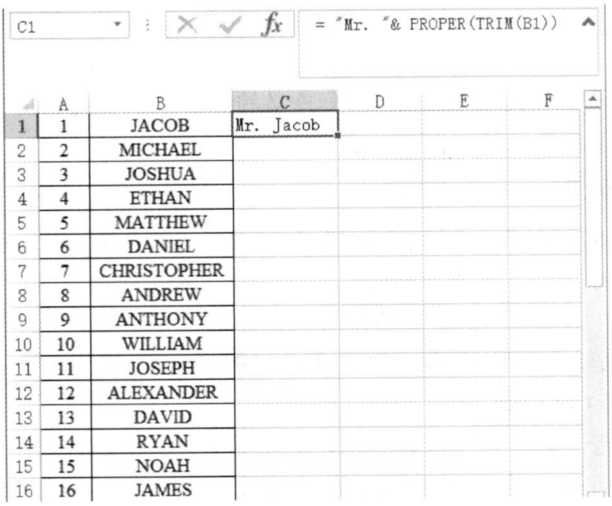

	A	B	C	D	E	F
1	1	JACOB	Mr. Jacob			
2	2	MICHAEL				
3	3	JOSHUA				
4	4	ETHAN				
5	5	MATTHEW				
6	6	DANIEL				
7	7	CHRISTOPHER				
8	8	ANDREW				
9	9	ANTHONY				
10	10	WILLIAM				
11	11	JOSEPH				
12	12	ALEXANDER				
13	13	DAVID				
14	14	RYAN				
15	15	NOAH				
16	16	JAMES				

图 1-11　公式计算结果

步骤 4：使用拖曳操作或双击 C1 单元格的填充柄，将 C1 单元格公式复制到 C 列的其他单元格，C 列相应的单元格即显示人名的转换结果。

步骤 5：选择 C 列，单击鼠标右键，执行“复制”命令。

步骤 6：选择 B1 单元格，单击鼠标右键，执行“粘贴选项”|“值”命令，将转换好的 C 列的人名复制到 B 列。

	A	B
1	1	Mr. Jacob
2	2	Mr. Michael
3	3	Mr. Joshua
4	4	Mr. Ethan
5	5	Mr. Matthew
6	6	Mr. Daniel
7	7	Mr. Christopher
8	8	Mr. Andrew
9	9	Mr. Anthony
10	10	Mr. William
11	11	Mr. Joseph
12	12	Mr. Alexander
13	13	Mr. David
14	14	Mr. Ryan
15	15	Mr. Noah
16	16	Mr. James

图 1-12　最终结果

步骤 7:删除 C 列。最后结果如图 1-12 所示。

该任务先使用 TRIM 函数删除对应人名多余空格,然后用 PROPER 函数将人名转换为指定格式,最后用文本连接符“&”将文本“Mr. ”与转换结果连接起来,实现指定的操作目标。

公式中使用文本的时候,需要用英文双引号“""”将文本引起来。

说明:大家可能对函数用法不太清楚,不用担心,在以后的学习中会有详细的介绍,这里只是让大家先体验一下函数在公式中应用的功能。

【巩固技能】

将本次学习任务反复操作练习,仔细体会公式中涉及函数的基本功能,以及函数嵌套的计算次序。

任务四　名称的定义与使用

【知识准备】

一、名称的概念

名称就是给 Excel 工作簿对象命名的、有意义的名字。这些对象可以是单元格、范围、图表或图形,本书重点关注单元格或范围的名称。

二、使用名称的优点

➢　有意义的名称(如“总计”)比单元格地址(如“C39”)更易于理解和记忆。

➢　如果在公式中使用了名称,可以增强公式的可读性和可理解性。如公式“=单价*销售量”比公式“=C3*D3”更直观,更便于理解。

➢　构造公式时,输入名称比输入单元格或范围更少出错。如果在公式中错误地输入名称,Excel 会显示#NAME? 错误。

➢　通过使用位于“编辑”栏(也称“公式”栏)左侧的“名称”框(单击下拉箭头可显示已定义的名称列表)或通过选择“开始”|“编辑”|“查找和选择”|“转到”(或按 F5 键)并指定区域名称,可以快速移动到工作表中的不同区域。

三、名称命名的几个主要规则

➢　名称不能含有空格。如果要分隔名称之间的字符,可以用下划线(“_”)或点号“.”来代替空格。

➢　可以使用字母和数字的任意组合,但必须以字母、下划线、反斜线或汉字开头。以阿拉伯数字开头的名称是错误的。

➢ 名称不能与单元格引用相同。

➢ 名称不区别大小写。

四、如何创建名称

Excel 为单元格或区域创建名称常用的方法有以下两种：

(一)使用“名称”框创建名称

为单元格或范围创建名称最快捷的方式是使用“名称”框(位于“编辑”栏左侧)。具体操作方法是：

➢ 选择要命名的单元格或区域。

➢ 单击“名称”框。

➢ 输入名称。

➢ 敲【Enter】键。

注意：必须按下【Enter】键才能使创建的名称有效。如果在输入名称之后没有敲【Enter】键，则 Excel 不会创建名称。

(二)使用“新建名称”对话框创建名称

为了更好地控制对单元格和区域的命名，可使用“新建名称”对话框。具体操作方法是：

➢ 选择要命名的单元格或区域。

➢ 单击“公式”|“名称管理器”|“新建”按钮，可以打开“新建名称”对话框(或单击“公式”|“定义的名称”|“定义名称”按钮，也可打开“新建名称”对话框)。

➢ 在“名称”框中输入名称。选择的单元格或区域的地址会以绝对引用的方式显示在“引用位置”文本框中。

➢ 在“范围”框中选择名称的范围。该范围指出了名称有效的位置，该位置既可以是整个工作簿，也可以是特定的工作表。如果选择的范围是“工作簿”，则这个名称在整个工作簿中都可以使用；如果选择的范围是特定的工作表，则这个名称只能在特定的工作表中使用。

➢ 如果愿意或有必要，在“备注”栏中输入相关的文字说明，当然也可以不输。

➢ 单击“确定”按钮可将名称添加到工作簿或特定的工作表中并关闭对话框。

还可以使用“以选定区域创建名称”的方法创建名称，鉴于篇幅，这里不作讲解，有兴趣的同学可以自己尝试一下。

如果需要，可以为整个行或列命名。

五、关于名称管理器

Excel 通过“名称管理器”实现对名称的“新建”、“修改”、“删除”、引用位置的调整等维护工作。单击“公式”|“名称管理器”即可打开名称管理器，如图 1-13 所示。

注意：如果在公式中使用了名称，则删除此名称会导致公式出错，显示#NAME？的提示信息。

【任务描述】

A 企业在 Excel 2013 工作簿中创建了“业务员”工作表和“商品”工作表管理业务员和商

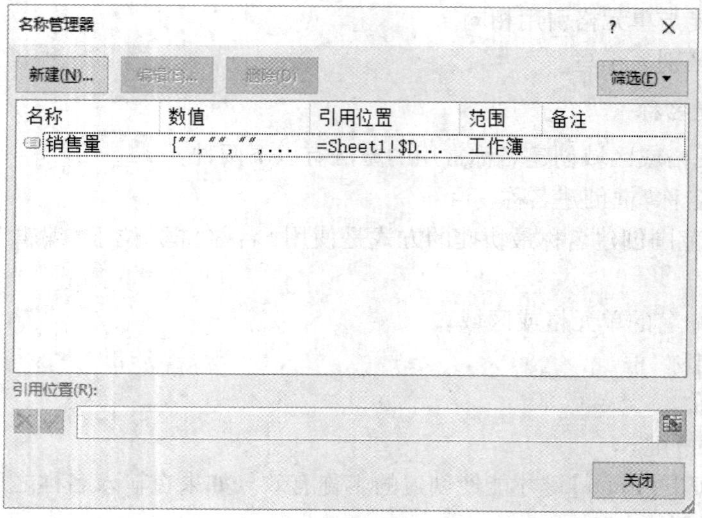

图 1-13　名称管理器

品数据(见素材文件“项目 1 任务 4_1. xlsx”)。为便于使用,需要对“业务员”工作表和“商品”工作表相应的数据区域区别使用,分别使用创建名为“业务员”和“商品”的名称。

【任务分析】

可以使用“名称”框创建名称的方法创建,也可以用“新建名称对话框”的方法创建。下面分别用这两种方法创建“业务员”名称和“商品”名称。

【任务实施】

步骤 1:打开“项目 1 任务 4_1. xlsx”。

步骤 2:单击“业务员”工作表标签。

步骤 3:选择需要创建名称的区域 A2:B11。

步骤 4:在名称框中输入文字“业务员”,如图 1-14 所示。

步骤 5:按【Enter】键完成名称的创建。

步骤 2~步骤 5 的操作是使用“名称”框实现“业务员”名称的创建。

步骤 6:单击“商品”工作表标签。

步骤 7:选择需要创建名称的区域 A2:C31。

步骤 8:单击“公式”|“名称管理器”|“新建”按钮(或单击“公式”|“定义的名称”|“定义名称”按钮),打开“新建名称”对话框,如图 1-15 所示。

步骤 9:在名称框中输入名称“商品”,范围选择“工作簿”(这也是默认选项),可以根据需要在“备注”栏输入说明文字,“引用位置”中显示选择的区域(请注意:这里的单元格引用方式是绝对引用)。

步骤 10:单击“确定”按钮完成“商品”名称的创建。

以上步骤 6~步骤 10 的操作是使用“新建名称”对话框实现“商品”名称的创建。

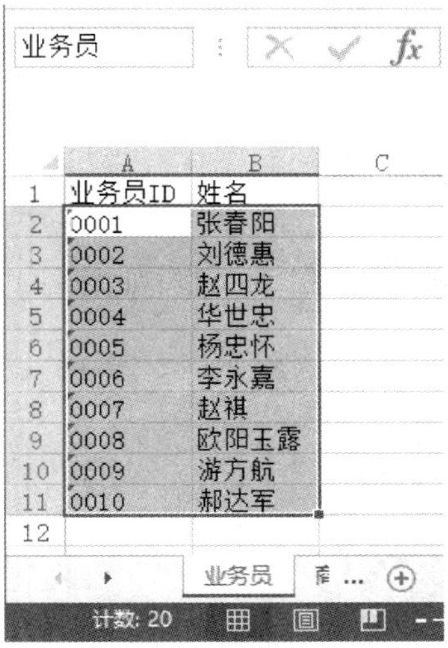

图 1-14　基础数据

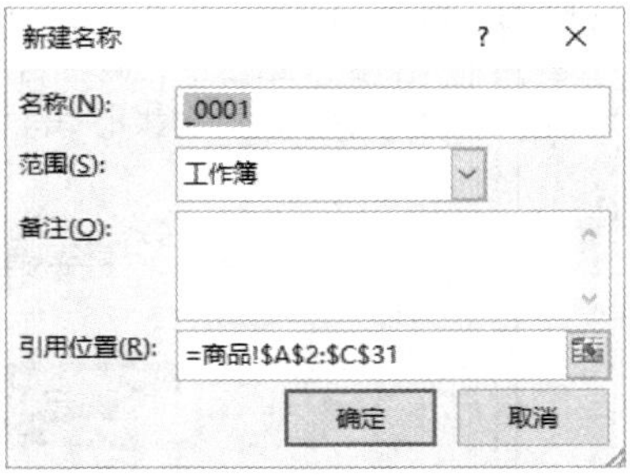

图 1-15　新建“名称”

可以在“名称”框的下拉列表中看到所创建的名称，通过选择相应的名称可以实现相应区域的快速定位。创建好的名称可以通过名称管理器进行查看和维护。

步骤 11：打开名称管理器，可以看到刚才创建的名称已显示在列表中，如图 1-16 所示。该列表显示每个已定义名称的数值、引用位置及范围。如果需要对其中的名称进行修改和删除，可以先选中相应的名称，再选择“编辑”或“删除”，然后按提示操作就可以了。

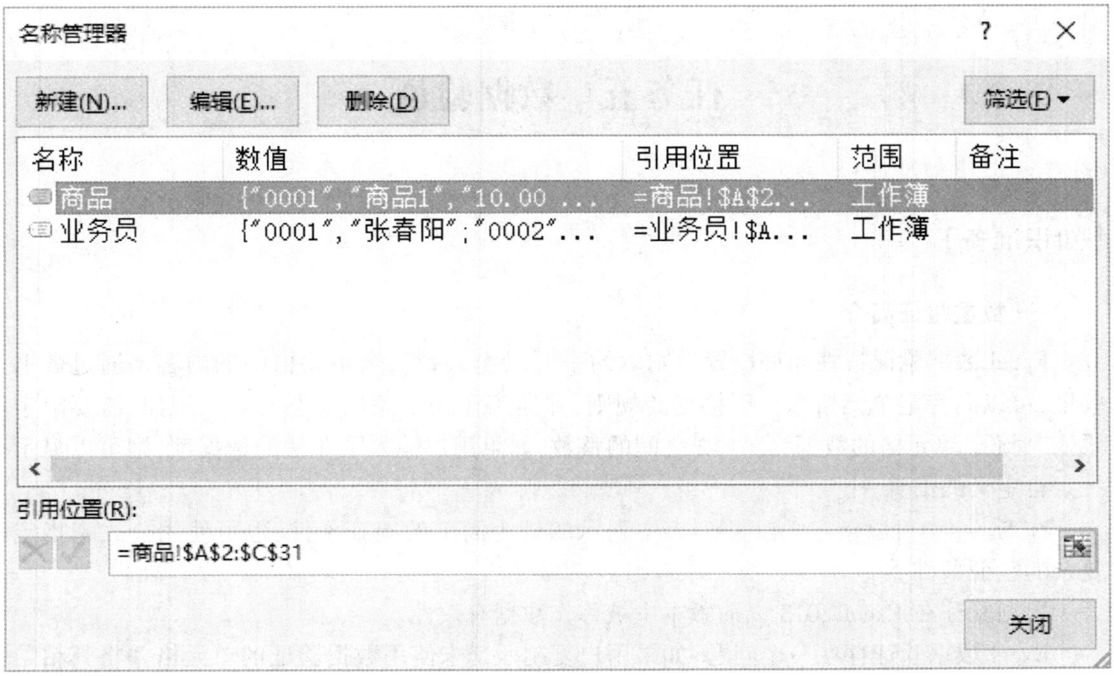

图 1-16　建立的“名称”列表

【技能拓展】

现在删除已定义的名称(以名称“商品”为例)。

步骤1:打开名称管理器。单击“公式”|“名称管理器”。

步骤2:在名称列表中选择“商品”。

步骤3:单击“删除”按钮,弹出“是否确实要删除名称 商品”对话框,如图1-17所示。

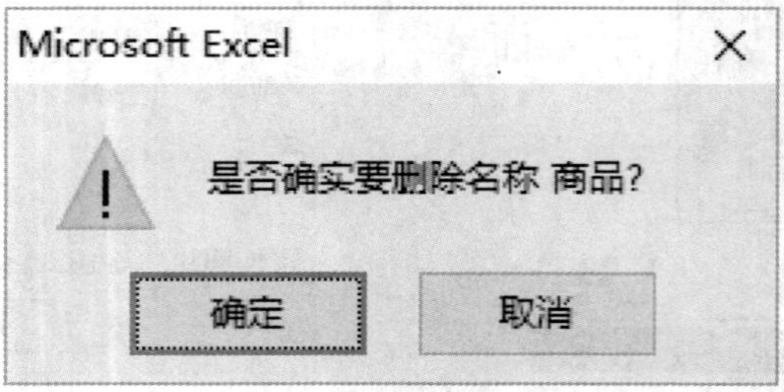

图1-17　删除“名称”对话框

步骤4:单击“确定”按钮,完成删除名称的操作。

可以看到:此时“名称管理器”中名称列表中已没有了“商品”。

【巩固技能】

将本次学习任务反复操作练习,熟练掌握名称的创建和维护操作技能。

任务五　数据验证

【知识准备】

一、数据验证简介

Excel 数据验证特性允许设置规则以约束可以输入到某个单元格中的内容。通过数据验证,可以向特定单元格添加可接受的规则,并向工作表中添加动态元素。例如,需要限定录入“月份”单元格的数据为1~12之间的整数,如果用户输入了非法的数据项,则可以显示一条自定义的信息。

在 Excel 中可以指定“允许”列表中列示的较为简单的验证条件,也可使用公式来指定复杂的验证条件。

数据验证在 Excel 2013 以前版本中被称作数据有效性。

Excel 数据验证存在一个问题:如果用户复制一个未使用数据验证的单元格并将其粘贴到某个使用了数据有效性的单元格,那么数据验证规则会被删除。换言之,后者将可以接受任意类型的数据。

二、指定验证条件

要指定在单元格或区域中允许的数据类型,可以按照以下步骤进行操作:

步骤 1:选择单元格或区域。

步骤 2:选择“数据”|“数据工具”|“数据验证”,打开“数据验证”对话框。

步骤 3:单击“设置”选项卡。

步骤 4:从“允许”下拉列表框中选择一个选项。

步骤 5:使用所显示的选项控件来指定条件。

步骤 6:(可选)单击“输入信息”选项卡,然后设定在用户选择该单元格时显示的信息。

步骤 7:(可选)单击“出错警告”选项卡,然后设定当用户输入无效数据时所显示的提示信息。

步骤 8:单击“确定”按钮。

“数据验证”对话框如图 1-18 所示。

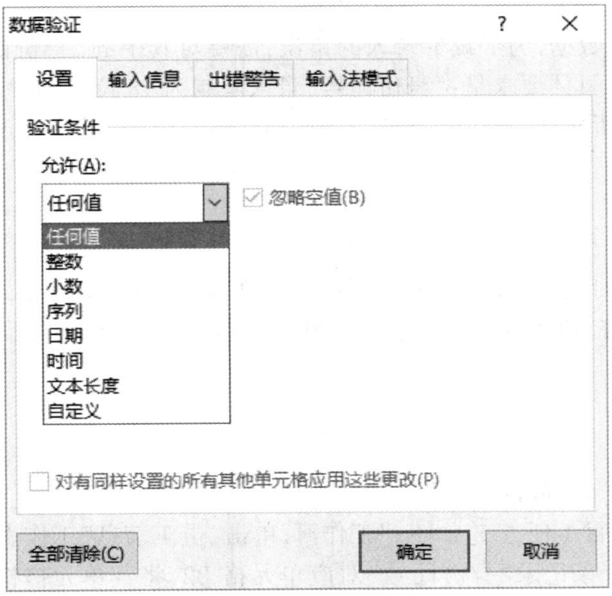

图 1-18　“验证条件”列表

三、能够应用的验证条件类型

➢ 任何值:该选项是没有对单元格设置过验证条件时的默认选项,此时可以输入任何类型的数据。如果是将“数据验证”允许条件修改为该选项,则可以清除任何现有的数据验证条件。

➢ 整数:用户必须输入一个整数。可以通过使用“数据”下拉列表指定整数的有效范围。

➢ 小数:用户必须输入一个数字。通过使用“数据”下拉列表中的选项,可以调整有效数字的范围。

➢ 序列:用户必须从提供的输入项目列表中进行选择。

➢ 日期:用户必须输入日期。使用“数据”下拉列表可以指定有效的日期范围。

➢ 时间:用户必须输入时间。使用“数据”下拉列表可以指定有效的时间范围。

➢ 文本长度:限制数据的长度,也就是限制字符个数。使用“数据”下拉列表可以指定用户输入的有效长度。在 Excel 中,一个汉字将被看作是一个字符,而不是两个。

➢ 自定义:要使用这个选项,必须输入一个逻辑公式,用来确定用户输入项的合法性(逻辑公式将返回 TRUE 或 FALSE)。可以把公式直接输入到“公式”编辑框中,也可以指定一个包含公式的单元格引用。

另外:“数据验证”对话框中的“设置”选项卡还包含另外两个复选框:

➢ 忽略空值:如果选择该项,则允许输入空值。

➢ 对有同样设置的所有其他单元格应用这些更改:如果选择了该选项,则所进行的修改将应用于所有包含原始数据验证条件的其他单元格。

【任务描述】

A 企业采集员工数据,为了减少录入的错误,需要对其中的“身份证号”和“部门”两项内容进行数据验证。具体要求是:“身份证号”录入限制为 18 位文本,“部门”限制录入本单位所属部门,A 企业所属部门有:办公室、培训中心、运营中心、风险管理部、财务部、产品研发中心、人力资源部。

【任务分析】

根据任务要求,对“身份证号”的验证条件“允许”设置为文本长度,指定为 18 位;对“部门”的验证条件“允许”设置为“序列”,该序列的项目列表为本单位的所有部门。

【任务实施】

子任务一:

设置“身份证号”的“数据验证”。

步骤 1:打开“项目 1 任务 5_1. xlsx”工作簿,单击“员工信息”工作表标签。

步骤 2:选择第一条记录“身份证号”对应单元格 B2,将其单元格格式数字分类设置为“文本”(单元格格式设置请参看本项目任务一)。

步骤 3:选择“数据”|“数据工具”|“数据验证”,打开“数据验证”对话框。

步骤 4:单击“设置”选项卡。

步骤 5:从“允许”下拉列表框中选择“文本长度”选项。

步骤 6:从“数据”下拉列表中选择“等于”。

步骤 7:在“长度”编辑框中输入“18”。

步骤 3~步骤 7 操作如图 1-19 所示。

步骤 8(可选):单击“输入信息”选项卡。

步骤 9(可选):在“标题”编辑框中输入“身份证”,在“输入信息”编辑框中输入“输入 18 位的身份证号码!”,如图 1-20 所示。

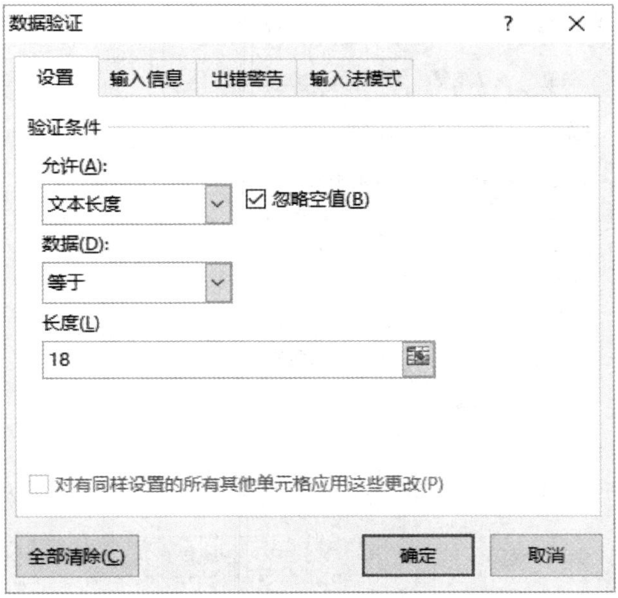

图 1-19　“文本长度”验证条件设置

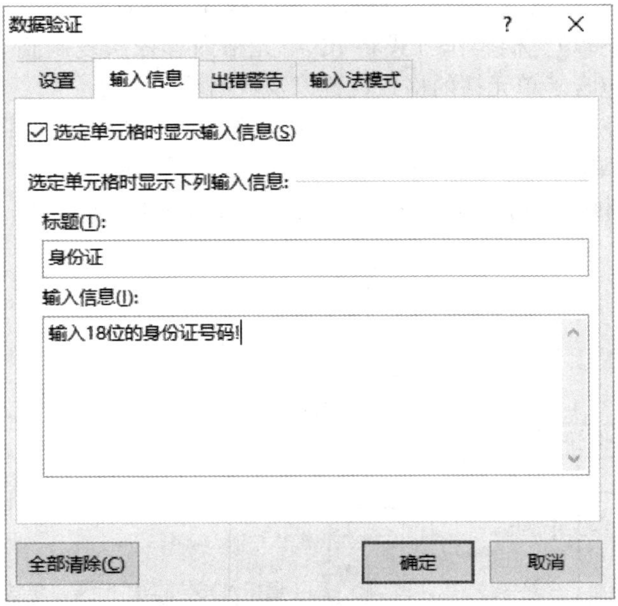

图 1-20　显示“输入信息”设置

步骤 10(可选):单击“出错警告”选项卡。

步骤 11(可选):勾选“输入无效数据时显示下列出错警告”,在“样式”列表中选择“停止”(另外两个选择是“信息”和“警告”),在“标题”编辑框中输入“错误”,在“错误信息”编辑框中输入“请输入 18 位的身份证号,请核对后重新输入!”,如图 1-21 所示。

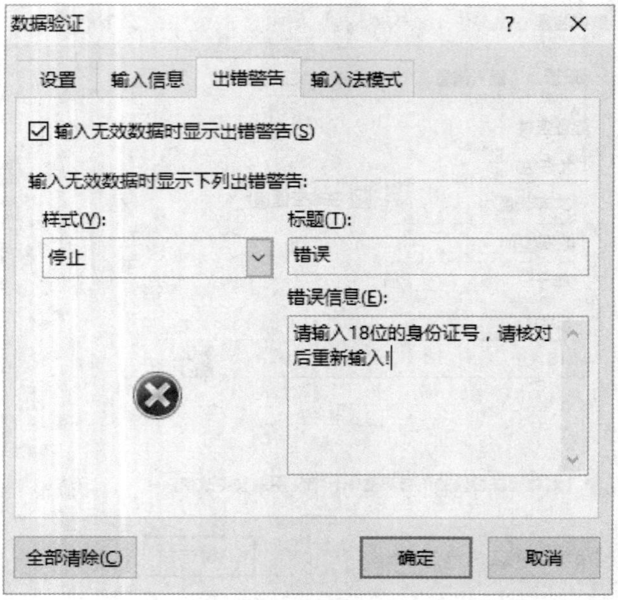

图 1-21 “出错警告”设置

步骤 12:单击“确定”按钮,完成“身份证”的数据验证设置。

步骤 13:使用拖曳填充柄操作方式将 B2 单元格内容依次复制到 B 列其他单元格(如 B100),复制的内容包含了单元格的格式设置以及数据验证设置。

完成以上操作后,当用户定位在 B2～B100 区域中任一单元格时,将出现步骤 9 中设置的提示信息;在该区域的任一单元格中输入员工身份证号码时,将对输入的位数进行验证,如果不等于 18 位,则弹出步骤 11 中设置的提示信息,如图 1-22 所示。

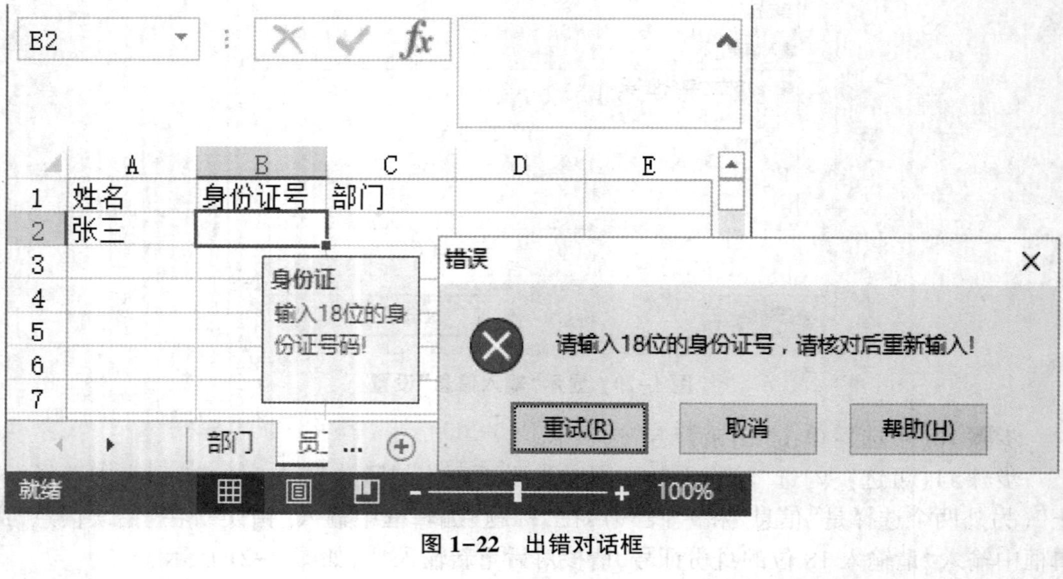

图 1-22 出错对话框

需要复制到哪些单元格由用户根据实际情况而定,该任务假设复制到行号为 100 的单元格。

子任务二:

设置“部门”的“数据验证”。

步骤 1:打开“项目 1 任务 5_1. xlsx”工作簿,单击“部门”工作表标签。

步骤 2:选择 A2~A8 区域,为该区域创建名称“部门”(名称的创建请参看本项目任务四)。在“名称管理器”中可以查看到“部门”名称的“引用位置”是:“=部门! $A$2:$A$8”。

步骤 3:单击“员工信息”工作表标签。

步骤 4:选择第一条记录“部门”对应单元格 C2。

步骤 5:选择“数据”|“数据工具”|“数据验证”,打开“数据验证”对话框。

步骤 6:单击“设置”选项卡。

步骤 7:从“允许”下拉列表框中选择“序列”选项。

步骤 8:勾选“忽略空值”和“提供下拉箭头”。

步骤 9:在“来源”编辑框中输入公式“=部门”,如图 1-23 所示。

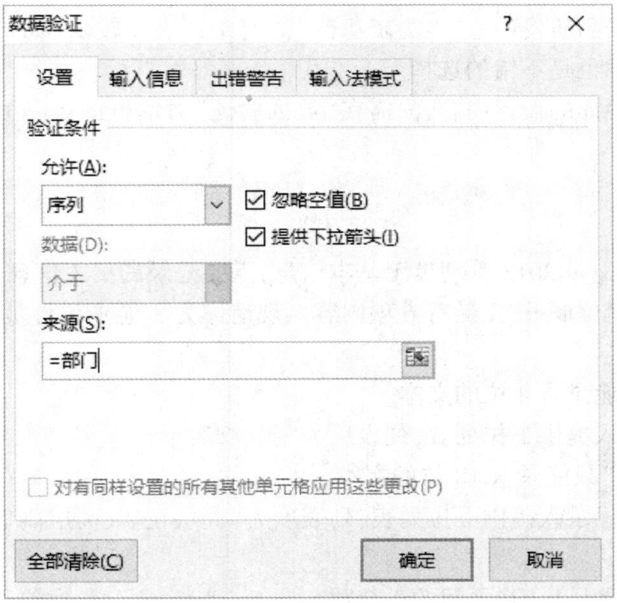

图 1-23　设置“序列”

步骤 10(可选):单击“输入信息”选项卡,进行相关选项设置。

步骤 11(可选):单击“出错警告”进行相关选项设置。

步骤 12:单击“确定”按钮。

步骤 13:使用拖曳填充柄操作方式将 C2 单元格内容依次复制到 C 列其他单元格,如 C100。

完成以上操作后,当用户定位在 C2~C100 区域中任一单元格时,将出现步骤 10 中设置的提示信息;选择该区域的任一单元格时,右侧会弹出一个下拉箭头,单击此下拉箭头,将弹出一个供用户选择的部门列表,如图 1-24 所示。用户只需单击其中之一便可实现部门的录入。

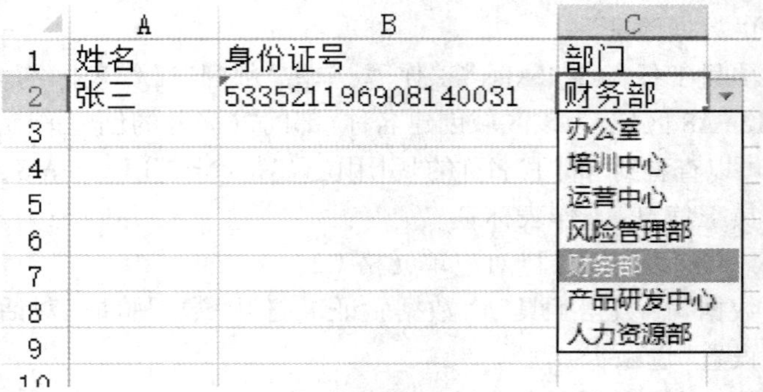

图 1-24　设置"序列"结果

步骤 9 中"来源"编辑框中也可以直接输入部门列表项,列表项之间用英文逗号(",")分隔。如果该任务采用这种方式,则直接在编辑框中输入:"办公室,培训中心,运营中心,风险管理部,财务部,产品研发中心,人力资源部"。对于列表项较少(如员工的性别)的序列,直接录入列表项名称也是不错的选择。

若要清除数据验证的设置内容,只需在"数据验证"对话框的最左下角单击"全部清除"按钮即可。

【巩固技能】

A 企业计划用 Excel 2013 管理员工基本信息,需要记录的员工信息包括:员工 ID、姓名、性别、身份证号码、岗位职务、工龄等 6 项内容。现请你为 A 企业设计员工信息表并设置"数据验证"。具体要求:

1. "员工 ID"只能录入 4 位的文本。

2. 为"性别"录入提供下拉列表,列表项为"男,女"。

3. "身份证号码"只能录入 18 位的文本。

4. 为"岗位职务"录入提供下拉列表,列表项为"高层正职,高层副职,中层正职,中层副职,普通员工"。

5. "工龄"只能录入 1~60 之间的正整数。

任务六　数据保护

【知识准备】

一、数据保护问题的提出

源自数据安全的考虑,需要对工作簿、工作簿结构以及存储在工作表中的数据或公式进行保护。Excel 2013 为用户提供了工作簿、工作表及单元格三个层次的数据保护功能。

二、保护单元格和工作表

保护单元格就是使选定单元格的数据或公式不能被修改,也就是 Excel 2013 中单元格的“锁定”。默认情况下,所有的单元格是被锁定的,这意味着单元格不能被修改。但在实际应用中,单元格可以反复修改,这是因为要使单元格的锁定属性有效,必须有一个前提:工作表是被保护的。

要使选定的单元格受保护,需要进行以下操作:

步骤 1:选择需要保护的单元格或区域。

步骤 2:选择“开始”|“数字”,打开“设置单元格格式”对话框(或单击鼠标右键,选择“设置单元格格式”)。

步骤 3:单击“保护”选项卡,如图 1-25 所示。

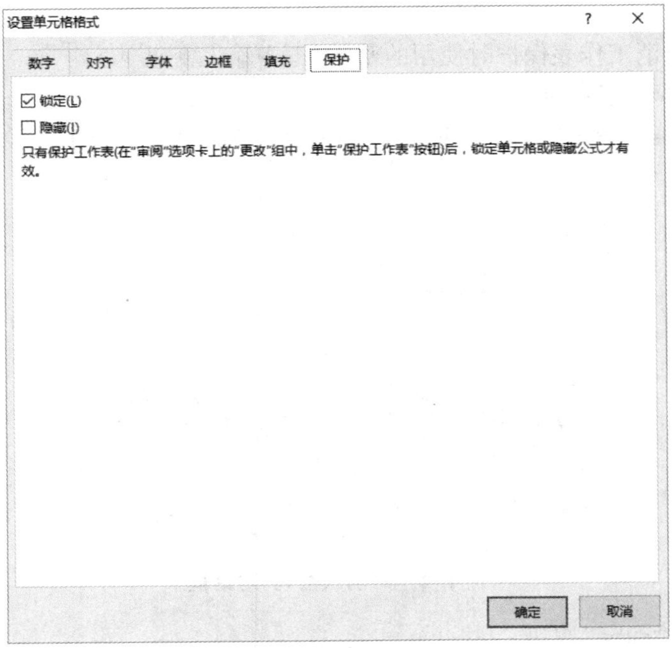

图 1-25　“保护”选项卡

步骤 4:勾选“锁定”复选框(默认设置)。如果需要对单元格的公式进行隐藏,则同时勾选“隐藏”复选框。

勾选“隐藏”复选框的功能是隐藏选定单元格的公式,对除公式以外的数据无效。

步骤 5:单击“确定”按钮。

步骤 6:选择“审阅”|“更改”|“保护工作表”,打开“保护工作表”对话框。

步骤 7:勾选“保护工作表及锁定的单元格内容”复选框,在“允许此工作表的所有用户进行”列表中选择要保护的元素,如图 1-26 所示。

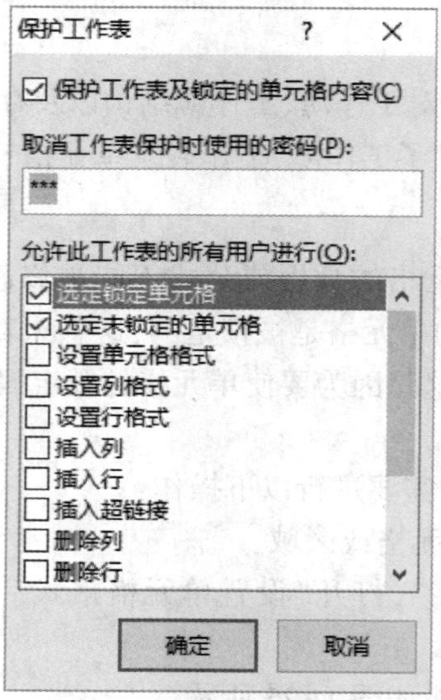

图 1-26 “保护工作表”对话框

步骤 8:在“取消工作表保护时使用的密码”框中输入密码。

步骤 9:单击“确定”按钮。

步骤 10:在“确认密码”对话框的“重新输入密码”框中输入与步骤 8 中一致的密码,如图 1-27 所示。

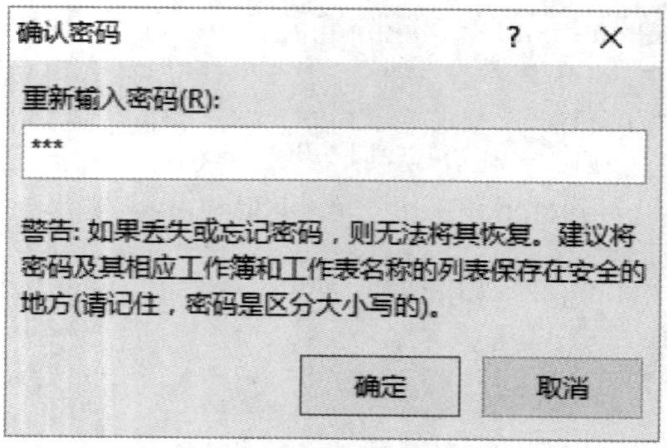

图 1-27 “确认密码”对话框

步骤 11:单击“确定”按钮。

如果要撤销工作表保护,选择“审阅”|“更改”|“撤销工作表保护”,在“撤销工作表保

护”对话框中输入密码,再单击“确定”按钮即可。

三、工作表的隐藏

在工作簿中存在多于一个工作表时,可以通过“隐藏工作表”的方式达到保护工作表数据的目的。如果需要隐藏工作表,鼠标右键单击需要隐藏的工作表标签,在弹出的快捷菜单中单击“隐藏”即可。

工作簿中只有一个可视工作表时,这个工作表是不能被隐藏的。

对处于“隐藏”状态的工作表,如果需要显示,则在任一工作表标签上单击鼠标右键,在弹出的快捷菜单中单击“取消隐藏”,在“取消隐藏”对话框的“取消隐藏工作表”列表中选择需要显示的工作表,然后单击“确定”按钮即可。

四、保护工作簿结构

Excel 2013 提供了保护工作簿结构功能,一旦工作簿结构处于保护状态,就不能:

- 添加或删除工作表。
- 移动或复制工作表。
- 重命名工作表。
- 对工作表标签颜色进行修改。
- 隐藏或取消隐藏工作表。

保护工作簿结构的操作步骤:

步骤 1:选择“审阅”|“更改”|“保护工作簿”。

步骤 2:在“保护结构和窗口”对话框的“保护工作簿”选项中勾选“结构”复选框,如图 1-28所示。

步骤 3(可选):在“密码”框中输入保护工作簿结构的密码。

步骤 4:单击“确定”按钮。

如果要去除工作簿结构保护,在打开“保护结构和窗口”后,勾消“结构”复选框,单击“保护结构和窗口”对话框的“关闭”按钮即可。

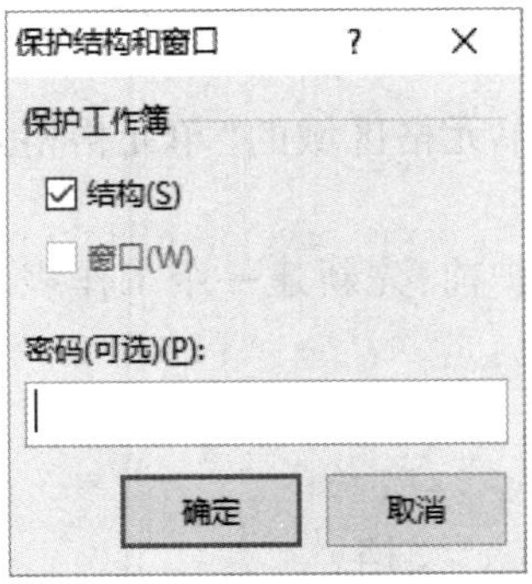

图 1-28　“保护结构和窗口”对话框

五、保护工作簿

除了保护各个工作表和工作簿的结构之外,还可以在打开工作簿时要求给出密码。要设置工作簿打开密码,可以选择“文件”|“信息”|“保护工作簿”|“用密码进行加密”来打开

“加密文档”对话框,如图 1-29 所示。在这个对话框中,可以指定打开工作簿的密码。

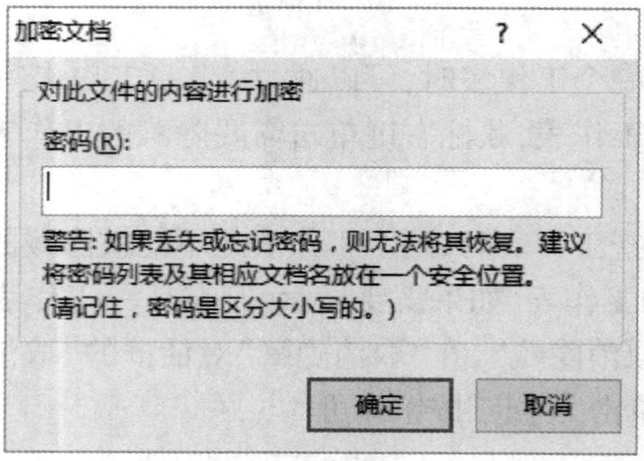

图 1-29 “加密文档”对话框

请记住:Excel 不是一种真正意义上的安全应用程序,即使其中使用了密码的保护特性,也只能防止一般的用户访问工作簿的某些内容。那些真正想入侵保护系统的人可以通过很容易获得的密码破解程序来破解密码。

【任务描述】

A 企业需要对存放工资表数据的“项目 1 任务 6_1. xlsx”的工作表进行保护,要求:

➢ 对“员工 ID”“姓名”“身份证号码”“入职时间”“银行卡号”等 5 个单元格进行“锁定”设置,以防误操作导致数据被修改。

➢ 对“实发工资”单元格的公式进行锁定并隐藏。

➢ 隐藏“工资表”。

➢ 对工作簿结构进行保护。

➢ 对工作簿用密码进行加密。

【任务分析】

根据任务要求:

➢ 将需要保护的单元格或单元格区域的“单元格格式设置”|“保护”选项设置为“锁定”和“隐藏”。

➢ 在对工作簿结构进行保护前,先新建一个工作表。因为工作簿中只有一个工作表时是不能隐藏工作表的。

➢ 隐藏“工资表”。

➢ 保护工作簿结构。

➢ 加密“项目 1 任务 6_1. xlsx”文档。

【任务实施】

子任务一:对单元格、单元格区域以及工作表进行保护

步骤 1:打开“项目 1 任务 6_1. xlsx”工作簿。

步骤 2:选择 A2~E2 区域及 H2 单元格。

步骤 3:选择“开始”|“单元格”|“格式”|“设置单元格格式”(也可鼠标右键单击,在弹出的快捷菜单中选择“设置单元格格式”),打开“设置单元格格式”对话框。

步骤 4:单击“保护”选项卡。

步骤 5:勾选“锁定”和“隐藏”复选框,参看图 1-25。

步骤 6:单击“确定”按钮。

步骤 7:选择“审阅”|“更改”|“保护工作表”,打开“保护工作表”对话框,参看图 1-26。

步骤 8:勾选“保护工作表及锁定的单元格内容”复选框,在“允许此工作表的所有用户进行”列表中选择要保护的元素,在“取消工作表保护时使用的密码”框中输入密码。

步骤 9:单击“确定”按钮,在“确认密码”对话框的“重新输入密码”框中输入与步骤 8 中一致的密码,参看图 1-27。

步骤 10:单击“确定”按钮。

子任务二:隐藏“工资表”

步骤 1:单击工作表标签最右边的“新工作表”按钮,新建一个名为“Sheet1”的工作表。

步骤 2:鼠标右键单击“工资表”标签。

步骤 3:在弹出的快捷菜单中单击“隐藏”。

子任务三:保护工作簿结构、对工作簿进行加密

步骤 1:选择“审阅”|“更改”|“保护工作簿”。

步骤 2:在“保护结构和窗口”对话框的“保护工作簿”选项中勾选“结构”复选框,参看图 1-28。

步骤 3:在“密码”框中输入保护工作簿结构的密码。如果不输入密码,则表示密码为空,在去除工作簿结构保护时不需输入密码。

步骤 4:单击“确定”按钮。

步骤 5:选择“文件”|“信息”|“保护工作簿”|“用密码加密”来打开“加密文档”对话框,参看图 1-29。

步骤 6:在“密码”框中输入密码。

步骤 7: 单击“确定”按钮。

步骤 8: 在“确认密码”对话框的“重新输入密码”框中输入与步骤 6 中一致的密码。

步骤 9:单击“确定”按钮。

【巩固技能】

将本次学习任务反复操作练习,熟练掌握单元格和单元格区域保护、隐藏工作表、保护工作簿结构以及对工作簿加密等基本操作技能。

2 项目二

Excel 2013 在会计基础数据处理中的典型应用（收款收据的制作）

收款收据是经济活动中常用的一种原始凭证，其中涉及的数据处理技术，如小写金额转换为大写金额、自动生成填制日期、自动求积、求和、套打技术等在日常工作中应用广泛。熟练掌握了收款收据制作的数据处理技术，其他类似的原始凭证，如销货清单、借款单等的数据处理也就迎刃而解了。

【知识目标】

◇ 收款收据的项目组成
◇ 收款收据的数据来源
◇ 理解套打的含义
◇ 小写金额转换为大写金额的解题思路
◇ 理解函数参数

【技能目标】

◇ 格式设计
◇ 熟练应用 NOW( )、TODAY( )、IF( )、VLOOKUP( )、PRODUCT( )、SUM( )、TEXT( )、TRUNC( )、LEFT( )、RIGHT( )、VALUE( )等函数
◇ 套打技术

任务一　格式设计

【知识准备】

一、合并单元格

可以在 Excel 中合并两个或多个单元格，以便创建更多文本空间。当合并单元格时，并

不会合并单元格内容。可以将一组连续的单元格合并为一个单元格,合并了单元格后,在构造公式时,应用合并前最左上角单元格的名称来引用这个合并单元格。

如果需要合并的单元格区域中有不止一个非空单元格,则合并后的单元格只保留第一个非空单元格的内容。Excel 2013 以先行后列的次序确定第一个非空单元格。

二、TODAY 函数和 NOW 函数

这两个函数是时间函数,TODAY 函数用于返回当天的日期,NOW 函数用于返回当前的日期和时间。

这两个函数都是无参函数。

如果要在工作表的某个单元格中显示当天的日期,输入下面的公式:

=TODAY( )

按【Enter】键后将在公式单元格中显示格式如“2016/1/10”的当天日期。

如果要在工作表的某个单元格中显示当前的日期和时间,输入下面的公式:

=NOW( )

按【Enter】键后将在公式单元格中显示格式如“2016/1/10 15:30”的当天日期和时间。

这两个函数是易失性函数,只要计算工作表,这两个函数都会重新计算。

三、TEXT 函数

TEXT 函数将数值或日期转换为文本,该文本可以使用特殊格式字符串指定显示格式。

TEXT 函数的语法格式为:TEXT(value, format_text)。

TEXT 函数具有下列 2 个参数:

➢ value:必需。数值、计算结果为数值的公式,或对包含数值的单元格的引用。

注意:日期和时间是数值型数据(详见项目一)。

➢ format_text:必需。用引号括起的文本字符串的数字格式。如,“e 年 mm 月 dd 日”表示以 4 位年 2 位月 2 位日的格式显示日期,这种格式中,如果月和日的位数不足 2 位,则前面添“0”补齐 2 位;“yy 年 m 月 d 日”表示以 2 位年 1 位月 1 位日的格式显示日期,这种格式中,如果月和日的位数超过 1 位,则显示实际位数。

format_text 参数的数字格式比较多,我们将结合实际应用选择介绍。

如,在单元格中输入公式:=TEXT(53,"0. 00"),这个公式的返回值是 53. 00。注意:未转换之前 53 为数值型数据,转换后的 53. 00 为文本型数据。

【任务描述】

A 企业使用如图 2-1 所示的收款收据登记日常销售情况,使用过程中金额计算错误、汉字书写错误、字迹不清等情况时有发生。为提高工作效率,提升服务质量,决定利用 Excel 2013 数据处理快速、准确的特点,制作专门用于收款收据数据处理的专用工作表,替代手工填写收款收据。

【任务分析】

根据任务要求,按以下流程进行格式设计。

收 款 收 据 № 9048221

客户名称：　　　　　　　　　　　　　　　　　年　　月　　日

品名及规格	单位	数量	单价	金额									备注
				百	十	万	千	百	十	元	角	分	
合计金额（大写）　佰　拾　万　仟　佰　拾　元　角　分 ¥													

青联纸品

二、客户

单位盖章　　　　　收款人　　　　　开票人

图 2-1　收款收据

1. 新建一个工作簿。
2. 将工作表“Sheet1”重命名为“收款收据”。
3. 输入表样文字。
4. 按照手工收款收据样式进行单元格的合并。
5. 用公式实现收据日期的自动填写。
6. 进行单元格格式设置(字体字号、对齐方式等)。

【任务实施】

步骤 1:根据要求,新建一个工作簿(项目 2 任务 1_1. xlsx)。

步骤 2:将工作表“Sheet1”标签改为“收款收据”。

步骤 3:输入表样文字,如图 2-2 所示。

	A	B	C	D	E	F
1	收款收据					
2	客户名称:					
3	品名及规格	单位	数量	单价	金额	备注
4						
5						
6						
7						
8						
9	合计金额(大写)					
10	单位盖章	收款人		开票人		
11						

图 2-2　表样文字

步骤 4:合并 A1 ~ F1、B2 ~ C2、D2 ~ F2、B9 ~ D9。

步骤 4.1:选择 A1~F1 区域,选择“开始”|“对齐方式”打开“设置单元格格式”对话框。

步骤 4.2:单击“对齐”选项卡(默认),在“文本对齐方式”控制区的“水平对齐”列表中选择“居中”“垂直对齐”列表中选择“居中”,“文本控制”区勾选“合并单元格”复选框,如图 2-3 所示。

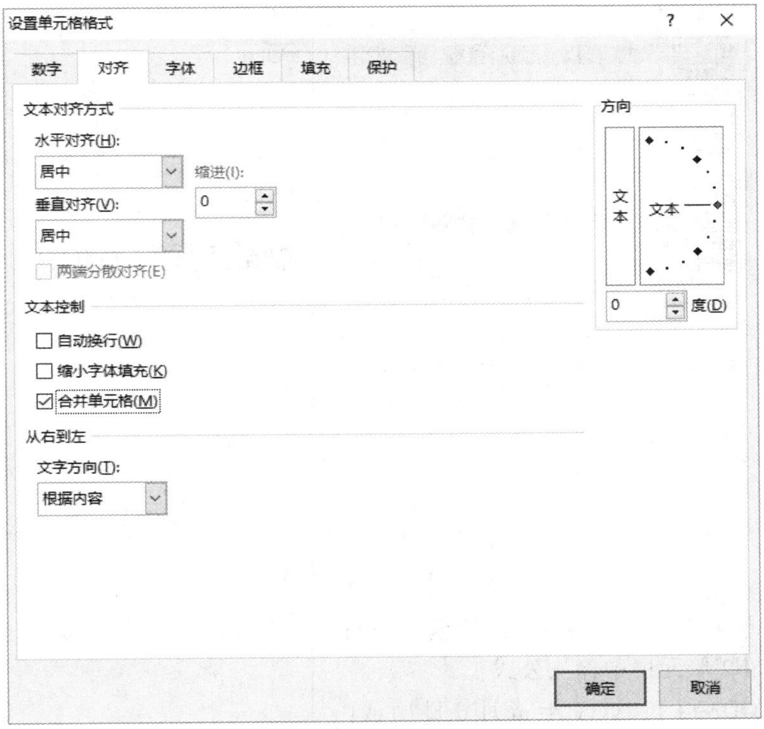

图 2-3　表样文字“对齐”设置

步骤 4.3:单击“确定”按钮,完成 A1~F1 区域的合并,该区域名称为 A1。

步骤 4.1 到步骤 4.3 也可选择“开始”|“对齐方式”|“合并后居中”操作完成。

步骤 5:参照步骤 4 完成 B2~C2、D2~F2、B9~D9 单元格区域的合并。

步骤 6:对表样文字进行格式设置。

步骤 6.1:选择 A1 单元格。

步骤 6.2:选择“开始”|“字体”,打开“设置单元格格式”对话框,单击“字体”选项卡(默认),在字体列表中选择“华文中宋”、在“字形”列表中选择“加粗”,在“字号”列表中选择“22”,在“下划线”列表中选择“双下划线”,其他采用默认设置,如图 2-4 所示。

步骤 6.3:单击“确定”按钮,完成 A1 单元格表样文字的设置。

步骤 6.4:参照 A1 单元格的格式设置,对其他表样文字进行设置。将“字体”设置为“楷体”,“字号”设置为“12”。

步骤 7:添加表格线。

步骤 7.1:选择 A3~F9 单元格区域,单击“开始”|字体功能区|“边框”下拉按钮,在弹出的样式中选择“所有框线”。

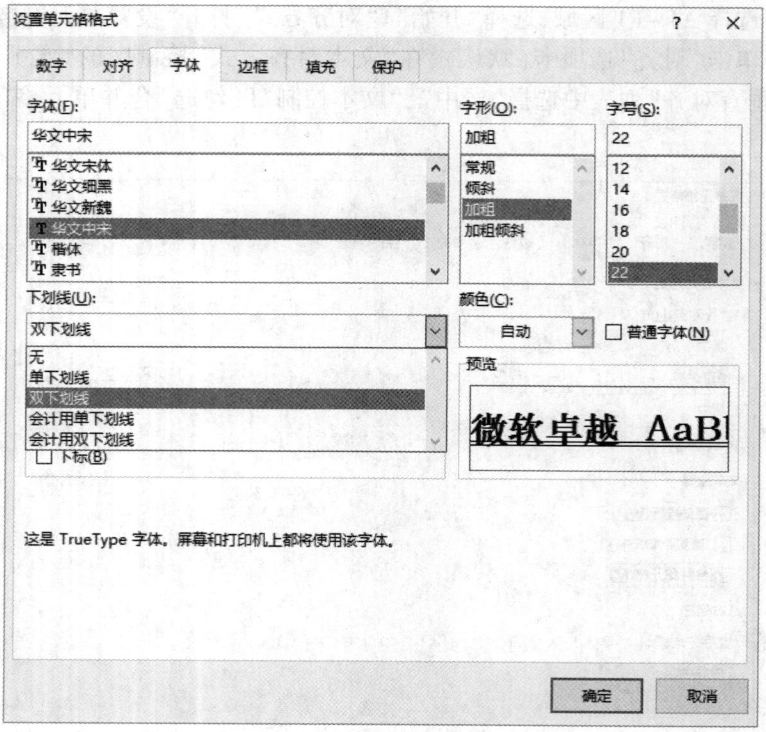

图 2-4 “字体”设置

步骤 7. 2:单击“开始”|“字体”|“边框”下拉按钮,在弹出的样式中选择“所有框线”。

步骤 8:在 D2 单元格中输入公式:

=TEXT(TODAY(),"yyyy 年 m 月 d 日")或:

=TEXT(NOW(),"e 年 mm 月 dd 日")

按【Enter】键完成填制日期公式的构造。

公式解析:

步骤 1:用 TODAY()或 NOW()获取当天日期或当前日期时间。

=TODAY()或:

=NOW()

步骤 2:将日期或日期时间值转换为"yyyy 年 m 月 d 日"或"e 年 mm 月 dd 日"格式的文本。

=TEXT(TODAY(),"yyyy 年 m 月 d 日")或:

=TEXT(NOW(),"e 年 mm 月 dd 日")

步骤 9(可选):单击“文件”|“选项”,打开“Execl 选项”对话框,单击位于对话框左侧功能选项列表中的“高级”,在对话框右侧找到“此工作表的显示选项”控制区,勾消“显示网格线”复选框,使工作表不显示网格线,如图 2-5 所示。

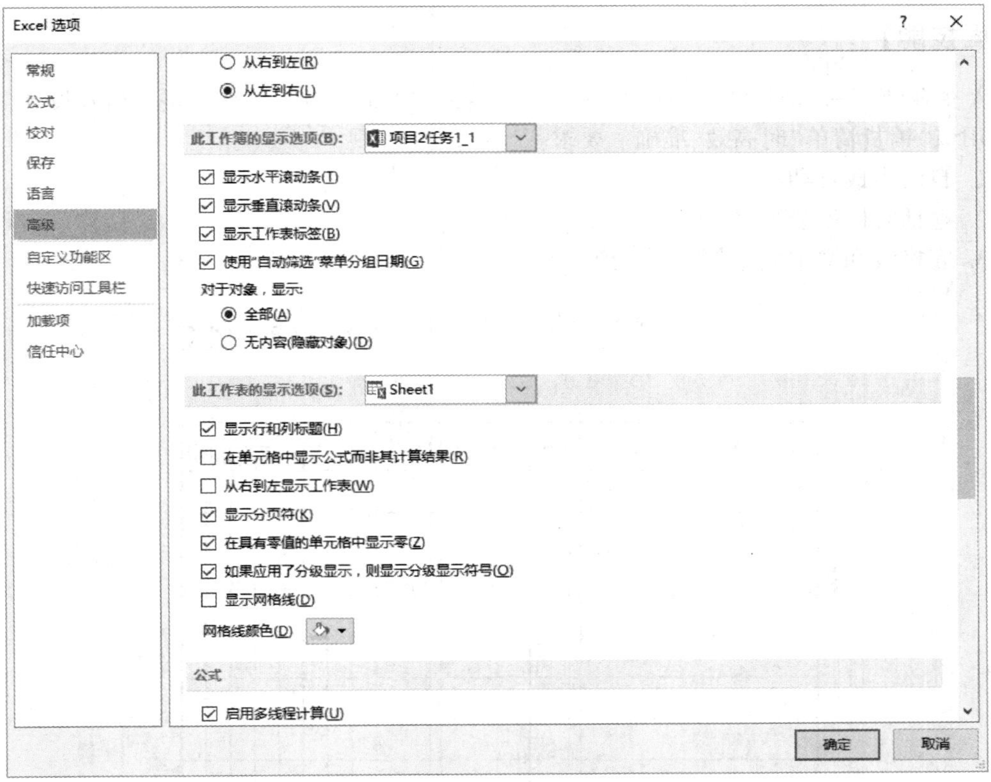

图 2-5　"Excel 选项"对话框

步骤 10(可选):单击"确定"按钮。

完成格式设计的效果如图 2-6 所示。

图 2-6　"日期"生成公式

Excel 2013 功能区中提供了很多常用命令,用户可以直接使用这些命令按钮进行操作。

【巩固技能】

A 企业使用的“销货清单”如图 2-7 所示，请你用 Excel 2013 工作表进行格式设计，以便在使用该“销货清单”时高效、准确。要求：

1. 自动生成日期。
2. 电话号码不能超过 13 位。
3. 表格线和文本大体与图示一致。

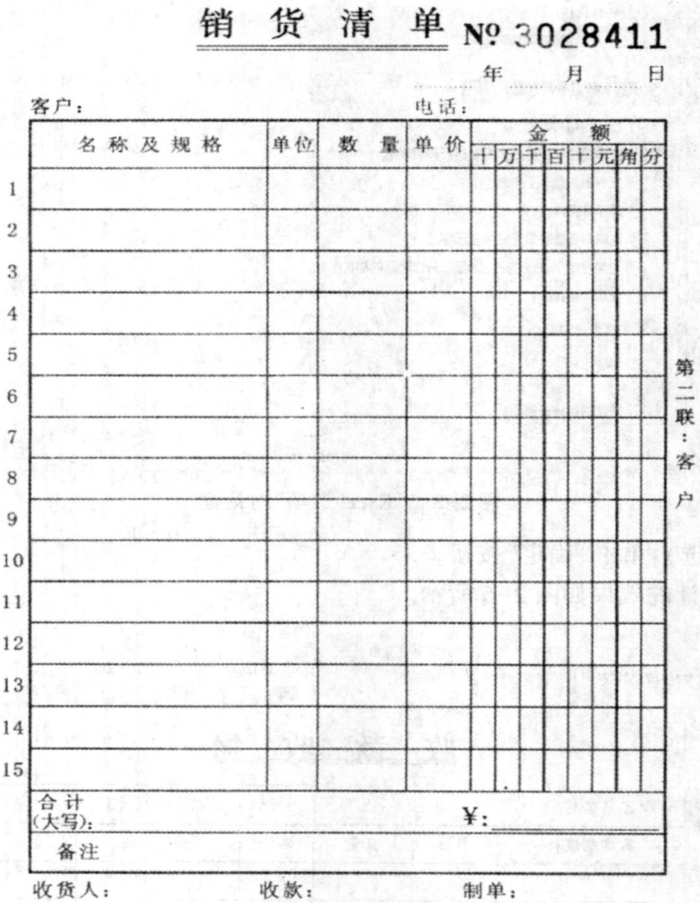

销 货 清 单 №3028411

年 月 日

客户： 电话：

	名称及规格	单位	数量	单价	金额							
					十	万	千	百	十	元	角	分
1												
2												
3												
4												
5												
6												
7												
8												
9												
10												
11												
12												
13												
14												
15												
	合计（大写）：				¥：							
	备注											

收货人： 收款： 制单：

第二联：客户

图 2-7 销货清单样式

注：不需设计销货清单编号；金额只需一栏。

任务二　基础数据表设计

【知识准备】

一、基础数据表结构

根据收款收据的记录项目,基础数据表应当包括的项目及数据类型如下:

- 品名及规格:文本型。
- 单位:文本型。
- 单价:数值型,保留两位小数,使用千位分隔符。

为便于数据处理,基础数据表还需增加:

- 商品 ID:文本型,4 位。

二、自动填充

在 Excel 2013 中,自动填充指的是使用鼠标拖曳的方式来快速完成单元格数据输入的操作方式。

可以以等值、等差和等比的方式自动填充数值。将鼠标指针放置到起始单元格右下角的填充控制柄上,鼠标指针变成“十”字形,此时向任意方向(上下左右)拖曳鼠标,即可实现在鼠标拖曳经过的单元格中自动填充序列数据。

在填充控制柄上双击,也可以实现自动填充序列数据。在这种情况下,某单元格是否进行自动填充与前一列是否非空直接有关,若遇前一列对应的单元格为空,则自动填充操作也将停止。

自动填充的操作方式,同样适用于有规律序列文本(如甲乙丙丁、星期一~星期日)的快速输入,用户也可以自定义序列数据。

【任务描述】

为了有效使用任务一设计的收款收据,A 企业需要将本企业销售商品信息的工作表与“收款收据”工作表存放在同一个工作簿中,该表结构设计应满足收款收据的填写需要。

【任务分析】

根据任务要求,按以下流程进行格式设计。

1. 在存放“收款收据”工作表的工作簿中增加工作表,用于存放商品信息。
2. 将新增工作表的标签命名为“商品信息”。
3. “商品信息”表结构设计(项目名称及数据类型)。
4. 录入商品信息。

【任务实施】

步骤 1:复制"项目 2 任务 1_1. xlsx"工作簿文件,将其副本更名为"项目 2 任务 2_1. xlsx"并打开。

步骤 2:单击工作表标签区的"新工作表"按钮,新建一个工作表,并命名为"商品信息"。

步骤 3:输入项目名称。依次在 A1~D1 单元格中输入"商品 ID""商品名称与规格""单位""单价"。

步骤 4:单元格格式设置。

步骤 4. 1:将 A 列单元格格式的数字"分类"设置为文本。

步骤 4. 2:将 D 列单元格格式的数字"分类"设置为"数值","小数位数"为 2,勾选"使用千位分隔符"。

B、C 列采用默认方式。

步骤 5:对 A 列进行数据验证允许条件设置。

步骤 5. 1:选择 A 列(单击列标号 A)。

步骤 5. 2:选择"数据"|"数据工具"|"数据验证",打开"数据验证"对话框。

步骤 5. 3:单击"设置"选项卡,在"验证条件"控制区的"允许"列表中选择"文本长度","数据"列表中选择"等于",在"长度"编辑框中输入"4",如图 2-8 所示。

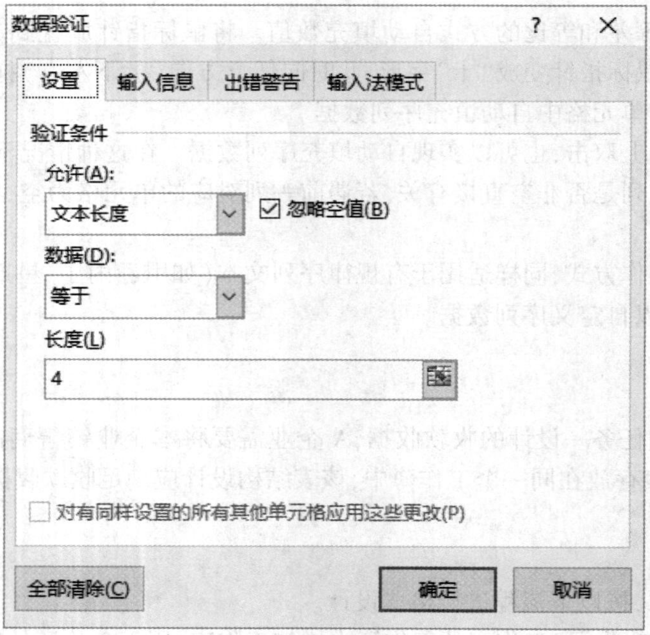

图 2-8　文本长度设置

步骤 5. 4(可选):单击"出错警告"选项卡,勾选"输入无效数据时显示出错警告",在"样式"列表中选择"停止",在"标题"区输入"错误",在"错误信息"框中输入"请输入 4 位的商品 ID!",如图 2-9 所示。

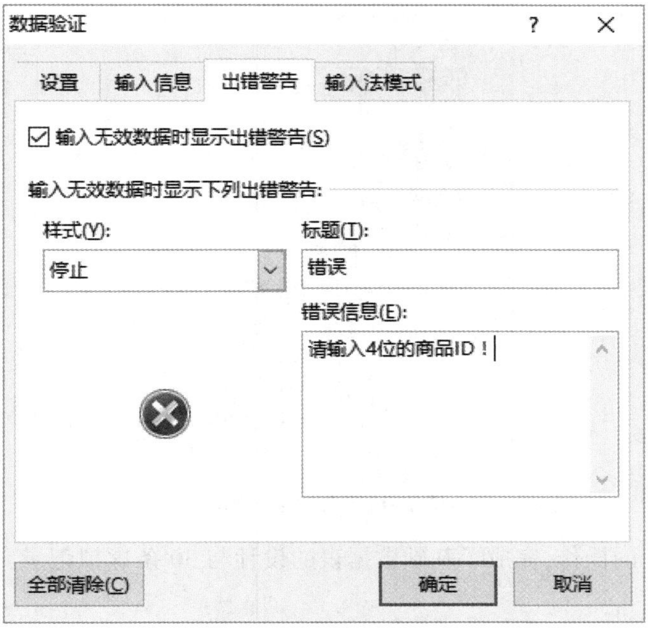

图 2-9　“出错警告”设置

如果输入“商品 ID”的长度不是 4 位,则显示定义的“出错警告”对话框,如图 2-10 所示。此时用户需要重新输入“商品 ID”,直至符合“数据验证”的允许条件。

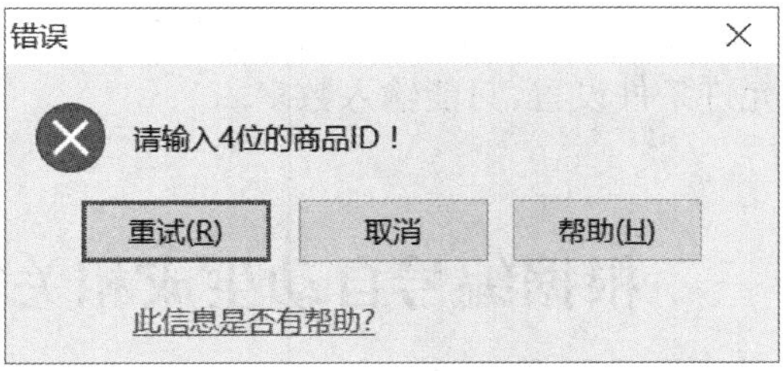

图 2-10　出错对话框

步骤 5. 5:单击“确定”按钮。

步骤 6:输入“商品 ID”。

步骤 6. 1:在 A2 单元输入第一条记录“0001”。

步骤 6. 2:将鼠标指针放置到 A2 单元格右下角的填充控制柄上,待鼠标指针变成“+”字形,按下鼠标左键向下拖曳到 A31 单元格,释放鼠标左键。

步骤 6. 3:单击“自动填充选项”按钮,在弹出的快捷菜单中选择“填充序列”,如图 2-11 所示。

通常情况下,“自动填充选项”有“复制单元格”“填充序列”“仅填充格式”“不带格式填充”和“快速填充”5 个选项,不同情况下,弹出的选项菜单会略有不同。

步骤 7:参照步骤 6 输入“商品名称与规格”(此例虚拟为“商品 1”~“商品 30”)。

步骤 8:输入虚拟的单位、单价。

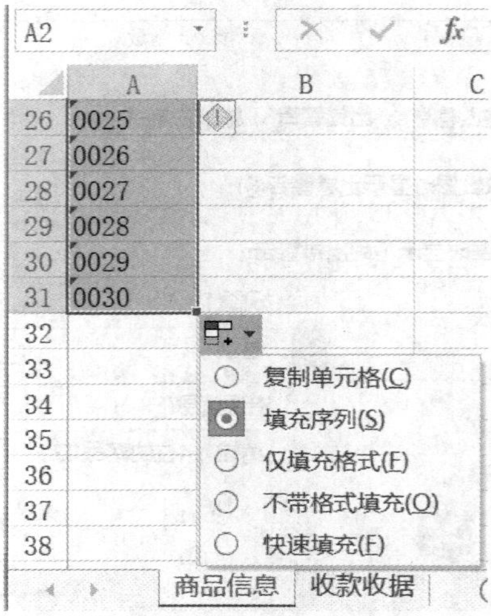

图 2-11　自动填充选项

通过步骤 1~8 的操作,完成了基础数据表的设计与 30 条虚拟记录,为收款收据的制作做好了数据准备。

【巩固技能】

1. 将本次学习任务反复操作练习,重点掌握序列数据的输入技能;通过“数据验证”允许条件设置,认真领会“数据验证”功能在数据校验时的作用。

2. 在完成任务一【巩固技能】的基础上,虚拟“销货清单”(图 2-7)的基础数据。要求对“数量”进行“数据验证”允许条件设置,只能输入数字。

任务三　根据编号自动生成相关数据

【知识准备】

一、VLOOKUP 函数

VLOOKUP 函数用来查找表格中第一列的值,在指定的表格列中返回相应的值。查找表格是垂直放置的。VLOOKUP 函数的语法如下:

VLOOKUP(lookup_value,table_array,col_index_num,[range_lookup])

VLOOKUP 函数有下列 4 个参数:

➢ lookup_value:必需。要查找的值。要查找的值必须位于 table-array 中指定的单元格区域的第一列中。

➢ table_array:必需。VLOOKUP 在其中搜索 lookup_value 和返回值的单元格区域。该单元格区域中的第一列必须包含 lookup_value。

➢ col_index_num:必需。其中包含返回值的单元格的编号(table-array 最左侧单元格为 1 开始编号)。

➢ range_lookup:可选。一个逻辑值,指定 VLOOKUP 查找精确匹配值还是近似匹配值。如果为"TRUE",则在第一列搜索最接近的值。如果为"FALSE",则在第一列中搜索精确值。TRUE 可用阿拉伯数字"1"替代,"FALSE"可用阿拉伯数字"0"替代。

如,在单元格中输入公式:=VLOOKUP(A1,商品信息,5,FALSE),该公式的作用是:在名称为"商品信息"单元格区域的第 1 列精确查找 A1 单元格的值,然后返回与该值所在行次对应的第 5 列的值。

二、IF 函数

使用逻辑函数 IF 函数时,如果条件为真,该函数将返回一个值;如果条件为假,函数将返回另一个值。IF 函数的语法如下:

IF(logical_test,value_if_true,[value_if_false])

IF 函数有下列 3 个参数:

➢ logical_test:必需。要测试的条件。

➢ value_if_true:必需。logical_test 的结果为 TRUE 时,希望返回的值。

➢ value_if_false:可选。logical_test 的结果为 FALSE 时,希望返回的值。

如,在单元格中输入公式:=IF(C3>=60,"及格","不及格"),该公式的作用是:如果 C3 单元格的值大于或等于 60,在公式单元格中返回"及格",否则返回"不及格"。

【任务描述】

根据"商品信息"表的"商品 ID",自动生成"收款收据"中"品名及规格""单位""单价"等信息。

【任务分析】

根据任务要求,按以下流程进行数据处理设计。

1. 打开存放"商品信息"和"收款收据"工作表的工作簿。

2. 根据需要在"收款收据"工作表第一列前增加一列,对应的项目名称为"商品 ID"。

3. 由于商品种类不多,采用提供下拉列表的方式选择录入"商品 ID"。

4. 为便于制作下拉列表和查找数据,对相关区域进行名称定义。

5. 应用 VLOOKUP 函数,在相应单元格构造公式返回"商品 ID"对应的"品名与规格""单位"和"单价"。

6. 应用 IF 函数构造单元格公式,使"商品 ID"为空时,对应单元格返回空白而不显示"#N/A"的信息。

【任务实施】

步骤 1:复制"项目 2 任务 2_1. xlsx"工作簿文件,将其副本更名为"项目 2 任务 3_1. xlsx"并打开。

步骤 2:根据需要在"收款收据"工作表第一列前增加一列,对应的项目名称为"商品

ID”。

步骤 2.1：选择 A 列。

步骤 2.2：鼠标右键单击 A 列，在弹出的快捷菜单中单击“插入”。

步骤 2.3：在新插入列的 A3 单元格输入项目名称“商品 ID”。

步骤 3：将“商品信息”工作表的所有商品 ID 区域（A2：A31）名称定义为“商品 ID”。操作方法：选择 A2：A31 区域，在名称框中输入“商品 ID”，按【Enter】键完成名称“商品 ID”的定义。

步骤 4：将“商品信息”工作表的所有数据区域（A2：D31）名称定义为“商品信息”。操作方法：选择 A2：D31 区域，在名称框中输入“商品信息”，按【Enter】键完成名称“商品信息”的定义。

步骤 5：制作“收款收据”的“商品 ID”下拉列表。

步骤 5.1：选择“收款收据”工作表的 A4 单元格。

步骤 5.2：选择“数据”|“数据工具”|“数据验证”，打开“数据验证”对话框。

步骤 5.3：单击“设置”选项卡，在“验证条件”的“允许”控制下拉列表框中选择“序列”，勾选“提供下拉箭头”，在“来源”编辑框中输入“=商品 ID”，如图 2-12 所示。

步骤 5.4：单击“确定”按钮，完成 A4 单元格“商品 ID”下拉列表的设置。

选择 A4 单元格，其右下角出现一个下拉箭头，单击该箭头就会弹出“商品 ID”下拉列表，如图 2-13 所示。在下拉列表中单击某个选项，该选项的数据就会输入到单元格中。

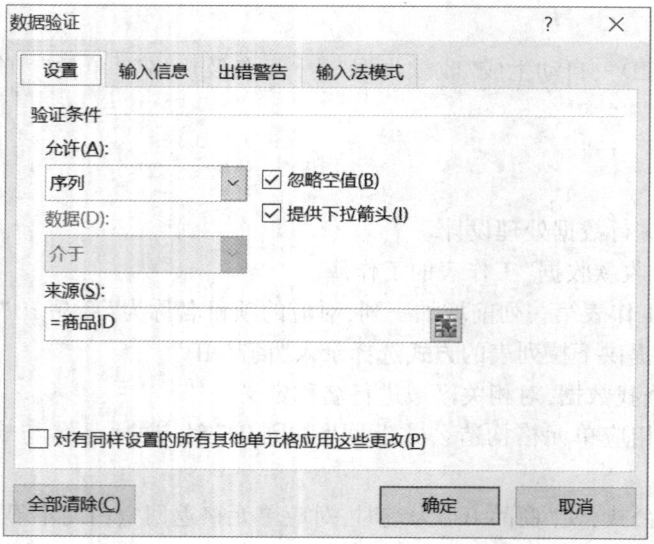

图 2-12　设置“序列”

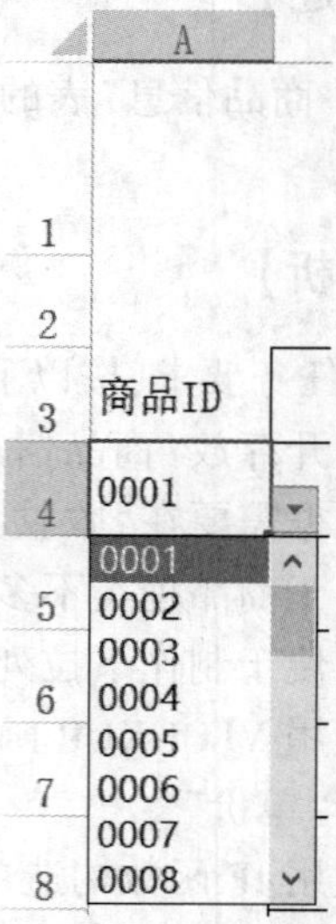

图 2-13　设置“序列”结果

步骤 5.5：用鼠标拖曳 A4 单元格的填充控制柄，将 A4 单元格向下复制到 A8 单元格，这样 A4～A8 区域每个单元格都可以用下拉列表方式输入“商品 ID”。

步骤 6：生成“商品 ID”对应的“品名及规格”。

步骤 6.1：选择 B4 单元格。

步骤 6.2:输入公式"=VLOOKUP(A4,商品信息,2,0)",确认后在 B4 单元格即生成 A4 单元格"商品 ID"对应的"品名与规格"。

如果 A 列"商品 ID"为空,则 B 列"品名与规格"公式结果就会返回"#N/A"的错误提示信息。这是由于 VLOOKUP 函数的第 2 个参数,即查找区域"商品信息"第一列没有为空的单元格所致。

步骤 6.3:修正公式。若"商品 ID"为空,则"品名与规格"也应当为空;否则,返回对应的"品名与规格"。因此,修正公式为:

=IF(A4="","",VLOOKUP(A4,商品信息,2,0))

步骤 6.4:用鼠标拖曳 B4 单元格的填充控制柄,将 B4 单元格向下复制到 B8 单元格,完成"品名与规格"公式的复制。

步骤 7:生成"商品 ID"对应的"单位"。在 C4 单元格输入公式:

=IF(A4="","",VLOOKUP(A4,商品信息,3,0))

步骤 8:生成"商品 ID"对应的"单价"。在 E4 单元格输入公式:

=IF(A4="","",VLOOKUP(A4,商品信息,4,0))

步骤 6～步骤 8 的单元格公式中,VLOOKUP 函数的第三个参数 2、3、4 可以使用 COLUMN 函数动态实现,项目八对 COLUMN 函数有详细讲解。

步骤 9:选择 C4～E4 单元格,用鼠标拖曳 E4 单元格的填充控制柄到 E8 单元格,将 C4～E4 单元格的公式对应复制到 C8～E8 单元格。

通过以上 9 个步骤的操作,完成了根据"商品 ID"自动生成对应项目的设置。测试结果如图 2-14 所示。

图 2-14　运行结果

公式解析:(以返回"商品 ID"对应的"品名及规格"为例)

= VLOOKUP(A4,商品信息,2,0)

第一个参数:A4。要查找的"商品 ID"位于 A4 单元格,所以第一个参数是单元格引用 A4。

第二个参数:“商品信息! $A$2:$D$31”或“商品信息”(注意:前面的“商品信息”是工作表名,后面的“商品信息”则是区域名称)。由于“商品 ID”需要在“商品信息! $A$2:$D$31”区域的第一列查找“商品 ID”,所以第二个参数就是“商品信息! $A$2:$D$31”,由于该区域的名称为“商品信息”,因此第二个参数也可用“商品信息”。

第三个参数:2。“品名与规格”位于“商品信息! $A$2:$D$31”区域的第 2 列,因此第三个参数是 2。

第四个参数:FALSE 或 0。因为要在“商品信息! $A$2:$D$31”区域的第 1 列精确查找“商品 ID”,所以第四个参数为 FALSE 或 0。

如果“商品 ID”为空,则相应的“品名及规格”“单位”和“单价”也应为空。而上述公式的计算结果是:如果“商品 ID”为空,则返回“#N/A”的提示信息,因此修正公式为:

=IF(A4="","",VLOOKUP(A4,商品信息,2,0))

第一个参数:A4=""。测试“商品 ID”是否为空。为空时返回 TRUE(逻辑真),非空时返回 FALSE(逻辑假)。

第二个参数:""。第一个参数的测试结果为 TRUE(逻辑真),也就是“商品 ID”为空时,“品名及规格”也为空。

第三个参数:VLOOKUP(A4,商品信息,2,0)。第一个参数的测试结果为 FALSE(逻辑假),也就是“商品 ID”不为空时,在“商品信息”第一列精确查找 A4 单元格的值,然后返回“商品 ID”在“商品信息”区域第 2 列对应的,也就是“品名及规格”的值。

“商品 ID”对应的“单位”和“单价”分别位于“商品信息”区域的第三、第四列,所以第三个参数分别是 3 和 4。

【巩固技能】

1. 在完成任务二的基础上,完成任务三的各项操作。重点掌握 VLOOKUP 函数的应用,领略 VLOOKUP 函数在数据表中搜索指定数据并返回指定位置数据的功能。

2. 在任务二【巩固技能】第 2 题的基础上,完成“名称及规格”“单位”和“单价”数据的自动生成。

任务四　自动计算

【知识准备】

一、PRODUCT 函数

PRODUCT 函数使所有以参数形式给出的数字相乘并返回乘积。

PRODUCT 函数的语法如下:

PRODUCT(number1,[number2],…)

PRODUCT 函数语法具有下列参数:

➢ number1:必需。要相乘的第一个数字或范围。

➢ number2,…:可选。要相乘的其他数字或单元格区域,最多可以使用 255 个参数。

如,在单元格中输入公式:=PRODUCT(A1,C1,F1),公式将返回单元格 A1、C1、F1 三个单元格的积。

二、SUM 函数

SUM 函数用于将其全部参数相加。

SUM 函数的语法如下:

SUM(number1,[number2],…)

SUM 函数语法具有下列参数:

➢ number1:必需。要相加的第一个数字。该参数可以是数字,也可以是单元格引用或单元格范围。

➢ number2:可选。这是要相加的第二个数字。可以按照这种方式最多再指定 255 个数字。

如,在单元格中输入公式:=SUM(A1,B1,C1),这个公式的返回值是 A1、B1、C1 三个单元格之和。

三、TYPE 函数

TYPE 函数用于返回数值的类型。

TYPE 函数的语法如下:

TYPE(value)

TYPE 函数语法具有下列参数:

➢ value:必需。可以为任意 Microsoft Excel 数值,如数字、文本以及逻辑值等。如果为数值,则返回 1;如果为文本,则返回 2;如果为逻辑值,则返回 4;如果为误差值,则返回 16;如果为数组,则返回 64。

如,在单元格中输入公式:=TYPE(36),这个公式的返回值是 1。

【任务描述】

在任务三的基础上,检测输入到“数量”单元格的数据是否为“数值”,如果不是数值,则不能输入,并显示提示警告信息。输入“数量”单元格数据后,自动生成以货币格式显示的“金额”和“合计金额”栏数据。

【任务分析】

根据任务要求,按以下流程进行数据处理设计。

1. 打开存放“商品信息”和“收款收据”工作表的工作簿。

2. 设置“数量”单元格“数据验证”允许条件,保证输入的数据为数值型数据。

3. 将“金额”和“合计金额”栏单元格格式的“数字分类”设置为保留两位小数的货币型。

4. 在“金额”栏设置计算公式。

5. 在“合计金额”栏构造将各商品销售金额加总的计算公式。

【任务实施】

步骤 1:根据要求,打开存放“商品信息”和“收款收据”工作表的工作簿(此例为“项目 2 任务 4_1. xlsx”)。

步骤 2:设置“收款收据”工作表 D4~D8 单元格区域的“数据验证”允许条件设置。

步骤 2. 1:单击“收款收据”工作表标签,选择 D4~D8。

步骤 2. 2:选择“数据”|“数据工具”|“数据验证”,打开“数据验证”对话框。

步骤 2. 3:单击“设置”选项卡,在“验证条件”控制区的“允许”控制列表中选择“自定义”,在“公式”编辑框中输入:=TYPE(D4)=1,如图 2-15 所示。

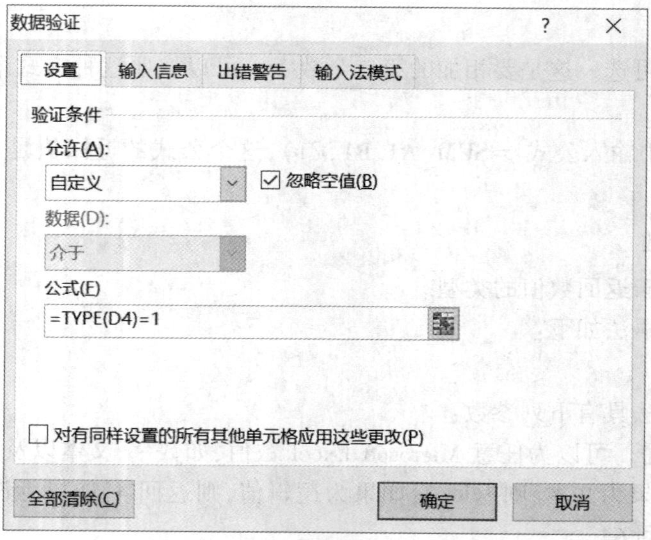

图 2-15　数据验证“公式”设置

公式解析:

TYPE(D4)的作用是检测输入的数据类型。

如果逻辑表达式“TYPE(D4)=1”返回的值为 TRUE(逻辑真),说明输入的是数值型数据,如果返回的值是 FALSE(逻辑假),说明输入的不是数据型数据。

步骤 2. 4:单击“出错警告”选项卡,勾选“输入无效数据时显示出错警告”,“样式”选“停止”,在“标题”编辑框中输入“出错警告”,在“错误信息”编辑框中输入:“抱歉,只能输入数字!”。

步骤 2. 5:单击“确定”按钮。

完成设置后,如果在 D4 单元格输入了不是数字的数据,就会弹出“出错警告”对话框,如图 2-16 所示。

步骤 3:将“金额”和“合计金额”栏单元格格式的“数字分类”设置为保留两位小数,使用千位分隔符的货币格式。

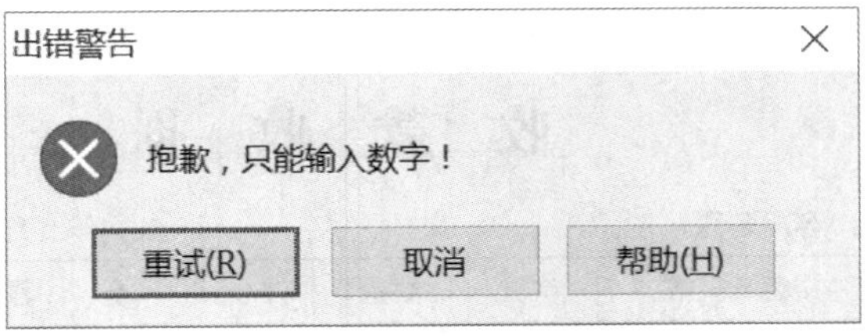

图 2-16　出错对话框

步骤 3.1:选择 F4~F9 单元格区域。

步骤 3.2:打开"设置单元格格式"对话框,选择"数字"选项卡,在"分类"控制列表中选择"货币","小数位数"调整为"2","货币符号"选择人民币符号"￥"。

步骤 3.3:单击"确定"按钮。

步骤 4:构造"金额"单元格的计算公式。

步骤 4.1:选择 F4 单元格。

步骤 4.2:输入计算公式:=PRODUCT(D4,E4)。

如果 D4 单元格为空,则完成公式输入后,F4 单元格显示的值是 E4 单元格的值。这是因为在 PRODUCT 函数的参数中如果存在空值单元格,则以 1 作为此空值单元格的值。

公式也可以写成:=D4 * E4。这样的话,如果 D4 单元格为空,则完成公式输入后,F4 单元格显示的是零值(0.00)。这是因为用" * "号连接的表达式中,如果遇到空值单元格,则以 0 作为此空值单元格的值。

步骤 4.3:修正计算公式。如果数量单元格为空,则"金额"栏也应为空,因此以上公式应修正为:

=IF(D4="","",PRODUCT(D4,E4))

或:=IF(D4="","", D4 * E4)

步骤 5:用鼠标拖曳 F4 单元格的填充控制柄,将 A4 单元格向下复制到 F8 单元格,完成 F4~F8 单元格计算公式的构造。

公式解析:(以 F4 单元格为例)

"金额"等于"数量"与"单价"的积。该任务中 D4 为"数量"单元格,E4 为"单价"单元格,因此公式可以写为:=PRODUCT(D4,E4)或:=D4 * E4。

步骤 6:构造"合计金额"单元格公式。

步骤 6.1:选择 F9 单元格。

步骤 6.2:输入公式:=SUM(F4:F8)。或单击"开始"|"编辑"|"自动求和"按钮,F9 单元格即自动生成求和公式:=SUM(F4:F8)。

公式解析:

"合计金额"等于各栏"金额"之和。用求和函数 SUM 最为便捷。SUM 函数的参数是各个加数,就该任务来说就是各个"金额",也就是 F4、F5、F6、F7、F8 单元格,用公式表示:=SUM(F4,F5,F6,F7,F8)。由于各个加数是相连的,所以公式可简写为:=SUM(F4:F8)。

通过以上设置,可以实现:选择"商品 ID"后,输入"数量"就可以自动生成各商品的金额和合计金额。运行效果如图 2-17 所示。

	A	B	C	D	E	F	G
1		收　款　收　据					
2		客户名称:				2016年01月14日	
3	商品ID	品名及规格	单位	数量	单价	金　额	备注
4	0030	商品30	个	5.00	29.00	¥145.00	
5	0001	商品1	个	8.00	19.00	¥152.00	
6	0015	商品15	个	9.00	50.00	¥450.00	
7	0005	商品5	个	20.00	34.00	¥680.00	
8							
9		合计金额(大写):				¥1,427.00	
10		单位盖章	收款人		开票人		

图 2-17　运行结果

【巩固技能】

1. 在完成任务三的基础上,完成任务四的各项操作。重点掌握 PRODUCT 函数和 TYPE 函数的应用,对“数据验证”的作用有较清晰的认识。领略公式的功能,理解函数参数的确定,掌握函数的基本应用。

2. 在任务三【巩固技能】第 2 题的基础上,完成当输入数量后,自动计算“销货清单”各小项与合计小写金额的公式设置。金额格式为:小数位数 2 位,使用千位分隔符,金额前加人民币符号“¥”。

任务五　小写金额转换为大写

【知识准备】

一、转换规则

在实际的财务工作中,小写金额转换为大写需区别以下四种情况:

- 金额是整数。将数字部分转换为大写后加“元整”。
- 金额“有角没分”。将整数部分转换为大写后连接“元”,再连接小数部分的“角”转换为大写后加“角整”。
- 金额“有分没角”。将整数部分转换为大写后连接“元零”,再连接小数部分的“分”转换为大写后加“分”。
- 金额“有角有分”。将整数部分转换为大写后连接“元”,再连接小数部分的“角”转换为大写后加“角”,最后连接小数部分的“分”转换为大写后加“分”。

二、TEXT 函数

TEXT 函数的作用在本项目的任务一中已介绍,这里主要介绍第二个参数 format_text 的另外两种格式“[dbnum1]”和“[dbnum2]”。

➢ "[dbnum1]":中文数字格式。

➢ "[dbnum2]":中文大写数字格式,财务中采用的大写金额格式。

如果在单元格中输入公式:=TEXT(23, "[dbnum1]"),这个公式的返回值将是“二十三”;如果在单元格中输入公式:=TEXT(23, "[dbnum2]"),这个公式的返回值将是“贰拾叁”。

如,在单元格中输入公式:=TEXT(302,"[dbnum1]"),这个公式的返回值是“三百〇二”。

三、TRUNC 函数

TRUNC 函数的作用是将数字的小数部分截去,返回整数。

TRUNC 函数的语法如下:

TRUNC(number,[num_digits])

TRUNC 函数语法具有下列参数:

➢ number:必需。需要截尾取整的数字。

➢ num_digits:可选。用于指定取整精度的数字。num_digits 的默认值为 0(零)。

如,在单元格中输入公式:=TRUNC(23.89),这个公式的返回值将是 23。

四、LEFT 函数

LEFT 函数用于从文本字符串的第一个字符开始返回指定个数的字符。

LEFT 函数的语法如下:

LEFT(text,[num_chars])

➢ text:必需。包含要提取的字符的文本字符串。

➢ num_chars:可选。指定希望 LEFT 提取的字符数。num_chars 必须大于或等于零。如果 num_chars 大于文本长度,则 LEFT 返回全部文本。如果省略 num_chars,则假定其值为 1。

如果在单元格中输入公式:=LEFT(20.28,3),这个公式的返回值将是“20.”。

五、RIGHT 函数

RIGHT 函数用于根据所指定的字符数返回文本字符串中最后一个或多个字符。

RIGHT 函数的语法如下:

RIGHT(text,[num_chars])

➢ text:必需。包含要提取的字符的文本字符串。

➢ num_chars:可选。指定希望由 RIGHT 提取的字符数。num_chars 必须大于或等于零。如果 num_chars 大于文本长度,则 RIGHT 返回全部文本。如果省略 num_chars,则假定其值为 1。

如果在单元格中输入公式:=RIGHT(20.28,3),这个公式的返回值将是“.28”。

六、&

& 是文本连接符,用于将两个文本连接起来。

如果在单元格中输入公式:="Excel"&"在会计中的应用",这个公式的返回值将是"Excel 在会计中的应用"。

【任务描述】

在完成任务四的基础上,将小写的"合计金额"转换为大写并自动填写到"合计金额(大写)"单元格中。

【任务分析】

根据任务要求,按以下流程进行小写金额转换为大写的数据处理。

1. 打开存放"商品信息"和"收款收据"工作表的工作簿。
2. 依次对金额为整数、有角没分、有分没角、有角有分四种情况进行小写金额的大写转换处理。
3. 构造 4 种情况的逻辑表达式。
4. 构造综合的小写金额转换为大写的计算公式。

【任务实施】

子任务一:4 种情况小写金额的大写转换

步骤 1:复制"项目 2 任务 5_1. xlsx"工作簿文件,将其副本更名为"项目 2 任务 5_1. xlsx"并打开。

步骤 2:单击工作表标签区域的"新工作表"按钮,新建一个工作表。

新建该工作表是为了逐一对 4 种情况进行大写转换。

步骤 3:在新工作表的 A2~A5 单元中依次输入 4 种情况的小写金额。

步骤 4:金额是整数的转换。

在 B2 单元格输入公式:=TEXT(A2,"[dbnum2]")&"元整"。确认输入后 B2 单元格即返回 A1 单元格的大写金额,如图 2-18 所示。

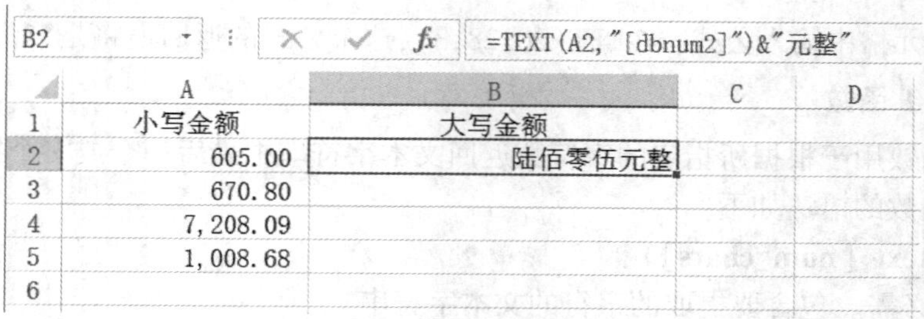

图 2-18 "整数"的转换

公式解析:

➢ 要转换的对象是 A2 单元格中的小写金额,所以第一个参数是 A2。

➢　数字格式是中文大写金额,所以第二个参数是"[dbnum2]"。

➢　转换的结果要加上“元整”,所以在转换为中文大写后用“&”连接文本“元整”。

步骤 5:金额“有角没分”的转换。需将整数部分的转换和小数部分的转换分开进行,再将两部分连接起来。

步骤 5.1:整数部分的转换。在 C3 单元格输入:=TEXT(TRUNC(A3),"[dbnum2]")&"元"。确认输入后 C3 单元格即返回整数金额的大写转换结果。

公式解析:

➢　转换对象是 A3 的整数部分,因此用函数 TRUNC 取出 A3 整数部分,所以第一个参数是 TRUNC(A3)。

➢　数字格式是中文大写金额,所以第二个参数是"[dbnum2]"。

➢　整数部分转换的结果要加上“元”,所以在转换为中文大写后用“&”连接文本“元”。

步骤 5.2:小数部分的转换。在 D3 单元格输入:=TEXT(RIGHT(A3,1),"[dbnum2]")&"角整"。确认输入后 D3 单元格即返回小数部分的大写转换结果。

公式解析:

➢　转换对象是 A3 小数部分的右边第一位,因此用函数 RIGHT 取出 A3 单元格的右边第一位,所以第一个参数是 RIGHT(A3,1)。由于小数点后的无效 0 不是有效位,因此在“有角无分”情况下右边第一位是“角”位而不是“分”位。

➢　数字格式是中文大写金额,所以第二个参数是"[dbnum2]"。

➢　转换的结果要加上“角整”,所以在转换为中文大写后用“&”连接文本“角整”。

步骤 5.3:构造“有角没分”金额的大写转换公式。在 B3 单元格将步骤 5.1 和步骤 5.2 的公式组合起来,形成综合转换公式:=TEXT(TRUNC(A3),"[dbnum2]")&"元"&TEXT(RIGHT(A3,1),"[dbnum2]")&"角整"。确认输入后 B3 单元格即返回 A3 单元格金额的大写转换结果,如图 2-19 所示。

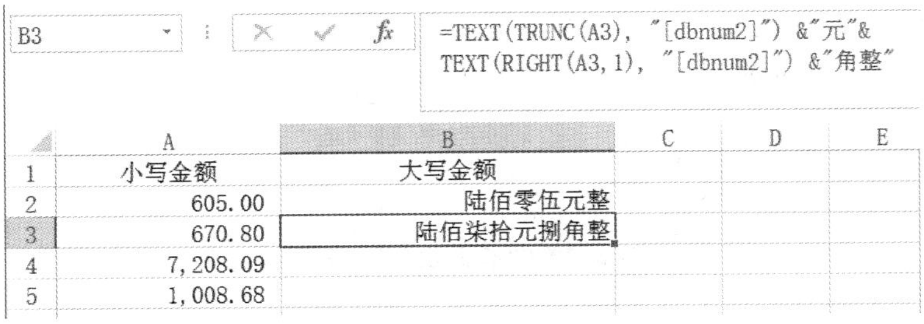

图 2-19　“有角没分”的转换

公式解析:

➢　将整数部分的转换公式:=TEXT(TRUNC(A3),"[dbnum2]")&"元"

用连接符“&”

➢　和小数部分的转换公式:=TEXT(RIGHT(A3,1),"[dbnum2]")&"角整"

连接起来。形成“有角没分”大写金额转换公式:

=TEXT(TRUNC(A3),"[dbnum2]")&"元"&TEXT(RIGHT(A3,1),"[dbnum2]")&"角整"

注意:连接时需删除第一个公式之外的公式标识符“=”。

步骤 6:金额“有分没角”的转换。需将整数部分的转换和小数部分的转换分开进行,再将两部分连接起来。

步骤 6.1:整数部分的转换。在 C4 单元格输入:=TEXT(TRUNC(A4),"[dbnum2]")&"元零"。确认输入后 C4 单元格即返回整数金额的大写转换结果。

公式解析:

➢ 转换对象是 A4 的整数部分,因此用函数 TRUNC 取出 A4 整数部分,所以第一个参数是 TRUNC(A4)。

➢ 数字格式是中文大写金额,所以第二个参数是"[dbnum2]"。

➢ 转换的结果要加上“元零”,所以在转换为中文大写后用“&”连接文本“元零”。

步骤 6.2:小数部分的转换。在 D4 单元格输入:=TEXT(RIGHT(A4,1),"[dbnum2]")&"分"。确认输入后 D4 单元格即返回小数部分金额的大写转换结果。

公式解析:

➢ 转换对象是 A4 小数部分的右边第一位,因此用函数 RIGHT 取出 A4 单元格的右边第一位,所以第一个参数是 RIGHT(A4,1)。

➢ 数字格式是中文大写金额,所以第二个参数是"[dbnum2]"。

➢ 转换的结果要加上“分”,所以在转换为中文大写后用“&”连接文本“分”。

步骤 6.3:构造“有分没角”金额的大写转换公式。在 B4 单元格将步骤 6.1 和步骤 6.2 的公式组合起来,形成综合转换公式:=TEXT(TRUNC(A4),"[dbnum2]")&"元零"&TEXT(RIGHT(A4,1),"[dbnum2]")&"分"。确认输入后 B4 单元格即返回 A4 单元格金额的大写转换结果,如图 2-20 所示。

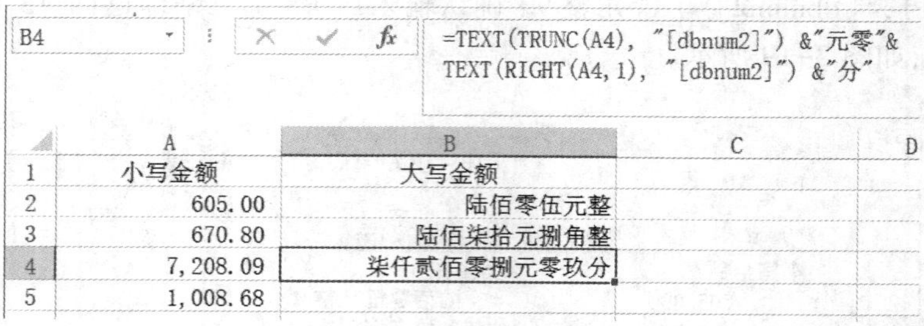

图 2-20 “有分没角”的转换

公式解析:

➢ 将整数部分的转换公式:=TEXT(TRUNC(A4),"[dbnum2]")&"元零"
用连接符“&”

➢ 和小数部分的转换公式:=TEXT(RIGHT(A4,1),"[dbnum2]")&"分"
连接起来。形成“有分没角”金额的转换公式:

=TEXT(TRUNC(A4),"[dbnum2]")&"元零"&TEXT(RIGHT(A4,1),"[dbnum2]")&"分"

步骤 7:金额“有角有分”的转换。需将整数部分的转换和小数部分的转换分开进行,再将两部分连接起来。

步骤 7.1:整数部分的转换。在 C5 单元格输入:=TEXT(TRUNC(A5),"[dbnum2]")&"元"。确认输入后 C5 单元格即返回整数金额的大写转换结果。

公式解析:

➢ 转换对象是 A5 的整数部分,因此用函数 TRUNC 取出 A5 整数部分,所以第一个参数是 TRUNC(A5)。

➢ 数字格式是中文大写金额,所以第二个参数是"[dbnum2]"。

➢ 转换的结果要加上"元",所以在转换为中文大写后用"&"连接文本"元"。

步骤 7.2:小数部分的转换。

步骤 7.2.1:"角"的转换。在 D5 单元格输入公式:=TEXT(LEFT(RIGHT(A5,2),1),"[dbnum2]")&"角"。确认输入后 D5 单元格即返回小数部分"角"的大写转换结果。

公式解析:

➢ 转换对象是 A5 小数部分的右边第二位,首先用 RIGHT(A5,2)取出 A5 单元格的右边两位,再用 LEFT 函数在取出的两位中取出"角"位,即第一位,所以第一个参数是 LEFT(RIGHT(A5,2),1)。

➢ 数字格式是中文大写金额,所以第二个参数是"[dbnum2]"。

➢ 转换的结果要加上"角",所以在转换为中文大写后用"&"连接文本"角"

步骤 7.2.2:"分"的转换。在 E5 单元格输入公式:=TEXT(RIGHT(A5,1),"[dbnum2]")&"分"。确认输入后 E5 单元格即返回小数部分"分"的大写转换结果。

公式解析:

➢ 转换对象是 A5 小数部分的右边第一位,所以用 RIGHT(A5,1)取出 A5 单元格的右边第一位,所以第一个参数是 RIGHT(A5,1)。

➢ 数字格式是中文大写金额,所以第二个参数是"[dbnum2]"。

➢ 转换的结果要加上"分",所以在转换为中文大写后用"&"连接文本"分"。

步骤 7.3:构造"有角有分"金额的大写转换公式。在 B5 单元格将步骤 7.1、步骤 7.2.1 和步骤 7.2.2 的公式组合起来,形成"有角有分"的综合转换公式:=TEXT(TRUNC(A5),"[dbnum2]")&"元"&TEXT(LEFT(RIGHT(A5,2),1),"[dbnum2]")&"角"&TEXT(RIGHT(A5,1),"[dbnum2]")&"分"。确认输入后 B5 单元格即返回 A5 单元格金额的大写转换结果,如图 2-21 所示。

```
B5    fx  =TEXT(TRUNC(A5),"[dbnum2]") &"元"& TEXT(LEFT(RIGHT(A5,2),1),"[dbnum2]")&"角"& TEXT(RIGHT(A5,1),"[dbnum2]") &"分"
```

	A	B	C	D	E	F
1	小写金额	大写金额				
2	605.00	陆佰零伍元整				
3	670.80	陆佰柒拾元捌角整				
4	7,208.09	柒仟贰佰零捌元零玖分				
5	1,008.68	壹仟零捌元陆角捌分				
6						

图 2-21　"有角有分"的转换

公式解析:

➢ 将整数部分的转换公式:=TEXT(TRUNC(A5),"[dbnum2]")&"元"。

用连接符“&”连接。

➢ “角”的转换公式：=TEXT(LEFT(RIGHT(A5,2),1),"[dbnum2]")&"角"。

再用连接符“&”连接。

➢ “分”的转换公式：=TEXT(RIGHT(A5,1),"[dbnum2]")&"分"。

形成“有角有分”的大写金额转换公式：

=TEXT(TRUNC(A5),"[dbnum2]")&"元"& TEXT(LEFT(RIGHT(A5,2),1),"[dbnum2]")&"角"& TEXT(RIGHT(A5,1),"[dbnum2]")&"分"

子任务二：构造 4 种情况的逻辑表达式

➢ 金额为整数的逻辑表达式。判断一个数是否为整数，最简单易行的办法是：取整后与取整前是否相等，若相等，说明该数是整数，否则就不是整数。因此，判断金额是否是整数的逻辑表达式为：TRUNC(金额单元格)= 金额单元格。如，公式：=TRUNC(A2)= A2，返回逻辑真(TRUE)，说明 A2 单元格的金额是整数。

➢ “有角没分”的逻辑表达式。“有角没分”的金额与其他非整数金额的区别是右边第二位是小数点“.”，因此，“有角没分”的逻辑表达式为：LEFT(RIGHT(金额单元格),2),1)= "."。若公式：=LEFT(RIGHT(A3,2),1)= ".",返回逻辑真(TRUE)，说明 A3 单元格的金额是“有角没分”的。

➢ “有分没角”的逻辑表达式。“有分没角”的金额与其他非整数金额的区别是右边第二位是“0”，因此，“有分没角”的逻辑表达式为：LEFT(RIGHT(金额单元格),2),1)= "0"。若公式：=LEFT(RIGHT(A4,2),1)= "0"，返回逻辑真(TRUE)，说明 A4 单元格的金额是“有分没角”的。

➢ “有角有分”的逻辑表达式。“有角有分”的金额与其他非整数金额的区别是右边第三位是“.”，因此，“有角有分”的逻辑表达式为：LEFT(RIGHT(金额单元格),3),1)= "."。若公式：=LEFT(RIGHT(A5,3),1)= "."，返回逻辑真(TRUE)，说明 A5 单元格的金额是“有角有分”的。

将 4 种情况的公式分别录入到新建工作表的 C3、C4、C5、C6 单元格，结果均为逻辑真(TRUE)，如图 2-22 所示。

C4　=LEFT(RIGHT(A4, 2), 1)= "0"

	A	B	C
1	小写金额	大写金额	逻辑表达式为真
2	605.00	陆佰零伍元整	TRUE
3	670.80	陆佰柒拾元捌角整	TRUE
4	7,208.09	柒仟贰佰零捌元零玖分	TRUE
5	35.98	叁拾伍元玖角捌分	TRUE

图 2-22　判断条件设置

“有角有分”的逻辑表达式在构造综合公式中是用不到的。因为除了“整数”“有角无分”和“有分无角”3 种情况之外，只有“有角有分”1 种情况。

子任务三：构造综合公式

通过子任务一和任务二，我们已经做好了构造综合公式的技术准备，即 4 种情况的转换技术与逻辑表达式。现在只需将每一种情况的逻辑表达式与转换表达式对应起来就可以构造综合公式了。

下面是各种情况下的逻辑表达式与对应在转换表达式(以转换“收款收据”的“合计金额”F9 单元格为例)。

一、整数

- 逻辑表达式:TRUNC(F9)= F9。
- 转换表达式:TEXT(F9,"[dbnum2]")&"元整"。

二、“有角没分”

- 逻辑表达式:LEFT(RIGHT(F9,2),1)= "."
- 转换表达式:TEXT(TRUNC(F9),"[dbnum2]") &"元"& TEXT(RIGHT(F9,1), "[dbnum2]") &"角整"。

三、“有分没角”

- 逻辑表达式:LEFT(RIGHT(F9,2),1)= "0"。
- 转换表达式:TEXT(TRUNC(F9),"[dbnum2]") &"元零"& TEXT(RIGHT(F9,1), "[dbnum2]") &"分"。

四、“有角有分”

- 转换表达式:TEXT(TRUNC(F9),"[dbnum2]")&"元"& TEXT(LEFT(RIGHT(F9, 2),1),"[dbnum2]")&"角"& TEXT(RIGHT(F9,1),"[dbnum2]")&"分"

五、构造综合公式

在“收款收据”工作表的 C9 单元格输入公式:=IF(F9=0,"",IF(TRUNC(F9)= F9, TEXT(F9,"[dbnum2]")&"元整",IF(LEFT(RIGHT(F9,2),1)= ".", TEXT(TRUNC(F9), "[dbnum2]") &"元"& TEXT(RIGHT(F9,1), "[dbnum2]") &"角整",IF(LEFT(RIGHT(F9,2),1)= "0", TEXT(TRUNC(F9), "[dbnum2]") &"元零"& TEXT(RIGHT(F9,1), "[dbnum2]") &"分", TEXT(TRUNC(F9),"[dbnum2]")&"元"& TEXT(LEFT(RIGHT(F9,2),1),"[dbnum2]")&"角"& TEXT(RIGHT(F9,1),"[dbnum2]")&"分"))))。

公式解析:

- 用表达式:“F9=0”检测 F9 单元格是否为 0,如果是,表明该“收款收据”没有记录经济业务,“合计金额(大写)”应为空,即:IF(F9=0, "")。否则:
- 用表达式:“TRUNC(F9)= F9”检测 F9 单元格是否为整数,如果是,返回整数金额转换为大写的表达式:“TEXT(F9,"[dbnum2]")& "元整"”的结果。否则:
- 用表达式:“LEFT(RIGHT(F9,2),1)= "."”检测 F9 单元格右边第二位是否为小数点“.”,如果是,返回“有角没分”金额转换为大写的表达式:“TEXT(TRUNC(F9),"[dbnum2]") &"元"& TEXT(RIGHT(F9,1), "[dbnum2]") &"角整"”的结果。否则:
- 用表达式:“LEFT(RIGHT(F9,2),1)= "0"”检测 F9 单元格右边第二位是否为“0”,如果是,返回“有分没角”金额转换为大写的表达式:“TEXT(TRUNC(F9), "

[dbnum2]")&"元零"& TEXT(RIGHT(F9,1),"[dbnum2]")&"分""的结果。否则:

➢ 返回"有角有分"金额转换为大写的表达式:"TEXT(TRUNC(F9),"[dbnum2]")&"元"& TEXT(LEFT(RIGHT(F9,2),1),"[dbnum2]")&"角"& TEXT(RIGHT(F9,1),"[dbnum2]")&"分""的结果。

为避免没有数据录入时,具有零值的单元格显示 0,可通过单击"文件"|"选项"|"高级",在"使用 Excel 时采用的高级选项"列表的"此工作表的显示选项"控制列表中勾消"在具有零值的单元格中显示零"复选框,再单击"确定"按钮,从而使该工作表不显示零值。

输入 C9 单元格的公式后,"收款收据"就可以正式为我们服务了。输入"客户名称",在"商品 ID"中选择指定商品,再输入相应的数量后,各种商品的"金额"以及整张"收款收据"的大小写"合计金额"全部自动生成,使用方便,计算快速准确,效果如图 2-23 所示。

	A	B	C	D	E	F	G
1		收　款　收　据					
2		客户名称:	XX市小微企业会计咨询公司		2016年01月16日		
3	商品ID	品名及规格	单位	数量	单价	金　额	备注
4	0004	商品4	千克	9.00	8.00	¥72.00	
5	0007	商品7	个	6.00	26.00	¥156.00	
6	0020	商品20	千克	6.80	22.00	¥149.60	
7							
8							
9		合计金额(大写):	叁佰柒拾柒元陆角整			¥377.60	
10		单位盖章	收款人		开票人		

图 2-23　运行结果

【巩固技能】

1. 在完成任务四的基础上,完成任务五的各项操作。重点掌握 4 种情况的逻辑表达式和转换表达式的构造以及它们之间的对应关系;能熟练地运用 IF 函数进行各种情况的判断并构造综合转换公式。

2. 在完成任务四【巩固技能】第 2 题的基础上,构造"合计(大写)"栏的金额大写转换公式。

任务六　套打设置与模板保护

【知识准备】

一、页面设置

填制好的收款收据是需要打印出来的。为了使填制的收款收据适合打印要求,正式打印前必须先进行页面设置,主要内容:

➢ 纸张大小。纸张尺寸的选择,常见的有 A3、A4、A5 等多种规格,用户联机安装的打印机不同,可选择的纸张规格也会有所区别。

➢ 纸张的方向。有"横向"和"纵向"两种选择。

➢ 页边距。正文部分与纸张上、下、左、右各边的距离,通常以"厘米"为单位。

➢ 居中方式。分水平和垂直两种方式。

二、打印区域

由于在"收款收据"制作时增加了不需要打印的辅助项"商品 ID",所以在打印时需要设置打印区域,只打印需要打印的部分,把不需要打印的部分排除在外。

三、隐藏表样内容

实际工作中,有的企业采用套打方式打印收款收据。套打就是使用事先印刷好格式的纸张,进行打印的一种打印方式。收款收据的套打就是使用事先印制好的收款收据格式的纸张进行打印。这种打印方式在打印时,无须打印固定的表样文字和表格线等格式内容,有利于加快打印速度,节约打印耗材,延长打印机的使用寿命等,从而降低打印成本。因此,打印时需要将设计时的表样文字和表格线等格式内容隐藏起来。

对于不考虑打印成本的用户来说,也可不用进行套打设置。

【任务描述】

在完成任务五的基础上,将需要打印输出的收款收据纸张规格设置为 A5、横向居中套打,第一列"商品 ID"不能出现在打印输出的收款收据中。打印设置完成后,将表样内容(表样文字和表格线)、公式单元格锁定并隐藏公式内容,以防人为修改或破坏。

【任务分析】

根据任务要求,按以下流程进行设置。

1. 打开存放"商品信息"和"收款收据"工作表的工作簿。
2. 设置纸张大小、页面方向、居中方式等页面设置。
3. 对表样内容和公式单元进行保护。
4. 隐藏表样内容。

5. 套打打印预览。

【任务实施】

步骤 1:复制"项目 2 任务 5_1. xlsx"工作簿文件,将其副本更名为"项目 2 任务 6_1. xlsx"并打开。

步骤 2:单击"收款收据"工作表标签。

步骤 3:设置纸张规格。选择"页面布局"|"纸张大小",在弹出的纸张列表中单击"A5"。

步骤 4:设置纸张方向。选择"页面布局"|"纸张方向",在弹出的列表中选择"横向"。

步骤 5:设置居中方式。选择"页面布局"|"页边距",在弹出的选项中单击位于最下端的"自定义边距",打开"页面设置"对话框的"页边距"选项卡,如图 2-24 所示。

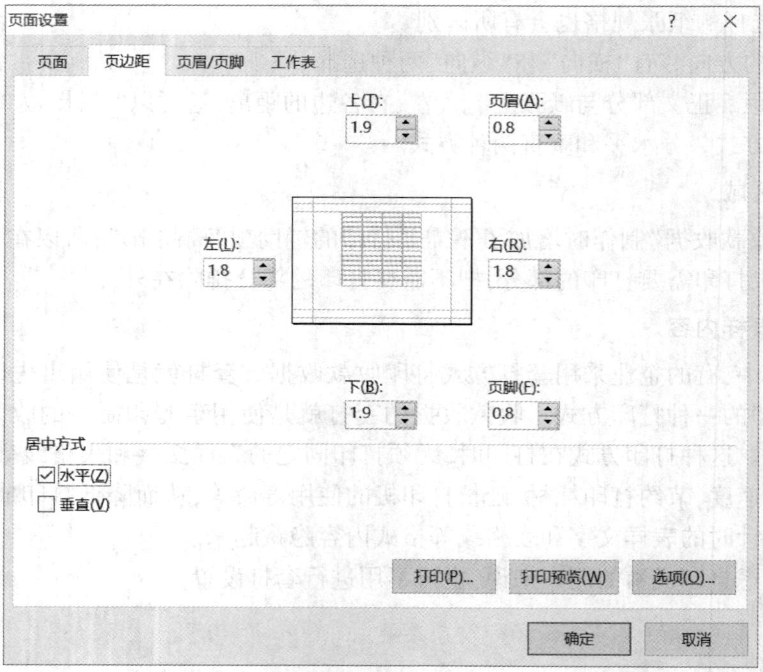

图 2-24 "页边距"设置

步骤 6:在"居中方式"控制区勾选"水平"复选框。

可在"页边距"选项页面设置上、下、左、右边距,也可设置页眉和页脚边距。

步骤 7:调整行高列宽。对照事先印刷好格式的空白收款收据,调整各个单元格的行高和列宽,以保证数据能够在指定位置打印出来。

步骤 8:设置打印区域。

步骤 8.1:选择 B1~G10 区域。

步骤 8.2:单击"页面布局"|"打印区域"|"设置打印区域"。

若要取消打印区域,单击"页面布局"|"打印区域"|"取消打印区域"。

步骤 9:保护工作表。

步骤 9. 1:单击工作表最左上角的“全选”按钮,打开“设置单元格格式”对话框,单击“保护”选项卡,勾消“锁定”复选框,去除该工作表所有单元格的“锁定”属性(默认情况下,所有的单元格均处于“锁定”)。

步骤 9. 2:选择需要保护的表样内容和公式单元。选择 B1,然后按住【Ctrl】键,依次单击 B2、E2、A3:G3、B4:B10、C4:C8、C9、E4:F8、F9、B10:G10 单元格或单元格区域。

步骤 9. 3:打开“设置单元格格式”对话框,单击“保护”选项卡,勾选“锁定”和“隐藏”复选框。

步骤 9. 4:单击“确定”按钮。

步骤 10:保护工作表。单击“审阅”|“保护工作表”,打开“保护工作表”对话框。

步骤 11:勾选“保护工作表及锁定的单元格内容”复选框,在“取消工作表保护时使用的密码”框中输入密码(本例为:888)。

步骤 12:单击“确定”按钮。

步骤 13:在“确认密码”对话框的“重新输入密码”框中输入与步骤 10 中一致的密码。

步骤 14:单击“确定”按钮。

通过步骤 9~步骤 14 的操作,确保了需要保护的单元格不会被无意修改或破坏。当试图对已设置了保护的单元格进行操作时,Excel 将弹出如图 2-25 所示的对话框。

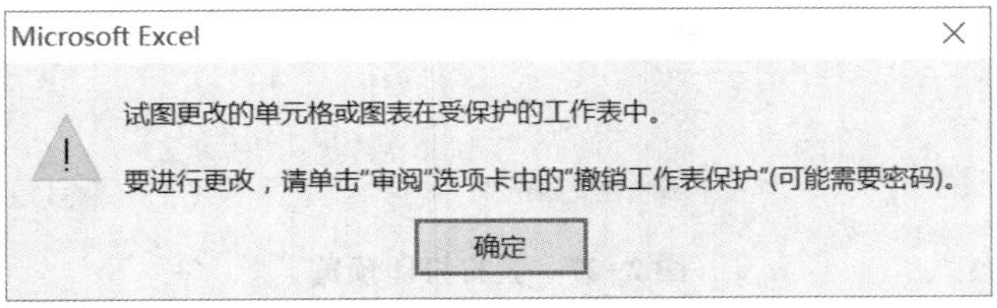

图 2-25　出错对话框

“数据保护”的操作详见项目一任务六。

步骤 15:隐藏表样内容。由于要进行套打,所以需要把表样内容,也就是固定不变的表格式、文字以及表格线隐藏起来。要实现隐藏,只需要把属于表格式的文字颜色设置与背景色(通常为白色)一致,删除表格线就可以了。

步骤 15. 1:撤销工作表保护。

步骤 15. 2:选择表样内容,即 B1、B2、B3~G3、B9、B10~G10。将字体颜色设置为“白色”。

步骤 15. 3:删除表格线。

步骤 15. 4:保护工作表。

步骤 16:打印预览。单击“文件”|“打印”,即可看到打印效果。

未设置套打的“收款收据”打印预览效果如图 2-26 所示,设置了套打的“收款收据”打印预览效果如图 2-27 所示。

收 款 收 据

客户名称： XX市小微企业会计咨询公司 2016年01月17日

品名及规格	单位	数量	单价	金 额	备注
商品5	个	7.00	34.00	¥238.00	
商品7	个	6.00	26.00	¥156.00	
商品20	千克	6.80	22.00	¥149.60	
合计金额(大写)：	伍佰肆拾叁元陆角整			¥543.60	

单位盖章 收款人 开票人

图 2-26 打印预览

XX市小微企业会计咨询公司 2016年01月17日

商品5	个	7.00	34.00	¥238.00
商品7	个	6.00	26.00	¥156.00
商品20	千克	6.80	22.00	¥149.60

伍佰肆拾叁元陆角整 ¥543.60

图 2-27 套打打印预览

【巩固技能】

1. 在完成任务五的基础上，完成任务六的各项操作。

2. 在完成任务五【巩固技能】第 2 题的基础上，对“销货清单”进行页面设置，分别完成套打和非套打的各项设置并进行工作表保护。

3

项目三 会计科目表

不论是选择通用财务软件(如用友、金蝶等),还是采用通用电子表格软件 Excel 2013 进行会计数据处理,在向系统输入数据之前,首先需要设置适合本企业进行会计核算的会计科目(账户),然后才能对本企业发生的经济活动进行科学的记录、分类和整理,以提供企业经营管理需要的会计信息,因此会计科目信息录入的正确性对保证整个会计核算数据的质量就显得尤为重要。该项目的任务是根据需要进行会计核算基础数据表——会计科目表的结构设计,并对会计科目编码的输入进行数据校验,以杜绝会计科目编码录入的逻辑错误。本项目主要包括:会计科目表结构、会计科目编码录入位数、会计科目编码的唯一性、会计科目编码的字符限制、会计科目上下级统驭关系检查等内容,为准确录入会计科目编码提供逻辑检查。

【知识目标】

◇ 会计科目的概念及作用

◇ 会计科目编码第一位的含义

◇ 会计科目编码方法

◇ 会计科目编码录入的有效性控制

【技能目标】

◇ 会计科目表结构设计

◇ 熟练应用 LEN( )、COUNTIF( )、MOD( )、AND( )、OR( )、ISEVEN( )等函数

◇ 会计科目编码录入的数据验证技术

任务一　会计科目表结构设计

【知识准备】

一、关于会计科目

会计科目是按照会计对象的经济内容性质的不同而进行的分类标志，是对会计要素的具体内容进行分类核算的项目名称，习惯上也称其为账户。我国企业的会计科目由财政部在《企业会计准则应用指南》中以会计科目表的形式发布。

为了总括而又详细地反映各会计要素的增减变动情况及其结果，在会计实务中既要设置总分类科目，又要设置明细分类科目。总分类科目，简称总账科目，亦称一级科目，是对会计要素的具体内容进行总括分类的科目，是总分类账户的名称；明细分类科目，简称明细科目，是对总分类科目进一步分类的科目，它所反映的经济内容或提供的指标比较具体详细，是明细分类账户的名称。

在日常的会计核算中，会计科目一般分为一级科目、二级科目、三级科目乃至四级、五级科目，其中一级科目是由国家财政部统一规定的，企业可以根据国家颁布的会计科目制定满足自身需要的明细科目。

二、关于会计科目编码

为了便于编制记账凭证、登记账簿、查阅科目、提高记账效率，对于每一个会计科目除了汉字名称外，通常还为其编一个唯一的代号（类似于身份证号），这个代号就称其为科目编码。一般情况下采用层次顺序数字编码，即在科目编码中表明科目之间的层次、顺序关系，用有规律和系统的数字组合作为科目编码。在《企业会计准则应用指南》的会计科目表中，已列示了一级科目的科目编码，明细科目编码按照编码方案由企业根据实际情况制定，一般采用流水编号。如 01，02，03……。

科目编码的第一位数码表示科目的类别，如采用《企业会计准则》进行会计核算的，“1”表示资产类科目，“2”表示负债类科目，“3”表示共同类科目，“4”表示所有者权益类科目，“5”表示成本类科目，“6”表示损益类科目；采用《小企业会计准则》进行会计核算的，“1”表示资产类科目，“2”表示负债类科目，“3”表示所有者权益类科目，“5”表示成本类科目，“6”表示损益类科目。

三、科目编码方案

企业需要根据核算要求制定（或选择）会计科目编码方案，规定各级科目编码的长度以及编码的总级长。如 4222 的编码方案可以设置最多四级科目（编码由 4 位数构成），其中一级科目编码长度为 4 位，二级、三级、四级科目编码长度各为 2 位，编码总级长不超过 10 位（各级编码长度之和）。通常情况下，多数中小企业采用 4222 的编码方案即可满足需要。企业可以根据实际情况制定相应的科目编码方案，如 422，433 等。

使用会计科目编码时,须用全码表示。一个会计科目编码的全码由其自身编码与其上级科目编码组合而成,而不仅仅只是自身编码。这种表示方法可以清晰地反映出科目之间的统驭关系。如在 422 编码方案下,会计科目编码 10020101 表示这是一个三级科目,是 100201 的下级科目,其总账科目编码是 1002。

四、末级科目

一个科目如果没有下级科目,这个科目就是末级科目。末级科目可以是任意级次的科目。

【任务描述】

为 A 企业进行会计科目表结构设计。

【任务分析】

根据任务要求,按以下流程进行格式设计。

1. 新建一个工作簿。

2. 将工作表“Sheet1”重命名为“会计科目”。

3. 确定会计科目表结构。会计科目表应记录“科目编码”“科目名称”“类别”“级次”“是否末级”等基本内容。

4. 确定会计科目表各项目的单元格格式。“科目编码”全部由阿拉伯数字组成,因编码不参与数值计算,因此应将其单元格格式的“数字分类”设置为“文本”。科目编码方案采用“4222”。

5. “科目名称”:记录会计科目的汉字名称。

6. “类别”:记录会计科目的类别,由科目编码的第一位确定。

7. “级次”。记录会计科目是哪一级,根据科目编码长度确定。

8. “是否末级”。标识是否还有下级科目。

【任务实施】

根据任务要求:

步骤 1:新建一个工作簿(项目 3 任务 1_1. xlsx)。

步骤 2:将工作表“Sheet1”标签改为“会计科目”。

步骤 3:输入表样文字。依次在 A1、B1、C1、D1、E1 单元格输入“科目编码”“科目名称”“类别”“级次”“是否末级”。

步骤 4:将 A 列单元格格式的“数字分类”设置为“文本”。

步骤 4. 1:选择 A 列。

步骤 4. 2:单击“开始”|“单元格”|“格式”|“设置单元格格式”,打开“设置单元格格式”对话框。

步骤 4. 3:单元“数字”选项卡,在“分类”列表中选择“文本”。

步骤 4. 4:单击“确定”按钮。

完成“会计科目”工作表格式设置,如图 3-1 所示。

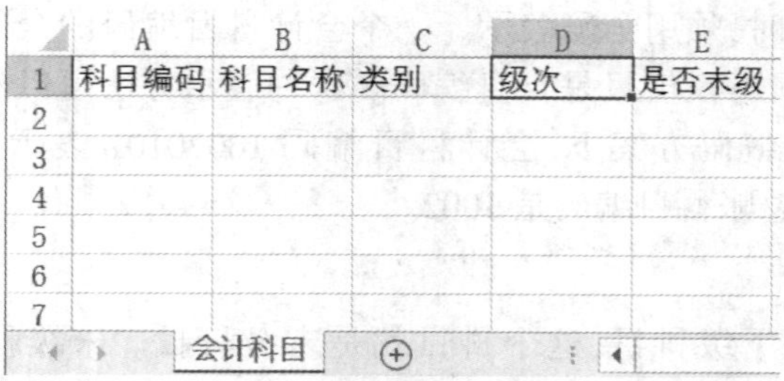

图 3-1　科目表结构

【巩固技能】

操作该任务,注意体会“会计科目”工作表各项目的用途。从理论上掌握会计科目编码方案以及有关会计科目的知识。

任务二　会计科目编码录入的位数控制

【知识准备】

一、会计科目编码的长度限制

按照 4222 的会计科目编码方案,A 企业的会计科目编码:

➢　总长不超过 10 位。4+2+2+2=10。

➢　最多只能设置到 4 级。科目编码方案是 4 位数字。

➢　一级科目编码长度是 4(第一位是 4)位,二级科目编码长度是 6(前两位数字之和 4+2)位,三级科目编码长度是 8(前三位数字之各 4+2+2)位,四级科目编码长度是 10(前四位数字之名 4+2+2+2)位。

二、LEN 函数

LEN 函数用于返回文本的字符个数。

LEN 函数的语法如下:

LEN(text)

LEN 函数语法具有下列参数:

➢　text:必需。要查找其长度(字符个数)的文本,空格将作为字符进行计数。

如,在单元格中输入公式:=LEN("Excel 在会计中的应用"),该公式将返回 12。

三、MOD 函数

MOD 函数用于返回两数相除的余数,结果的正负号与除数相同。

MOD 函数的语法如下:

MOD(number,divisor)

MOD 函数语法具有下列参数：

- number：必需。被除数。
- divisor：必需。除数。如果 divisor 为零，函数将返回错误值#DIV/0!。

如，在单元格中输入公式：=MOD(5,3)，该公式将返回 2。

四、ISEVEN 函数

ISEVEN 函数用于检测一个数是否为偶数，如果是，返回 TRUE；否则，返回 FALSE。

ISEVEN 函数的语法如下：

ISEVEN(number)

ISEVEN 函数语法具有下列参数：

- number：必需。检测是否为偶数的数值或引用。

如，在单元格中输入公式：=ISEVN(46)，该公式将返回 TRUE。

与 ISEVEN 函数相对应的，检测一个数是否为奇数的函数是 ISODD 函数。ISODD 函数的语法和参数与 ISEVEN 相类似，有兴趣的同学可以自己试一试。

五、AND 函数

AND 函数用于检测所有参数是否都为 TRUE，如果是，返回 TRUE，否则返回 FALSE。

AND 函数的语法如下：

AND(logical1,logical2,……)

AND 函数语法具有下列参数：

- logical：必需。1~255 个结果为 TRUE 或 FALSE 的检测条件，可以是逻辑值、数组或引用。

如，在单元格中输入公式：=AND(80>60,50<30)，该公式将返回 FALSE。因为检测条件“80>60”的结果为 TRUE，“50<30”的结果为 FALSE，检测条件中有一个为 FALSE，结果就为 FALSE。

六、OR 函数

OR 函数用于检测任一参数中是否有 TRUE，如果有，返回 TRUE。只有在所有参数都为 FALSE 的情况下才返回 FALSE。

OR 函数的语法如下：

OR(logical1,logical2,……)

OR 函数语法具有下列参数：

- logical：必需。1~255 个结果为 TRUE 或 FALSE 的检测条件，可以是逻辑值、数组或引用。

如，在单元格中输入公式：=OR(80>60,50<30)，该公式将返回 TRUE。因为检测条件“80>60”的结果为 TRUE，“50<30”的结果为 FALSE，检测条件中有一个为 TRUE，结果就为 TRUE。

【任务描述】

为 A 企业会计科目表的科目编码录入位数设置数据验证，具体要求：

➢ 总位数不大于 10 位。

➢ 科目编码位数只能是 4 位、6 位、8 位或 10 位,否则不能输入到单元格中。

【任务分析】

根据任务要求,按以下流程设置科目编码位数输入的数据验证。

1. 打开包含已完成格式设置的“会计科目”工作表的工作簿。
2. 选择“会计科目”工作表。
3. 在科目编码第一个单元格设置数据验证,只允许输入 4 位、6 位、8 位、10 位的数据。
4. 将科目编码第一个单元格复制到其他需要输入科目编码的单元格。

【任务实施】

根据任务要求:

步骤 1:复制“项目 3 任务 1_1. xlsx”工作簿文件,将其副本更名为“项目 3 任务 2_1. xlsx”并打开。

步骤 2:选择 A2 单元格。

步骤 3:单击“数据”|“数据工具”|“数据验证”,打开“数据验证”对话框。

步骤 4:单击“设置”选项卡,在“验证条件”的“允许”控制下拉列表中选择“自定义”,在“公式”编辑框中输入公式:=OR(LEN(A2)=4,LEN(A2)=6,LEN(A2)=8,LEN(A2)=10)。

公式解析:

用 LEN 函数检测用户输入 A2 单元格的数据位数。

用 OR 函数检测输入的位数是否符合 4222 编码方案的 4 位、6 位、8 位或 10 位。如果是,返回 TRUE,此时输入有效;如果不是,返回 FALSE,此时输入无效,系统将弹出步骤 5 设置的出错警告对话框。

公式也可写成:=AND(MOD(LEN(A2),2)=0,LEN(A2)>=4,LEN(A2)<=10)。

公式解析:

用 LEN 函数检测输入 A2 单元格数据位数,看是否在 4 位到 10 位之间。表达式为:AND(LEN(A2)>=4,LEN(A2)<=10)。

该任务中,位数应为偶数,因此也可通过检测位数能否被 2 整除来检测位数是否为偶数。公式中,用函数 MOD 检测位数能否被 2 整除,如果能整除,MOD 函数返回 0。表达式为:MOD(LEN(A2),2)=0。

检测输入的位数是否为偶数,可以直接用 ISEVEN 函数检测。表达式为:ISEVEN(LEN(A2)),所以公式也可以写为:= AND(LEN(A2)>= 4, LEN(A2)<= 10, ISEVEN(LEN(A2)))。

综合以上分析:

检测 A2 单元格输入的位数是否符合 4222 科目编码方案要求,其数据验证允许条件可选用下面三个自定义公式之一:

➢ =OR(LEN(A2)=4,LEN(A2)=6,LEN(A2)=8,LEN(A2)=10)

➢ =AND(MOD(LEN(A2),2)=0,LEN(A2)>=4,LEN(A2)<=10)

➢　=AND(LEN(A2)>=4,LEN(A2)<=10,ISEVEN(LEN(A2)))

本例采用第三个公式,如图 3-2 所示。

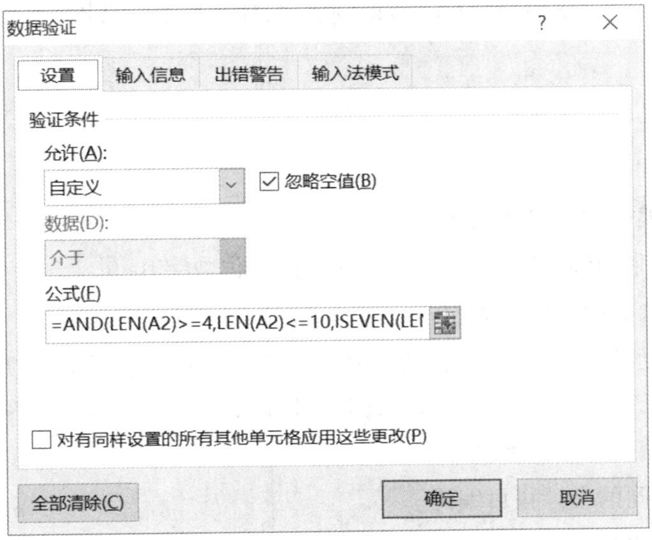

图 3-2　位数及奇偶控制公式

步骤 5:单击“出错警告”选项卡,勾选“输入无效数据时显示出错警告”复选框,在“样式”控制列表中选择“停止”,在“标题”编辑框中输入“出错警告”,在“错误信息编辑”框中输入“您输入的位数不符合 4222 科目编码方案的规定,请核对后重新输入!”。

步骤 6:单击“确定”按钮。

步骤 7:用鼠标拖曳 A2 单元格的填充控制柄到 A100 单元格,将 A2 单元格的所有设置应用到 A3~A100 单元格。

由于公式中采用的是相对引用,所以 A3~A100 区域的每个单元格引用也会作相应的变化。如果查看 A80 单元格数据验证的自定义公式,结果是:=AND(LEN(A80)>=4,LEN(A80)<=10,ISEVEN(LEN(A80)))。

设置完成后,如果在 A2~A100 单元格区域中的任一单元格输入位数不等于 4 位、6 位、8 位或 10 位的数据,则 Excel 2013 就会弹出步骤 5 设置的“出错警告对话框”,如图 3-3 所示。

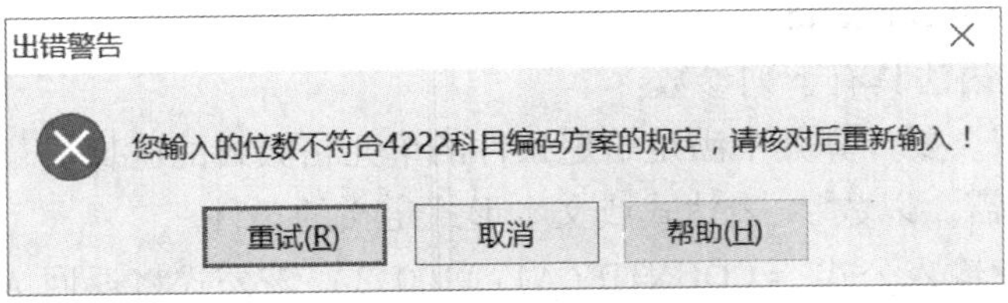

图 3-3　违反控制条件对话框

【巩固技能】

使用 433 的会计编码方案,完成科目编码的数据验证允许条件设置。要求输入的数据位数只能是 4 位、7 位或 10 位。

任务三　会计科目编码输入的字符及唯一性控制

【知识准备】

一、会计科目编码的字符限制

会计科目编码采用纯数字编码,只允许输入阿拉伯数字 0~9。

二、会计科目编码的首字符限制

会计科目编码的第一位表示科目的类别,资产类、负债类、共同类、所有者权益类、成本类、损益类科目分别用 1,2,3,4,5,6 表示,因此科目编码第一位只能是字符 1~6。

三、会计科目编码的唯一性要求

不允许出现相同的会计科目编码。

四、VALUE 函数

VALUE 函数的作用是将一个由阿拉伯数字组成的文本字符串转换为数值。

VALUE 函数的语法如下:

VALUE(test)

VALUE 函数语法具有下列参数:

- text:必需。由阿拉伯数字组成的文本。

如,在单元格中输入公式:=VALUE("608"),该公式将返回 608。

注意:公式中的 608 是文本型数据,不可以进行加、减、乘、除等算术运算;而公式的返回值 608 是数值型数据,可以进行算术运算。

五、COUNTIF 函数

COUNTIF 函数用于计算某个区域中满足给定条件的单元格数目。

COUNTIF 函数的语法如下:

COUNTIF(range,criteria)

COUNTIF 函数语法具有下列参数:

- range:必需。要计算其中满足给定条件的单元格数目的区域。
- criteria:必需。以数字、表达式或文本形式定义的条件。

如,在单元格中输入公式:=COUNTIF(A1:A100,3),该公式将返回 A1~A100 单元格区域中值等于 3 的单元格数目。

【任务描述】

为 A 企业会计科目表的科目编码设置输入字符限制和唯一性控制的数据验证,具体要求:

➢ 只能输入 0~9 这 10 个阿拉伯数码。
➢ 第一位只能输入“1~6”。
➢ 每个会计科目编码只能输入一次。

【任务分析】

根据任务要求,按以下流程设置科目编码输入字符限制和唯一性控制的数据验证。

1. 打开包含已完成格式设置的“会计科目”工作表的工作簿。
2. 选择“会计科目”工作表。
3. 在科目编码第一个单元格设置数据验证,只允许输入 0~9 这 10 个阿拉伯数码。
4. 科目编码的第一位只能是数码 1~6。
5. 设置科目编码只能出现一次。
6. 将科目编码第一个单元格复制到其他需要输入科目编码的单元格。

【任务实施】

根据任务要求:

步骤 1:复制“项目 3 任务 2_1. xlsx”工作簿文件,将其副本更名为“项目 3 任务 3_1. xlsx”并打开。

步骤 2:选择 A2 单元格。

步骤 3:单击“数据”|“数据工具”|“数据验证”,打开“数据验证”对话框。

步骤 4:单击“设置”选项卡,在“验证条件”的“允许”控制下拉列表中选择“自定义”,在“公式”编辑框中输入公式:=AND(TYPE(VALUE(A2))=1,LEFT(A2,1)>="1",LEFT(A2,1)<="6",COUNTIF($A$2:A2,A2)=1),如图 3-4 所示。

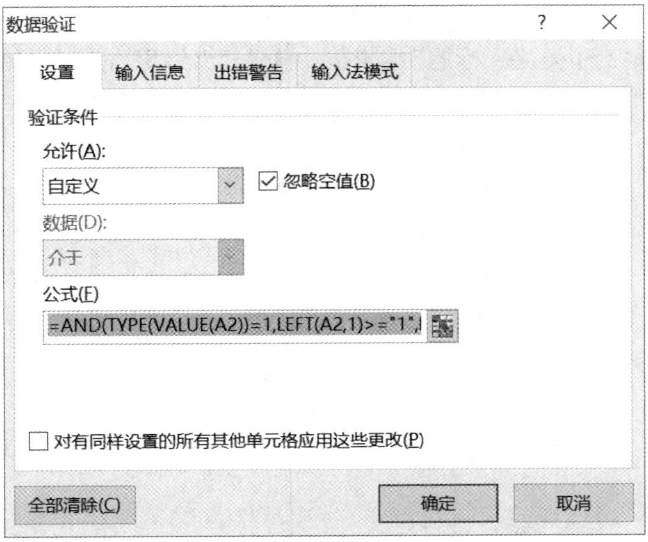

图 3-4　数字符号及唯一性控制公式

公式解析：

将 A2 单元格的数据转换为数值，表达式为：VALUE(A2)，转换后检测输入的数据是否为阿拉伯数字，表达式为：TYPE(VALUE(A2))=1。若该表达式结果为 TRUE，说明输入的是阿拉伯数字组合，符合编码要求；若结果为 FALSE，说明输入的不是阿拉伯数字组合或不全是阿拉伯数字组合，不符合编码要求。

用 LEFT 函数截取 A2 单元格的首位字符，检测是否为 1~6 之间的数码，表达式：AND(LEFT(A2,1)>="1",LEFT(A2,1)<="6")，若该表达式的结果为 TRUE，说明科目编码第一位既大于等于"1"，又小于等于"6"，是 1~6 之间的数，符合科目编码要求；若结果为 FALSE，说明科目编码第一位不在 1~6 之间，不符合科目编码要求。

检测输入的科目编码在科目编码列出现的次数是否为 1，表达式：COUNTIF($A$2:A2,A2)=1。若该表达式结果为 TRUE，说明科目编码只出现了一次，符合编码唯一性要求；若结果为 FALSE，说明输入了重复的科目编码，不符合编码唯一性要求。这里第一个参数区域的表示方法，起始单元采用绝对引用，终止单元采用相对引用。这样做的目的：便于在以后的操作中建立一个起始单元固定不变、可根据需要调整大小的动态区域。为了简便，第一个参数也可以采用整列，即：A:A。

必须同时满足以上条件。

综合以上分析：

检测 A2 单元格输入的科目编码是否符合字符限制和唯一性控制的公式为：

➢ =AND(TYPE(VALUE(A2))=1,LEFT(A2,1)>="1",LEFT(A2,1)<="6",COUNTIF($A$2:A2,A2)=1)或：

➢ =AND(TYPE(VALUE(A2))=1,LEFT(A2,1)>="1",LEFT(A2,1)<="6",COUNTIF(A:A,A2)=1)。

步骤 5：单击"出错警告"选项卡，勾选"输入无效数据时显示出错警告"复选框，在"样式"控制列表中选择"停止"，在"标题"编辑框中输入"出错警告"，在"错误信息编辑"框中输入"不允许输入阿拉伯数码以外的字符，请核对后重新输入！"，如图 3-5 所示。

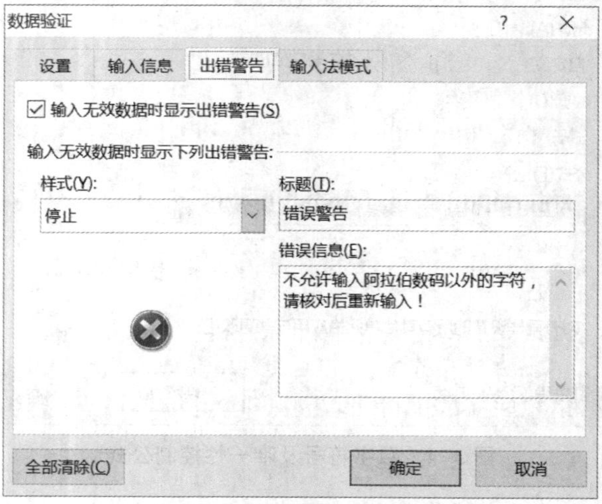

图 3-5 "出错警告"设置

步骤 6：单击“确定”按钮。

步骤 7：用鼠标拖曳 A2 单元格的填充控制柄到 A100 单元格，将 A2 单元格的所有设置应用到 A3～A100 单元格。

由于在表达式：COUNTIF($A$2:A2,A2)=1 中，第一个参数区域起始单元格采用绝对引用，终止单元格采用相对引用，所以在填充复制后各单元格的数据验证公式都会发生相应的变化：绝对引用的单元格固定不变，相对引用的单元格随着公式单元的不同而作不同的调整，使得第一个参数区域成为动态区域。

如，查看 A80 单元格的数据验证自定义公式为：=AND(TYPE(VALUE(A80))=1,LEFT(A80,1)>="1",LEFT(A80,1)<="6",COUNTIF($A$2:A80,A80)=1)。

设置完成后，如果在 A2～A100 单元格区域中的任一单元格输入不符合字符限制或唯一性控制的编码，Excel 2013 就会弹出步骤 5 设置的“出错警告对话框”，如图 3-6 所示。

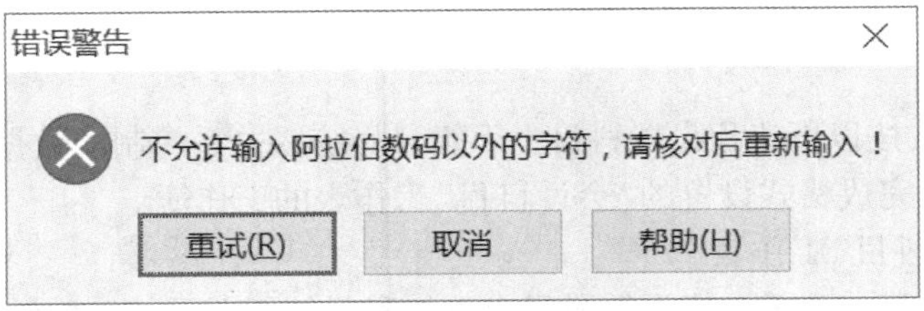

图 3-6　出错对话框

【巩固技能】

使用 433 的会计科目编码方案，完成科目编码的字符限制和唯一性控制数据验证允许条件设置。要求：

- 只能输入 0～9 这 10 个阿拉伯数码或它们的组合。
- 编码首位只能在文本“1”～“6”之间。
- 不允许输入相同的科目编码。
- 若输入了非阿拉伯数字字符，请予以提示并拒绝接受输入的数据。

任务四　上下级科目定义的控制

【知识准备】

一、关于上下级科目定义的控制

上下级科目定义的控制，指的是按照会计科目之间的统驭关系设置会计科目。在设置会计科目时，采取逐层设置的方式，自上而下。先设置上级科目，再设置其下级科目，不允许跨级设置。必须严格按照一级、二级、三级、四级……的顺序设置会计科目。

二、4222 编码方案上下级科目统驭关系

会计科目的统驭关系体现在科目编码中。在 4222 编码方案条件下，就科目编码位数来说，父科目（上级科目）编码位数比子科目（下级科目）编码位数少 2 位（一级科目编码除外）；就上下级科目编码关系而言，子科目全码由相应的父科目编码加本身的编码构成。

说明：在以后的描述中，上级科目与父科目等价，下级科目与子科目等价。

【任务描述】

为 A 企业会计科目表的科目编码输入设置上下级科目统驭关系控制的数据验证，具体要求：

➢ 必须先设置父科目的编码，再设置子科目的编码，不能跨级设置。一级科目（总账科目）除外。

【任务分析】

根据任务要求，按以下流程设置科目上下级科目统驭关系控制的数据验证。

1. 打开包含已完成格式设置的“会计科目”工作表的工作簿。
2. 选择“会计科目”工作表。
3. 在科目编码第一个单元格设置科目上下级科目统驭关系控制的数据验证。
4. 将科目编码第一个单元格复制到其他需要输入科目编码的单元格。

【任务实施】

根据任务要求：

步骤 1：复制“项目 3 任务 3_1. xlsx”工作簿文件，将其副本更名为“项目 3 任务 4_1. xlsx”并打开。

步骤 2：选择 A2 单元格。

步骤 3：单击“数据”|“数据工具”|“数据验证”，打开“数据验证”对话框。

步骤 4：单击“设置”选项卡，在“验证条件”的“允许”控制下拉列表中选择“自定义”，在“公式”编辑框中输入公式：=OR(COUNTIF($A$2:A2,LEFT(A2,LEN(A2)-2))=1,LEN(A2)=4)，如图 3-7 所示。

公式解析：

由于父科目编码是子科目编码的前 LEN(A2)-2 位［因为在 4222 编码方案中，父科目编码的位数比子科目编码位数少 2，所以父科目的编码位数为：LEN(A2)-2］，因此 A2 单元格的前 LEN(A2)-2 位就是父科目的编码。

首先，用 LEFT 函数取出 A2 单元格的前 LEN(A2)-2 位，得出输入到 A2 单元格的上级科目编码。表达式为：LEFT(LEN(A2)-2)。

然后，在已输入了科目编码的区域($A$2:A2)中统计当前单元格的上级科目编码出现的次数是否等于 1，如果是，说明已经设置了上级科目编码，否则说明还没有设置上级科目编码，表达式：COUNTIF($A$2:A2,LEFT(A2,LEN(A2)-2))=1。

由于一级科目没有上级科目，所以在公式中应排除编码位数是 4 位［表达式：LEN(A2)

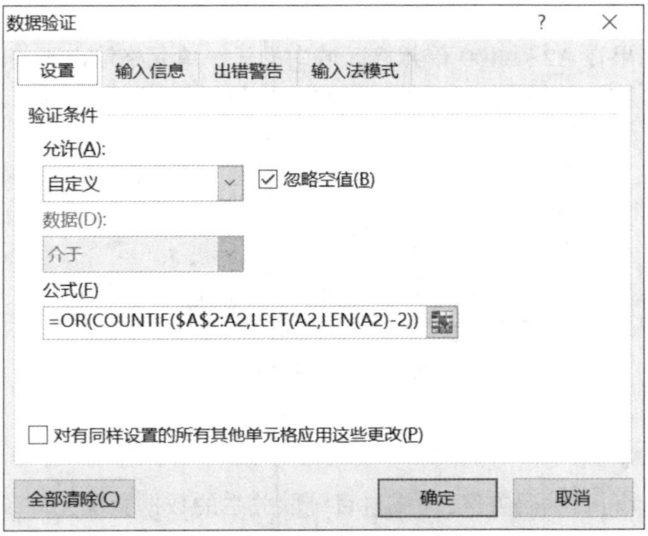

图 3-7　上下级科目统驭关系控制公式

= 4]的情况。

最后，用 OR 函数将上述情况综合为数据验证允许条件的自定义公式：= OR(COUNTIF($A$2:A2,LEFT(A2,LEN(A2)-2))= 1,LEN(A2)= 4)。

步骤 5：单击"出错警告"选项卡，勾选"输入无效数据时显示出错警告"复选框，在"样式"控制列表中选择"停止"，在"标题"编辑框中输入"错误警告"，在"错误信息编辑"框中输入"请先定义上级科目！"，如图 3-8 所示。

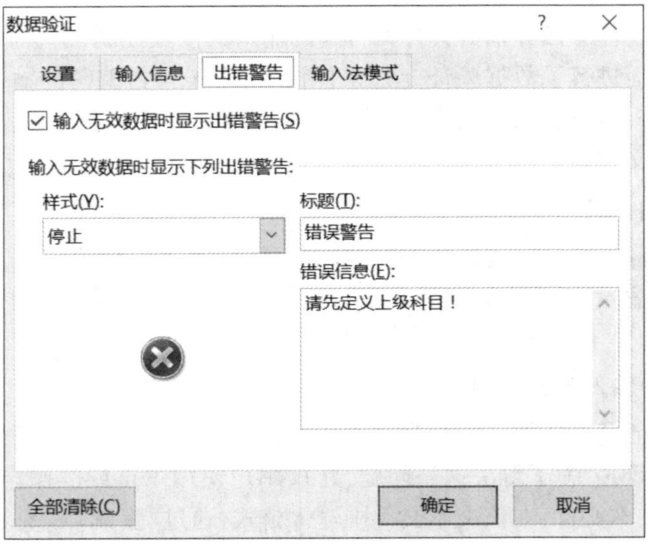

图 3-8　"出错警告"设置

步骤 6：单击"确定"按钮。

步骤 7：用鼠标拖曳 A2 单元格的填充控制柄到 A100 单元格，将 A2 单元格的所有设置应用到 A3～A100 单元格。

设置完成后，如果在 A2～A100 单元格区域中的任一单元格输入不符合科目统驭关系的编码，Excel 2013 就会弹出步骤 5 设置的“出错警告对话框”，如图 3-9 所示。

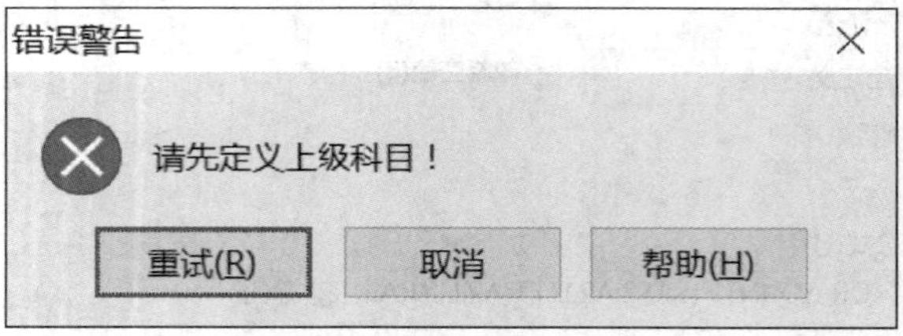

图 3-9　出错对话框

【巩固技能】

使用 433 的会计科目编码方案，完成科目统驭关系的数据验证允许条件设置。

任务五　会计科目编码数据验证总结

【知识准备】

一、关于会计科目编码数据验证

任务二、任务三、任务四分别对会计科目编码输入的位数控制、字符和唯一性控制、科目统驭关系控制三方面进行了数据验证允许条件设置，由于科目编码的输入控制需要同时符合以上条件，因此需要将任务二、任务三、任务四的自定义公式综合起来，构造完整的数据验证允许条件的自定义公式。

二、综合公式的构造

将实现各方面输入控制的表达式进行逻辑与运算，就可以检测出输入的科目编码是否同时满足各方面的输入控制要求，如果运算的结果是 TRUE，接受输入的内容，否则拒绝输入的内容。

三、数据验证中输入长公式的建议

由于在数据验证允许条件自定义公式编辑栏中输入公式，尤其是长公式，极不方便，不够直观，修改也较麻烦。为了解决这一问题，建议用户使用 Windows 操作系统提供的“记事本”程序创建一个文本文件，在该文本文件中输入公式，通过“复制”|“粘贴”操作，将在文本文件中输入的公式“粘贴”到数据验证允许条件的自定义公式编辑栏中。

之所以选择“记事本”而不是其他文字处理程序，如 Word、WPS 等，是因为其他文字处理程序在“复制”|“粘贴”操作中会“智能化”地将英文字符转换为中文字符，导致 Excel 2013 公式误读或不能识别，而“记事本”程序创建的是文本文件，在“复制”|“粘贴”操作中不会将

英文字符转换为中文字符。

【任务描述】

为 A 企业会计科目表的科目编码输入设置数据验证,具体要求:

- 按照 4222 的科目编码方案,只允许输入 4 位、6 位、8 位、10 位的数据。
- 只能输入阿拉伯数字的组合,且第一位只能是“1”“2”“3”“4”“5”“6”之一。
- 科目编码必须唯一。
- 上级科目未定义,下级科目不能定义。

【任务分析】

在任务二、任务三、任务四中,分别完成了从三个方面实现科目编码输入控制的自定义公式设置,现在只需要将三个方面的表达式进行逻辑与运算,就可以构建完成综合公式。

【任务实施】

根据任务要求:

步骤 1:新建“项目 3 任务 5. txt”的文本文件。

步骤 2:在“项目 3 任务 5. txt”中输入三个方面进行科目编码输入控制的公式(或表达式),具体内容如下:

1. 位数控制

=OR(LEN(A2)=4,LEN(A2)=6,LEN(A2)=8,LEN(A2)=10) 或:

=AND(MOD(LEN(A2),2)=0,LEN(A2)>=4,LEN(A2)<=10) 或:

=AND(LEN(A2)>=4,LEN(A2)<=10,ISEVEN(LEN(A2)))

2. 会计科目编码输入的字符及唯一性控制

=AND(TYPE(VALUE(A2))=1,LEFT(A2,1)>="1",LEFT(A2,1)<="6",COUNTIF($A$2:A2,A2)=1) 或:

=AND(TYPE(VALUE(A2))=1,LEFT(A2,1)>="1",LEFT(A2,1)<="6",COUNTIF(A:A,A2)=1)

3. 会计科目之间的统驭关系

=OR(COUNTIF($A$2:A2,LEFT(A2,LEN(A2)-2))=1,LEN(A2)=4)

步骤 3:进行“复制”|“粘贴”操作,构造综合公式(在各自控制表达式中任选其一进行逻辑与<AND>运算)。

=AND(AND(LEN(A2)>=4,LEN(A2)<=10,ISEVEN(LEN(A2))),AND(TYPE(VALUE(A2))=1,LEFT(A2,1)>="1",LEFT(A2,1)<="6",COUNTIF($A$2:A2,A2)=1),OR(COUNTIF($A$2:A2,LEFT(A2,LEN(A2)-2))=1,LEN(A2)=4)) 或:

=AND(AND(MOD(LEN(A2),2)=0,LEN(A2)>=4,LEN(A2)<=10),AND(TYPE(VALUE(A2))=1,LEFT(A2,1)>="1",LEFT(A2,1)<="6",COUNTIF(A:A,A2)=1),OR(COUNTIF($A$2:A2,LEFT(A2,LEN(A2)-2))=1,LEN(A2)=4)) 或:

=AND(OR(LEN(A2)=4,LEN(A2)=6,LEN(A2)=8,LEN(A2)=10),AND(TYPE(VALUE(A2))=1,LEFT(A2,1)>="1",LEFT(A2,1)<="6",COUNTIF(A:A,A2)=1),OR(COUNTIF($A$2:A2,LEFT(A2,LEN(A2)-2))=1,LEN(A2)=4))

“项目 3 任务 5. txt”文件完整的内容如图 3-10 所示。

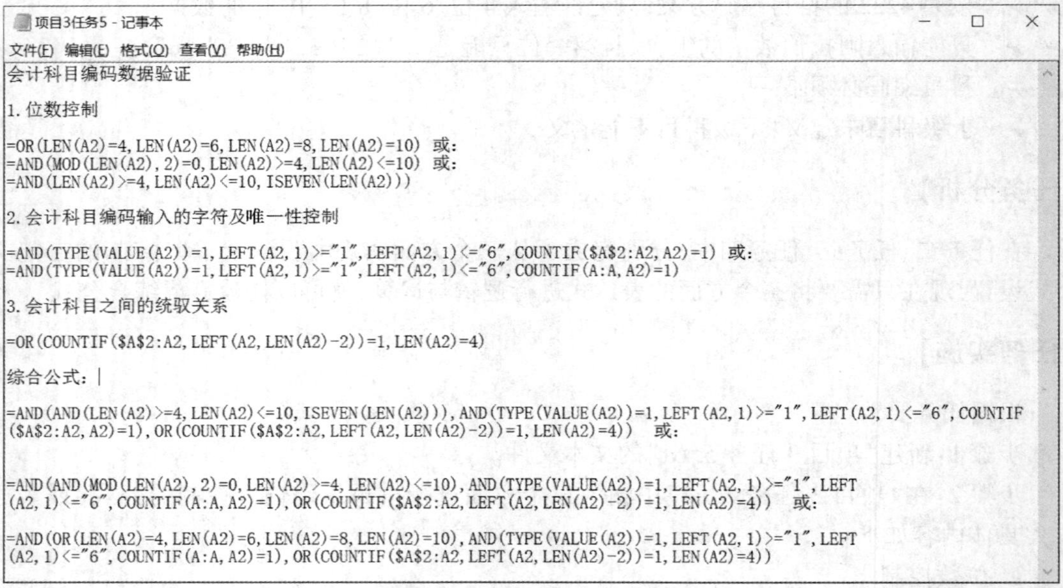

项目3任务5 - 记事本

文件(F) 编辑(E) 格式(O) 查看(V) 帮助(H)

```
会计科目编码数据验证

1. 位数控制

=OR(LEN(A2)=4, LEN(A2)=6, LEN(A2)=8, LEN(A2)=10)  或:
=AND(MOD(LEN(A2), 2)=0, LEN(A2)>=4, LEN(A2)<=10)  或:
=AND(LEN(A2)>=4, LEN(A2)<=10, ISEVEN(LEN(A2)))

2. 会计科目编码输入的字符及唯一性控制

=AND(TYPE(VALUE(A2))=1, LEFT(A2, 1)>="1", LEFT(A2, 1)<="6", COUNTIF($A$2:A2, A2)=1)  或:
=AND(TYPE(VALUE(A2))=1, LEFT(A2, 1)>="1", LEFT(A2, 1)<="6", COUNTIF(A:A, A2)=1)

3. 会计科目之间的统驭关系

=OR(COUNTIF($A$2:A2, LEFT(A2, LEN(A2)-2))=1, LEN(A2)=4)

综合公式:|

=AND(AND(LEN(A2)>=4, LEN(A2)<=10, ISEVEN(LEN(A2))), AND(TYPE(VALUE(A2))=1, LEFT(A2, 1)>="1", LEFT(A2, 1)<="6", COUNTIF
($A$2:A2, A2)=1), OR(COUNTIF($A$2:A2, LEFT(A2, LEN(A2)-2))=1, LEN(A2)=4))   或:


=AND(AND(MOD(LEN(A2), 2)=0, LEN(A2)>=4, LEN(A2)<=10), AND(TYPE(VALUE(A2))=1, LEFT(A2, 1)>="1", LEFT
(A2, 1)<="6", COUNTIF(A:A, A2)=1), OR(COUNTIF($A$2:A2, LEFT(A2, LEN(A2)-2))=1, LEN(A2)=4))   或:

=AND(OR(LEN(A2)=4, LEN(A2)=6, LEN(A2)=8, LEN(A2)=10), AND(TYPE(VALUE(A2))=1, LEFT(A2, 1)>="1", LEFT
(A2, 1)<="6", COUNTIF(A:A, A2)=1), OR(COUNTIF($A$2:A2, LEFT(A2, LEN(A2)-2))=1, LEN(A2)=4))
```

图 3-10 “记事本”应用程序

步骤 4:复制“项目 3 任务 4_1. xlsx”工作簿文件,将其副本更名为“项目 3 任务 5_1. xlsx”并打开,然后单击“会计科目”工作表标签。

步骤 5:单击任务栏上的“项目 3 任务 5. txt”文件图标,选择“项目 3 任务 5. txt”为当前文件。

步骤 6:选择综合公式(任选其一),进行“复制”操作。

步骤 7:单击任务栏上的“项目 3 任务 5_1. xlsx”图标。

步骤 8:选择“会计科目”工作表的 A2 单元格。

步骤 9:单击“数据”|“数据工具”|“数据验证”,打开“数据验证”对话框。

步骤 10:单击“设置”选项卡,在“验证条件”的“允许”控制下拉列表中选择“自定义”,在“公式”编辑框中单击鼠标右键,选择“粘贴”,将综合公式“粘贴”到“公式”编辑框中,完成自定义公式的输入。

步骤 11:单击“输入信息”选项卡。

步骤 12:勾选“选定单元格时显示输入信息”复选框,在“标题”编辑栏中输入“温馨提示:”,在“输入信息”编辑栏中输入“请按 4222 的编码方案输入!”,如图 3-11 所示。当选定单元格时,将显示设置的输入信息,如图 3-12 所示。

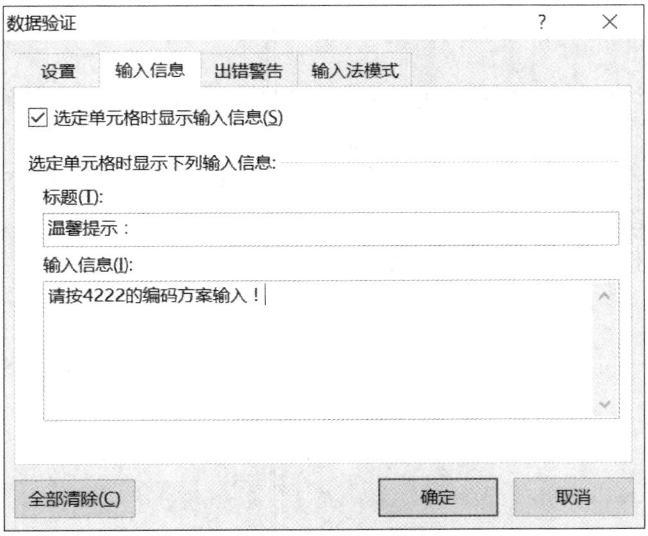

图 3-11　“输入信息”对话框

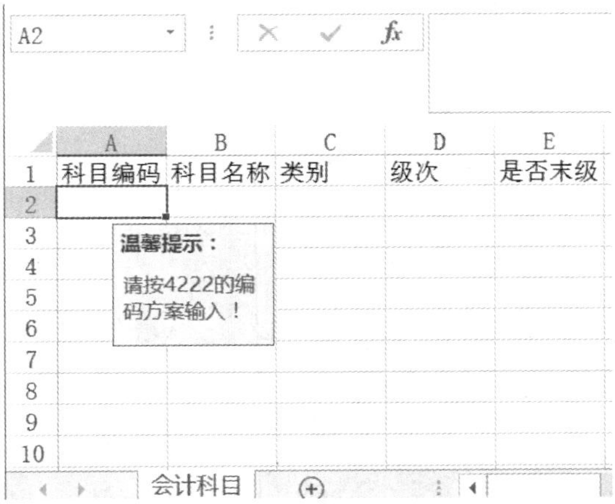

图 3-12　显示的“输入信息”

步骤 13：单击“出错警告”选项卡，勾选“输入无效数据时显示出错警告”复选框，在“样式”控制列表中选择“停止”，在“标题”编辑框中输入“错误”，在“错误信息编辑”框中输入“请按照会计科目编码方案的要求输入！”。

步骤 14：单击“确定”按钮。

步骤 15：用鼠标拖曳 A2 单元格的填充控制柄到 A100 单元格，将 A2 单元格的所有设置应用到 A3～A100 单元格。

设置完成后，如果在 A2～A100 单元格区域中的任一单元格输入不符合科目编码方案要求（包括位数控制、字符及唯一性控制、科目统驭关系控制）的数据，Excel 2013 就会弹出步骤 12 设置的“出错警告对话框”，如图 3-13 所示。

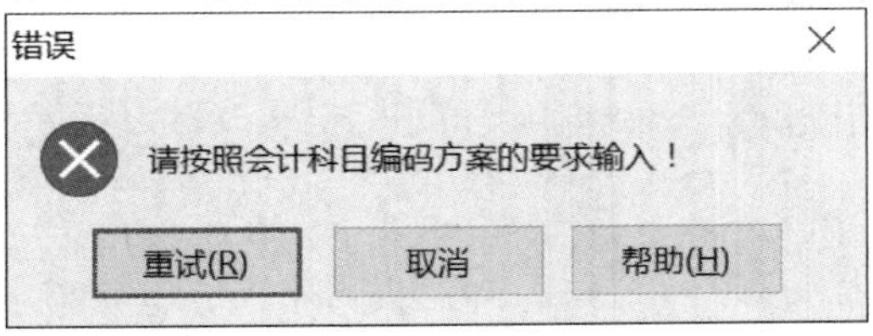

图 3-13　出错对话框

【巩固技能】

使用 433 的会计科目编码方案,完成科目编码的数据验证允许条件设置,要求:

- 只允许输入 4 位、7 位、10 位的数据。
- 只能输入阿拉伯数字的组合,且第一位只能是“1”“2”“3”“4”“5”“6”之一。
- 科目编码必须唯一。
- 上级科目未定义,下级科目不能定义。

4

项目四
会计科目期初余额表设计

会计科目期初余额表是用来反映企业会计期期初科目(账户)的累计发生额及余额情况的表格。在会计电算化方式下,会计科目期初余额试算平衡是通用财务软件初始化的重要内容之一,只有通过期初余额试算平衡才可以进行记账和结账操作。同时会计科目期初余额表也是编制资产负债表的重要数据来源。

在应用 Excel 2013 进行会计核算的条件下,会计科目余额表可以与会计科目表合二为一,完成类似通用财务软件中会计科目表的作用,如检索科目名称、类别、级次等,也可以为会计报表的编制提供数据。

【知识目标】

◇ 会计科目级次自动生成的依据
◇ 会计科目类型自动生成的依据
◇ 余额方向的控制
◇ 余额输入的逻辑控制
◇ 条件求和的实现技术

【技能目标】

◇ 会计科目余额表结构设计
◇ 熟练应用 LOOKUP()、SUMIF()、SUMIFS()等函数

任务一 会计科目级次的生成

【知识准备】

一、会计科目期初余额表结构

会计科目期初余额表应包括:科目名称,包括总账科目和明细科目、余额方向、余额等项

目,为便于 Excel 2013 进行试算平衡和检索数据,还需增加科目编码、级次、类别三个项目。

根据借贷方余额的处理方式不同,可有不同的结构设计:一种是专门设置方向栏区别期初余额方向,如图 4-1 所示。

	A	B	C	D	E	F	G
1	科目编码	科目名称	类别	级次	是否末级	余额方向	期初余额

图 4-1 专设方向栏格式

另一种则是将借方期初余额和贷方期初余额分栏设计,如图 4-2 所示。

	A	B	C	D	E	F	G
1	科目编码	科目名称	类别	级次	是否末级	借方期初余额	贷方期初余额

图 4-2 分设借贷余额栏格式

二、关于会计科目级次

会计科目级次是用来标识某会计科目在编码方案中的层级,从级次可以看出对应的科目是总账科目(一级)还是处于哪一层级的明细科目。科目级次的划分在数据处理中主要用于统计和汇总处理,如在对期初余额表进行试算平衡时对所有一级科目的借方余额或贷方余额进行加总。

三、LOOKUP 函数

LOOKUP 有两种使用方式:向量形式和数组形式。根据需要,这里仅介绍向量形式。

LOOKUP 的向量形式在单行区域或单列区域(称为"向量")中查找值,然后返回第二个单行区域或单列区域中相同位置的值。

LOOKUP 函数的语法:

LOOKUP(lookup_value,lookup_vector,[result_vector])

LOOKUP 函数向量形式语法具有以下参数:

lookup_value:必需。LOOKUP 在第一个向量中搜索的值。lookup_value 中的值可以是数字、文本、逻辑值、名称或对值的引用。

lookup_vector:必需。包含一行或一列的区域。lookup_vector 中的值可以是文本、数字或逻辑值。

特别注意:lookup_vector 中的值必须按升序排列:……, -2, -1, 0, 1, 2,……, A-Z, FALSE, TRUE;否则,LOOKUP 可能无法返回正确的值。文本不区分大小写。

result_vector:可选。只包含一行或一列的区域。result_vector 参数必须与 lookup_vector 参数大小相同。

如要在图 4-3 所示的 E4 单元格中返回 D4 单元对应的考分,则应在 E4 单元输入公式:=LOOKUP(D1,A2:A4,B2:B4)。

【任务描述】

为 A 企业设计会计科目期初余额表并构造科目级次的自动生成公式。

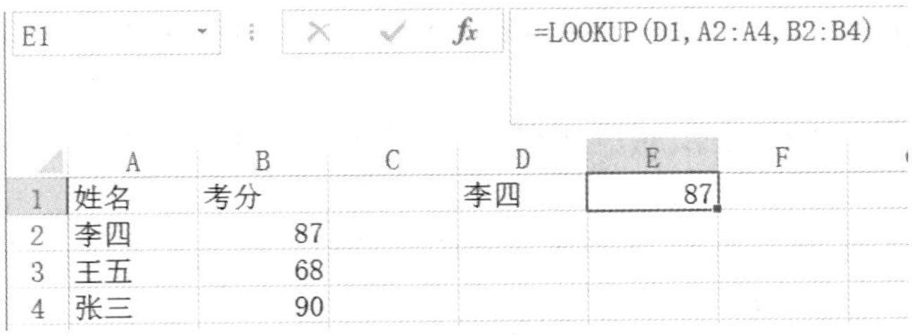

E1　　=LOOKUP(D1,A2:A4,B2:B4)

	A	B	C	D	E	F
1	姓名	考分		李四	87	
2	李四	87				
3	王五	68				
4	张三	90				

图 4-3　LOOKUP 函数基本应用

【任务分析】

根据要求，按以下思路和操作完成任务。

1. 会计科目余额表是在会计科目表的基础上设计的，因此可复制会计科目表，在此基础上增加项目：余额方向、期初余额两个项目或期初借方余额、期初贷方余额。

2. 将工作表“会计科目”重命名为“会计科目期初余额”。

3. 构造“级次”的计算公式。

【任务实施】

根据任务要求：

步骤 1：复制“项目 3 任务 5_1. xlsx”，将其副本更名为“项目 4 任务 1_1. xlsx”（或“项目 4 任务 1_2. xlsx”）。

步骤 2：将工作表“会计科目”标签改为“会计科目期初余额”。

步骤 3：增加项目。

步骤 3. 1：依次在 F2、G2 单元格输入“余额方向”“期初余额”（或“借方期初余额”“贷方期初余额”）。

步骤 3. 2：分别在 A 列和 B 列输入相应的“科目编码”和“科目名称”。

步骤 4：构造“级次”计算公式。

步骤 4. 1：新建工作表。单击工作表标签区的“新工作表”按钮。

步骤 4. 2：将新工作表命名为“级次确定”。

步骤 4. 3：在“级次确定”工作表中输入科目级长与级次的对应关系，如图 4-4 所示。

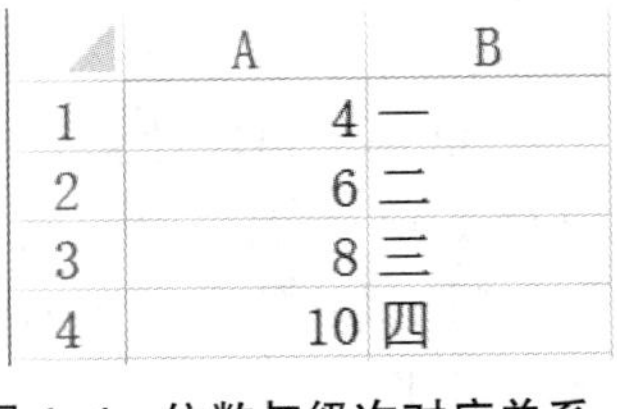

	A	B
1	4	一
2	6	二
3	8	三
4	10	四

图 4-4　位数与级次对应关系

步骤 4. 4：将 A1 ~ A4 单元区域命名为“级长”，将 B1 ~ B4 单元区域命名为“级次”。

步骤 4. 5：单击“会计科目期初余额”工作表标签。

步骤 4. 6：选择 D2 单元格，在其中输入公式：= LOOKUP（LEN（A2），级长，级次）。确认输入后 D2 单元返回该科目的级次。

步骤 4. 7：拖曳 D2 单元格的填充控制柄到 D76 单元格，将 D2 单元的公式复制到 D3 至 D76 区域每个单元格。

公式解析：

首先，测试 A2 单元格的长度（字符数），表达式：LEN（A2）。

然后,在名称为“级长”的区域(也就是“级次确定! A1:A4”区域)查找 A2 单元格长度的值。

最后,返回 A2 单元格长度值对应于名称为“级次”的区域(也就是“级次确定! B1:B4”区域)的值。

操作完成后,D2～D76 区域即自动生成对应会计科目的级次,如图 4-5 所示。

D2 =LOOKUP(LEN(A2),级长,级次)

	A	B	C	D	E	F
1	科目编码	科目名称	类别	级次	是否末级	余额方向
2	1001	库存现金		一		
3	1002	银行存款		一		
4	100201	工商银行(基本户)		二		
5	100202	建设银行(结算户)		二		
6	100203	工商银行(社保户)		二		
7	1012	其他货币资金		一		
8	101201	银行汇票		二		
9	1121	应收票据		一		
10	1122	应收账款		一		
11	1123	预计账款		一		
12	112301	财产保险费		二		
13	1221	其他应收款		一		
14	122101	应收个人款		二		
15	1231	坏账准备		一		
16	123101	应由账款坏账准备		二		
17	1403	原材料		一		
18	140301	全棉色织布		二		
19	140302	全棉弹力布		二		
20	140303	缝纫线		二		
21	1405	库存商品		一		
22	140501	女式短袖T恤		二		

会计科目期初余额 | 级次确定

图 4-5　自动返回级次

D2 单元格的计算公式也可写作:=IF(LEN(A2)=4,"一",IF(LEN(A2)=6,"二",IF(LEN(A2)=8,"三",IF(LEN(A2)=10,"四",""))))。

“项目 4 任务 1_2. xlsx”中“级次”确定采用的就是这个计算公式。请同学们对两个公式进行对比。

【巩固技能】

操作该任务,重点掌握公式的构造和 LOOKUP 函数的应用。

任务二　会计科目类别的生成

【知识准备】

一、关于会计科目

为连续、系统、全面地核算和监督经济活动所引起的各项会计要素的增减变化，对会计要素的具体内容按照其不同的特点和经济管理要求进行分类，并事先确定分类核算的项目名称，规定其核算内容。这种对会计要素的具体内容进行分类核算的项目，称为会计科目。

为明确会计科目之间的相互关系以及会计科目的性质和作用，进而更加科学规范地设置会计科目，以便更好地进行会计核算和会计监督，有必要对会计科目按其归属的会计要素进行分类。

二、会计科目按其归属的会计要素分类（按企业会计准则）

➢ 资产类科目：按资产的流动性分为反映流动资产的科目和反映非流动资产的科目。科目编码的第一位用“1”标识资产类科目。

➢ 负债类科目：按负债的偿还期限分为反映流动负债的科目和反映长期负债的科目。科目编码的第一位用“2”标识负债类科目。

➢ 共同类科目：共同类科目的特点是需要从其期末余额所在方向界定其性质。科目编码的第一位用“3”标识共同类科目。

➢ 所有者权益类科目：按权益的形成和性质可分为反映资本的科目和反映留存收益的科目。科目编码的第一位用“4”标识所有者权益类科目。

➢ 成本类科目：包括“生产成本”“劳务成本”“制造费用”等科目。科目编码的第一位用“5”标识成本类科目。

➢ 损益类科目：分为收入性科目和费用支出性科目。收入性科目包括“主营业务收入”“其他业务收入”“投资收益”“营业外收入”等科目。费用支出性科目包括“主营业务成本”“其他业务成本”“营业税金及附加”“其他业务支出”“销售费用”“管理费用”“财务费用”“所得税费用”等科目。科目编码的第一位用“6”标识损益类科目。

每个会计科目分属不同类别，这个类别的名称即为该会计科目的科目类别，如“库存现金”的科目类别为资产类，“短期借款”的科目类别为负债类等。

【任务描述】

为 A 企业的会计科目期初余额表构造科目类别的自动生成公式。

【任务分析】

根据要求，可以按照构造“科目级次”的方法完成“科目类别”生成公式的构造。

【任务实施】

根据任务要求：

步骤 1：复制“项目 4 任务 1_1. xlsx”（或“项目 4 任务 1_2. xlsx”）工作簿文件，将其副本更名为“项目 4 任务 2_1. xlsx”（或“项目 4 任务 2_2. xlsx”）并打开。

步骤 2：新建工作表。单击工作表标签区的“新工作表”按钮。

步骤 3：将新工作表命名为“类别确定”

步骤 4：在“类别确定”工作表中输入科目编码第 1 位与科目类别的关系，如图 4-6 所示。

	A	B
1	1	资产类
2	2	负债类
3	3	共同类
4	4	所有者权益类
5	5	成本类
6	6	损益类

图 4-6　编码首位与科目类别对应关系

注意：A1：A6 单元格的数字分类应设置为“文本”。

步骤 5：单击“会计科目期初余额”工作表。

步骤 6：选择 C2 单元格。在其中输入公式：= LOOKUP（LEFT（A2，1），类别确定！ $A$1：$A$6，类别确定！ $B$1：$B$6）。

请注意：查找区域“类别确定！ $A$1：$A$6”和返回值的区域“类别确定！ $B$1：$B$6”采用的引用方式为绝对引用。

步骤 7：双击 C2 单元格的填充控制柄，将 C2 单元的公式复制到 C3～C76 区域每个单元格。

操作完成后，C2～C76 区域即自动生成对应会计科目的级次，如图 4-7 所示。

C2　=LOOKUP(LEFT(A2, 1), 类别确定!$A$1:$A$6, 类别确定!$B$1:$B$6)

	A	B	C	D	E	F	G
1	科目编码	科目名称	类别	级次	是否末级	余额方向	期初余额
2	1001	库存现金	资产类	一			
3	1002	银行存款	资产类	一			
4	100201	工商银行(基本户)	资产类	二			
5	100202	建设银行(结算户)	资产类	二			
6	100203	工商银行(社保户)	资产类	二			
7	1012	其他货币资金	资产类	一			
8	101201	银行汇票	资产类	二			
9	1121	应收票据	资产类	一			
10	1122	应收账款	资产类	一			
11	1123	预计账款	资产类	一			
12	112301	财产保险费	资产类	二			
13	1221	其他应收款	资产类	一			
14	122101	应收个人款	资产类	二			
15	1231	坏账准备	资产类	一			
16	123101	应由账款坏账准备	资产类	二			
17	1403	原材料	资产类	一			
18	140301	全棉色织布	资产类	二			
19	140302	全棉弹力布	资产类	二			
20	140303	缝纫线	资产类	二			
21	1405	库存商品	资产类	一			
22	140501	女式短袖T恤	资产类	二			

会计科目期初余额　级次确定　类别确定 ...

图 4-7　自动返回科目类别

也可采用 IF 函数构造 C2 单元格的计算公式；公式中的区域可以采用与任务 1 类似的办法：先分别对查找区域和返回值区域命名，然后再在公式中引用区域名称。“项目 4 任务 2_2. xlsx”中“类别”确定采用的就是这种处理方式，计算公式为：=LOOKUP(LEFT(A2,1),第一位,科目类别)。请同学们认真体会不同的处理方式。

【巩固技能】

分别采用 IF 函数、LOOKUP 函数构造计算公式完成该任务，注意采取正确的引用方式。在用 LOOKUP 函数构造计算公式时，可尝试对区域命名和不对区域命名两种方式引用区域。

任务三　会计科目方向与余额录入控制

【知识准备】

一、科目余额方向控制的内容

会计科目余额方向控制要实现：只能选择录入“借”或“贷”，不允许录入其他字符。

二、科目余额录入控制的内容

会计科目余额录入控制须实现：

- 对于同一个科目，如果“借方期初余额”和“贷方期初余额”分设在不同的单元格，那么这两个单元格的数据录入是互斥的，即如果录入了“借方期初余额”，则不能录入“贷方期初余额”，反之亦然。
- 余额栏只允许输入数值型数据。
- 如果没有录入方向，余额也不能录入。

【任务描述】

为 A 企业的会计科目期初余额表设置科目方向和余额录入控制。

【任务分析】

根据任务要求，余额方向与录入控制都可以通过“数据”|“数据工具”|“数据验证”|“允许”实现。

【任务实施】

子任务一：进行余额方向控制

步骤 1：复制“项目 4 任务 2_1. xlsx”（或“项目 4 任务 2_2. xlsx”）工作簿文件，将其副本更名为“项目 4 任务 3_1. xlsx”（或“项目 4 任务 3_2. xlsx”）并打开。

步骤 2：选择“会计科目期初余额”工作表。

步骤 3：选择 F2 单元格。

步骤 4：选择“数据”|“数据工具”|“数据验证”，打开“数据验证”对话框。

步骤 5：单击“设置”选项卡。在“验证条件”控制区的“允许”控制列表中选择“序列”，在“来源”编辑框中输入“借，贷”，如图 4-8 所示。

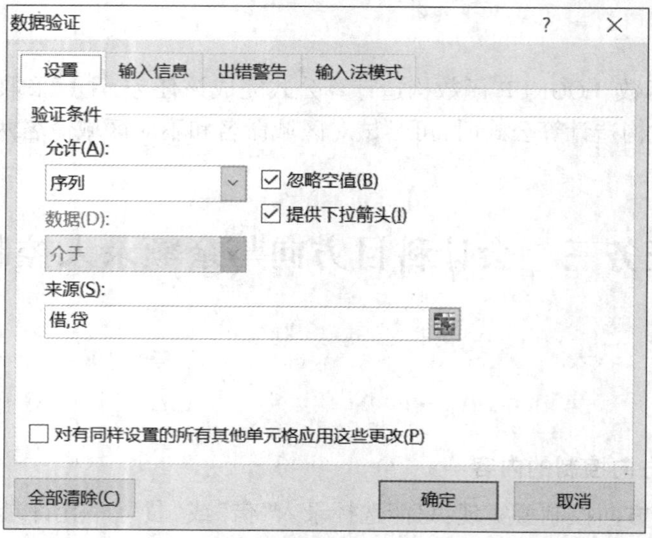

图 4-8　设置“方向”序列

步骤 6：单击“出错警告”选项卡，在“输入无效数据时显示出错警告”复选框，在“样式”列表中选择“停止”，在“标题”编辑栏中输入“警告”，在“错误信息”编辑框中输入“请在列表中选择余额方向！”。

步骤 7：单击“确定”按钮，完成余额方向控制设置。

步骤 8：向下拖曳 F2 单元格的填充控制柄到 F76 单元格，将 F2 单元格的设置复制到 F3～F76 区域的每一个单元格。

通过上述八个步骤，完成“余额方向”的控制设置。

子任务二：科目余额录入的控制一（对于“项目 4 任务 3_1. xlsx”）

步骤 1：选择 G2 单元格。

步骤 2：选择“数据”|“数据工具”|“数据验证”，打开“数据验证”对话框。

步骤 3：单击“设置”选项卡。在“验证条件”控制区的“允许”控制列表中选择“自定义”，勾消“忽略空值”复选框，在“公式”编辑框中输入“=F2<>""”，如图 4-9 所示。

公式解析：

只有在方向单元格不为空，也就是选择了余额方向后才能输入期初余额，表达式：F2<>""。

如果不勾消“忽略空值”复选框，则当检测到 F2 单元格（余额方向）为空时，将被忽略，达不到“如果没有录入方向，余额也不能录入”的控制目的。

步骤 4：单击“出错警告”选项卡，在“输入无效数据时显示出错警告”复选框，在“样式”列表中选择“停止”，在“标题”编辑栏中输入“警告”，在“错误信息”编辑框中输入“请选择

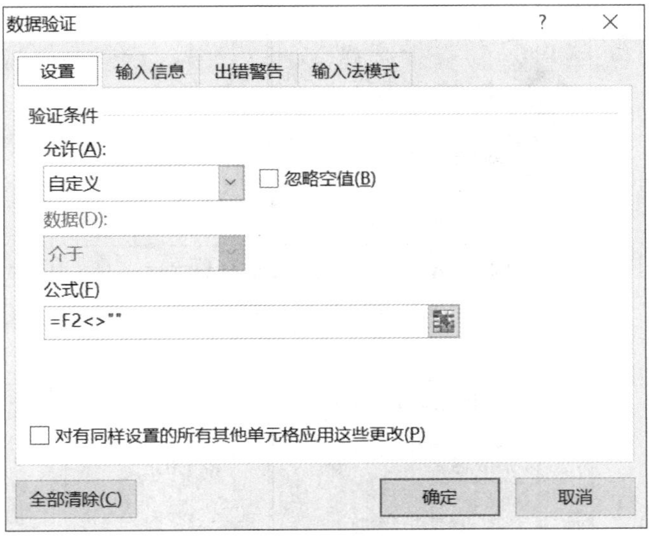

图 4-9　设置“方向”不能为空

余额方向！”。

步骤 5：单击“确定”按钮，完成余额录入控制设置。

步骤 6：向下拖曳 G2 单元格的填充控制柄到 G76 单元格，将 G2 单元格的设置复制到 G3～G76 区域的每一个单元格。

通过上述六个步骤，完成“期初余额录入”的控制设置。

子任务三：科目余额录入的控制二（对于“项目 4 任务 3_2. xlsx”）

步骤 1：选择 F2 单元格。

步骤 2：选择“数据”|“数据工具”|“数据验证”，打开“数据验证”对话框。

步骤 3：单击“设置”选项卡。在“验证条件”控制区的“允许”控制列表中选择“自定义”，在“公式”编辑框中输入“=G2=""”。

公式解析：

只有贷方期初余额（G2 单元格）为空时，才能录入借方期初余额，表达式：G2=""。

步骤 4：单击“出错警告”选项卡，在“输入无效数据时显示出错警告”复选框，在“样式”列表中选择“停止”，在“标题”编辑栏中输入“警告”，在“错误信息”编辑框中输入“请保证贷方期初余额为空！”。

步骤 5：单击“确定”按钮，完成余额录入控制设置。

步骤 6：向下拖曳 F2 单元格的填充控制柄到 F76 单元格，将 F2 单元格的设置复制到 F3～F76 区域的每一个单元格。

通过上述六个步骤，完成“期初余额录入”的控制设置。

用相同方法设置 G2 单元格录入的数据验证设置。相应地在“公式”编辑框中输入“=F2=""”，在“错误信息”编辑框中输入“请保证借方期初余额为空！”。

若在录入期初借（贷）方余额过程中，出现对应的期初贷（借）方余额不为空的情况，将弹出设置的“警告”对话框，如图 4-10 和图 4-11 所示。

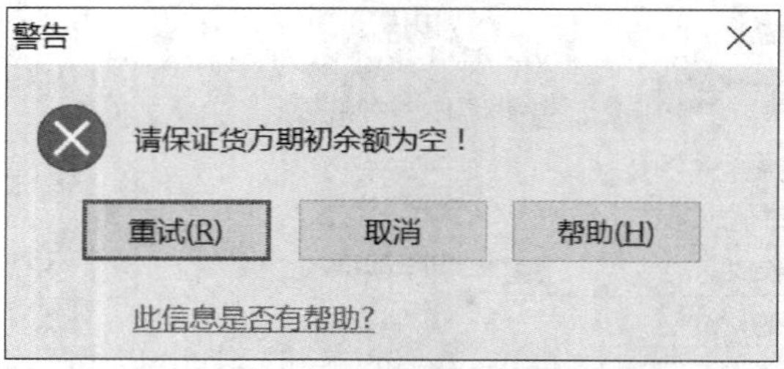

图 4-10　贷方余额为空时的对话框

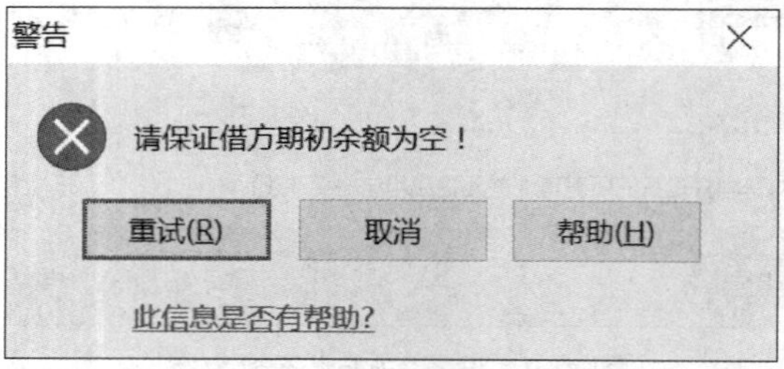

图 4-11　借方余额为空时的对话框

子任务四：余额栏只允许输入数值型数据的控制（对于“项目 4 任务 3_1. xlsx”）

步骤 1：选择 G2 单元格。

步骤 2：选择“数据”|“数据工具”|“数据验证”，打开“数据验证”对话框。

步骤 3：单击“设置”选项卡。在“验证条件”控制区的“允许”控制列表中选择“自定义”，将“公式”修改为“=AND(F2<>"",TYPE(G2)=1)”，如图 4-12 所示。

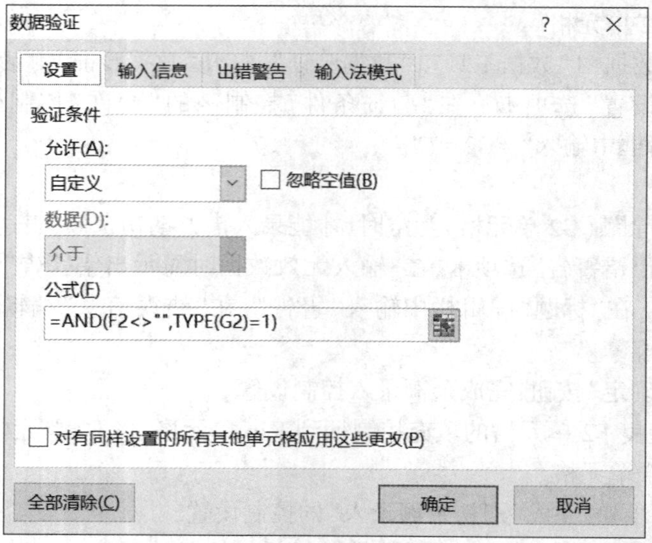

图 4-12　只允许输入数值的控制

公式解析：

在保证选择了余额方向（表达式：F2<>""）的前提下，还须用 TYPE 函数对输入的数据进行检测，只有当检测结果为 1，即输入的数据类型为数值时［表达式：TYPE(G2)=1］才允许输入,即“F2<>""”和“TYPE(G2)= 1”两者必须同时返回逻辑真(TRUE),所以用 AND 函数构造公式为:=AND(F2<>"",TYPE(G2)= 1)。

步骤 4:单击“出错警告”选项卡,在“输入无效数据时显示出错警告”复选框,在“样式”列表中选择“停止”,在“标题”编辑栏中输入“警告”,在“错误信息”编辑框中输入“请选择余额方向并保证输入的是数值!”。

步骤 5:单击“确定”按钮,完成余额录入控制设置。

步骤 6:向下拖曳 G2 单元格的填充控制柄到 G76 单元格,将 G2 单元格的设置复制到 G3~G76 区域的每一个单元格。

若在录入期初借(贷)方余额过程中,出现对应的期初贷(借)方余额不为空的情况,将弹出步骤 4 设置的“警告”对话框。

【巩固技能】

请为“项目 4 任务 3_2. xlsx”工作簿中的“会计科目期初余额”工作表的“借方期初余额”和“贷方期初余额”项目设置数据验证,要求:

- 对于同一个科目,输入“借方期初余额”时应保证“贷方期初余额”为空。
- 只允许输入数值型数据。
- 设置相应的出错警告信息。

提醒:要注意勾消“忽略空值”复选框。

任务四　会计科目期初余额试算平衡

【知识准备】

一、SUMIF 函数(单条件求和函数)

SUMIF 函数用于对指定范围内符合某一指定条件的值求和。指定范围区域(以下简称条件区域)和求和区域可以一致,也可以不一致。

如,在含有数字的某一列中,需要对大于 60 的数值求和,可以使用公式:=SUMIF(B2:B25,">60"),此时的条件区域也就是求和区域。如果条件区域与求和区域不一致,则需分别指定条件区域及求和区域。

SUMIF 函数的语法:

SUMIF(range,criteria,[sum_range])

SUMIF 函数语法具有以下参数:

- range:必需。用于条件计算的单元格区域。每个区域中的单元格都必须是数字或名称、数组或包含数字的引用。空值和文本值将被忽略。
- criteria:必需。用于确定对哪些单元格求和的条件,其形式可以为数字、表达式、单元格引用、文本或函数。例如,条件可以表示为 32">32"B5"32""苹果" 或 TODAY()。

重要:任何文本条件或任何含有逻辑或数学符号的条件都必须使用英文双引号 ("") 括起来。如果条件为数字,则无需使用英文双引号。

➢ sum_range:可选。要求和的实际单元格区域(如果要对未在 range 参数中指定的单元格求和)。如果省略 sum_range 参数,Excel 2013 会对在 range 参数中指定的单元格(即应用条件的单元格)求和。

➢ 可以在 criteria 参数中使用通配符[包括问号(?)和星号(*)]。问号匹配任意单个字符;星号匹配任意一串字符。

E1 =SUMIF(A2:A15,D1,B2:B15)

	A	B	C	D	E	F
1	性别	基本工资		男	23,895.00	
2	男	3,952.00				
3	女	3,753.00				
4	男	3,578.00				
5	女	3,375.00				
6	男	3,310.00				
7	男	3,667.00				
8	女	3,388.00				
9	男	3,355.00				
10	女	3,328.00				
11	女	3,815.00				
12	男	3,195.00				
13	女	3,498.00				
14	女	3,854.00				
15	男	2,838.00				

图 4-13 单条件求和 SUMIF

如要在图 4-13 所示的 E1 单元格中返回 A2:A15 单元格区域中等于 D1 单元格的值(性别为"男")对应的"基本工资"总和,则应在 E1 单元输入公式:=SUMIF(A2:A15,D1,B2:B15)。第一个参数是条件区域:A2:A15;第二个参数是指定的条件值:D1 单元格的内容;第三个参数是求和区域:B2:B15。

二、SUMIFS 函数(多条件求和函数)

SUMIFS 函数用于计算其满足多个条件的全部参数的总量

SUMIFS 函数语法:

SUMIFS(sum_range,criteria_range1,criteria1,[criteria_range2, criteria2],…)

SUMIFS 函数语法具有以下参数:

➢ sum_range:必需。要求和的单元格区域。

➢ criteria_range1:必需。使用 criteria1 测试的区域。criteria_range1 和 criteria1 设置用于搜索某个区域是否符合特定条件的搜索对。一旦在该区域中找到了项,将计算 sum_range 中的相应值的和。

➢ criteria1:必需。定义将计算 criteria_range1 中的哪些单元格的和的条件。

➢ criteria_range2, criteria2, …:可选。附加的区域及其关联条件。最多可以输入 127 个区域/条件对。

如要在图 4-14 所示的 E1 单元格中显示回族男员工的销售额总和,则应在 E1 中输入公

E1　=SUMIFS(C2:C17,A2:A17,"男",B2:B17,"回")

	A	B	C	D	E
1	性别	民族	销售额（元）	回族男员工销售额总和：	143,766.00
2	男	回	36,555.00		
3	女	彝	34,747.00		
4	男	回	24,866.00		
5	女	回	25,404.00		
6	男	彝	39,441.00		
7	女	回	47,259.00		
8	男	彝	39,133.00		
9	女	彝	31,158.00		
10	女	彝	29,370.00		
11	女	回	33,397.00		
12	男	彝	28,237.00		
13	女	彝	25,289.00		
14	男	回	38,162.00		
15	女	彝	34,400.00		
16	男	彝	37,128.00		
17	男	回	44,183.00		

图 4-14　多条件求和 SUMIFS

式：=SUMIFS(C2:C17,A2:A17,"男",B2:B17,"回")。第一个参数是求和区域：C2:C17；第二个参数是条件区域 1：A2:A17；第三个参数是对应于第二个参数的指定条件："男"；第四个参数是条件区域 2：B2:B17；第五个参数是对应于第四个参数的指定条件："回"。

三、关于科目期初余额的试算平衡

会计科目期初余额试算平衡主要完成以下两项工作：

- 借方期初余额合计等于贷方期初余额合计。
- 资产总计=负债及所有者权益合计。

【任务描述】

为 A 企业的会计科目期初余额进行试算平衡。

【任务分析】

要完成该项任务，需要完成以下工作：

首先，新建一个工作表，用以显示期初余额试算平衡的情况。

其次，为避免重复计算，应只加总一级科目的余额，或只加总末级科目的余额。如果采用后一种方式，则必须先确定"末级"科目。

再次，非末级科目的余额应由其下级科目自动加总得到，不需直接输入余额，所以应对非末级科目设置计算公式并实施保护。

最后，构造试算平衡公式。

【任务实施】

子任务一：新建试算平衡表

步骤 1：复制"项目 4 任务 3_1.xlsx"工作簿文件，将其副本更名为"项目 4 任务 4_1.xlsx"并打开。

步骤 2:单击工作表标签区的“新工作表”按钮,新建工作表。

步骤 3:将新工作表标签命名为“期初余额试算平衡”。

步骤 4:试算平衡表格式设计。

步骤 4.1:合并 A1~D1 单元格。选择 A1~D1 单元格区域,单击“开始”|“对齐方式”|“合并后居中”按钮。

步骤 4.2:在合并的单元格中输入标题文字:期初余额试算结果报告。

步骤 4.3:分别在 A2、C2、C3、A4、C4、A5 单元格中输入“资产合计”“负债合计”“所有者权益合计”“借方余额合计”“贷方余额合计”“试算结果:”。

步骤 4.4:合并 B5~D5 单元格。选择 B5~D5 单元格区域,单击“开始”|“对齐方式”|“合并后居中”按钮。

步骤 4.5:添加表格线。选择 A2~D4 单元格区域,单击“开始”|“字体”|“边框”按钮,选择“所有框线”。

步骤 5:为使构造的计算公式直观、便于理解,对相关单元格区域定义能反映其内容的汉字名称。

步骤 5.1:将“会计科目期初余额! $C$2:$C$76”命名为“科目类别”。

步骤 5.2:将“会计科目期初余额! $D$2:$D$76”命名为“科目级次”。

步骤 5.3:将“会计科目期初余额! $E$2:$E$76”命名为“是否末级”。

步骤 5.4:将“会计科目期初余额! $F$2:$F$76”命名为“方向”。

步骤 5.5:将“会计科目期初余额! $G$2:$G$76”命名为“期初余额”。

操作方法请参看项目一任务四:名称的定义与使用。

子任务二:确定末级科目

步骤 1:选择 E2 单元格。

步骤 2:输入公式:=IF(COUNTIF($A$2:$A$76,A2&"*")=1,"是","否")。

公式解析:

判断一个科目是否为末级科目,只需统计出以该科目编码打头的科目编码在所有会计科目编码中出现的次数是否为 1,如果是,则为末级科目,否则为非末级科目。如,本例中以“1002”打头的科目编码在所有科目编码中出现的次数是 4 次(1002,100201,100202,100203),所以“1002”科目不是末级科目,而以“100201”打头的科目编码在所有的科目编码中只出现了 1 次,所以“100201”是末级科目。

巧妙利用科目编码与通配符“*”的组合,统计以某科目打头的科目编码出现次数是否为 1(表达式:COUNTIF($A$2:$A$76,A2&"*")=1,据此判断某科目是否为末级科目,如果是,则返回字符“是”,否则返回字符“否”,表达式:IF(COUNTIF($A$2:$A$76,A2&"*")=1,"是","否")。

步骤 3:双击 E2 单元格的填充控制柄,将 E2 单元格的公式复制到 E3~E76 区域的每个单元格中。

完成公式输入后,E2:E76 区域的每个单元格均返回相应科目是否为末级科目的信息,如果是末级科目就返回“是”,否则返回“否”。

子任务三：构造试算平衡表的计算公式

说明：由于"项目 4 任务 4_1. xlsx"工作簿文件中"会计科目期初余额"工作表的"借""贷"方余额在同一列，在计算借贷方余额合计时，需要指定余额方向、科目类别、科目级次等不止一个条件，因此在构造公式时需要用多条件求和函数 SUMIFS。

步骤 1：构造"资产合计"的计算公式。在"期初余额试算平衡"工作表的 B2 单元输入以下两个公式之一：

➢ =SUMIFS(期初余额,科目类别,"资产类",是否末级,"是",方向,"借")-SUMIFS(期初余额,科目类别,"资产类",是否末级,"是",方向,"贷")

➢ =SUMIFS(期初余额,科目类别,"资产类",科目级次,"一",方向,"借")-SUMIFS(期初余额,科目类别,"资产类",科目级次,"一",方向,"贷")

公式解析：

加总的是期初余额，所以第一个参数是"会计科目期初余额！ $G$2：$G$76"区域，该区域的名称是"期初余额"，为使公式直观易懂，因此使用该区域的名称"期初余额"。

要加总的第一个条件是"资产类"科目，所以第一对条件是"会计科目期初余额！ $C$2：$C$76"中值为"资产类"的科目，因此第二、第三个参数分别为："会计科目期初余额！ $C$2：$C$76""\"资产类\""。又，"会计科目期初余额！ $C$2：$C$76"的名称为"科目类别"，为使公式直观易懂，第二个参数"会计科目期初余额！ $C$2：$C$76"用其名称"科目类别"代替。

要加总的第二个条件是"末级"科目，所以第二对条件是"会计科目期初余额！ $E$2：$E$76"中值为"是"的科目，因此第四、第五个参数分别为："会计科目期初余额！ $E$2：$E$76""\"是\""。又，"会计科目期初余额！ $E$2：$E$76"的名称为"是否末级"，为使公式直观易懂，第四个参数"会计科目期初余额！ $E$2：$E$76"用其名称"是否末级"代替。

要加总的第三个条件是"借"方科目，所以第三对条件是"会计科目期初余额！ $F$2：$F$76"中值为"借"的科目，因此第六、第七个参数分别为："会计科目期初余额！ $F$2：$F$76""\"借\""。又，"会计科目期初余额！ $F$2：$F$76"的名称为"方向"，为使公式直观易懂，第六个参数"会计科目期初余额！ $F$2：$F$76"用其名称"方向"代替。

……

上述两个计算公式都是用借方资产类科目合计减贷方资产类科目合计。两个计算公式的区别在于：第一个公式计算的是资产类末级科目的余额合计，而第二个公式计算的则是资产类一级科目的余额合计。两者计算结果应该完全一致，因为所有末级科目余额都要汇总到一级科目，换句话说，一级科目余额都是由末级科目逐级加总得到的。

步骤 2：构造"负债合计"的计算公式。在"期初余额试算平衡"工作表的 D2 单元输入以下两个公式之一：

➢ =SUMIFS(期初余额,科目类别,"负债类",是否末级,"是",方向,"贷")-SUMIFS(期初余额,科目类别,"负债类",是否末级,"是",方向,"借")

➢ =SUMIFS(期初余额,科目类别,"负债类",科目级次,"一",方向,"贷")-SUMIFS(期初余额,科目类别,"负债类",是否末级,"是",方向,"借")

公式解析（略）

步骤 3：构造"所有者权益合计"的计算公式。在"期初余额试算平衡"工作表的 D3 单元输入以下两个公式之一：

➢ =SUMIFS（期初余额，科目类别，"所有者权益类"，是否末级，"是"，方向，"贷"）-SUMIFS（期初余额，科目类别，"所有者权益类"，是否末级，"是"，方向，"借"）

➢ =SUMIFS（期初余额，科目类别，"所有者权益类"，科目级次，"一"，方向，"贷"）-SUMIFS（期初余额，科目类别，"所有者权益类"，科目级次，"一"，方向，"借"）

公式解析（略）

步骤 4：构造"借方余额合计"的计算公式。在"期初余额试算平衡"工作表的 B4 单元输入以下两个公式之一：

➢ =SUMIFS（期初余额，方向，"借"，是否末级，"是"）

➢ =SUMIFS（期初余额，方向，"借"，科目级次，"一"）

公式解析（略）

步骤 5：构造"贷方余额合计"的计算公式。在"期初余额试算平衡"工作表的 D4 单元输入以下两个公式之一：

➢ =SUMIFS（期初余额，方向，"贷"，是否末级，"是"）

➢ =SUMIFS（期初余额，方向，"贷"，科目级次，"一"）

公式解析（略）

以上五个步骤构造的计算公式，所涉及的区域参数均用区域名称代替，这样做的目的是使计算公式直观、易懂，且输入量少，不易出错。如果直接用区域本身作为参数，公式的可读性较差且容易出错，同学们可参看"期初余额试算平衡（参考）"工作表，这个工作表计算公式的区域参数用的就是区域本身。

步骤 6：构造试算结果提示信息的计算公式。在"期初余额试算平衡"工作表的 B5 单元输入以下两个公式之一：

➢ =IF（AND（B2=D2+D3，B4=D4），"平衡！"，"不平衡，请检查！"）

➢ =IF（AND（B2=SUM（D2，D3），B4=D4），"平衡！"，"不平衡，请检查！"）

公式解析：

首先，检测"资产合计"（B2）是否等于"负债合计"（D2）和"所有者权益合计"（D3）之和，表达式：B2=D2+D3 或 B2=SUM（D2，D3）。

然后，检测"借方余额合计"（B4）是否等于"贷方余额合计"（D4），表达式：B4=D4。

只有上述两个表达式都返回 TRUE，才能通过期初余额试算平衡，所以用逻辑与运算检测是否都返回 TRUE，表达式：AND（B2=SUM（D2，D3），B4=D4）。

最后，若通过试算平衡则在 B5 单元格显示"平衡！"，否则在 B5 格显示"不平衡，请检查！"的提示。

期初余额试算结果如图 4-15 所示。

B5　=IF(AND(B2=SUM(D2,D3),B4=D4),"平衡!","不平衡，请检查！")

	A	B	C	D
1	期初余额试算结果报告			
2	资产合计	3 111 996.75	负债合计	487 086.25
3			所有者权益合计	2 624 910.50
4	借方余额合计	3 358 766.25	贷方余额合计	3 358 766.25
5	试算结果:	平衡!		

图 4-15　试算平衡表

【拓展训练】

编制“项目 4 任务 4_2. xlsx”的“期初余额试算平衡表”。

试算平衡表格式设计及末级科目的确定同“项目 4 任务 4_1. xlsx”。

任务:构造试算平衡表的计算公式。

步骤 1:打开“项目 4 任务 4_2. xlsx”工作簿文件。

步骤 2:为使构造的计算公式直观、便于理解,对相关单元格区域定义能反映其内容的汉字名称。

步骤 2. 1:将“会计科目期初余额! \$C\$2:\$C\$76”命名为“类别”。

步骤 2. 2:将“会计科目期初余额! \$D\$2:\$D\$76”命名为“科目级次”。

步骤 2. 3:将“会计科目期初余额! \$E\$2:\$E\$76”命名为“是否末级”。

步骤 2. 4:将“会计科目期初余额! \$F\$2:\$F\$76”命名为“借方期初”。

步骤 2. 5:将“会计科目期初余额! \$G\$2:\$G\$76”命名为“贷方期初”。

步骤 3:构造“资产合计”的计算公式。在“期初余额试算平衡”工作表的 B2 单元输入以下两个公式之一:

➢ =SUMIFS(借方期初,类别,"资产类",是否末级,"是")-SUMIFS(贷方期初,类别,"资产类",是否末级,"是")

➢ =SUMIFS(借方期初,类别,"资产类",科目级次,"一")-SUMIFS(贷方期初,类别,"资产类",科目级次,"一")

公式解析:

加总的分别是期初借方余额和期初贷方余额,所以 SUMIFS 函数的第一个参数分别是“会计科目期初余额! \$F\$2:\$F\$76”区域和“会计科目期初余额! \$G\$2:\$G\$76”,这两个区域的名称分别是“借方期初”和“贷方期初”,为使公式直观易懂,因此使用区域名称“借方期初”和“贷方期初”。

要加总的第一个条件是“资产类”科目,所以第一对条件是“会计科目期初余额! \$C\$2:\$C\$76”中值为“资产类”的科目,因此第二、第三个参数分别为:“会计科目期初余额!

$C$2:$C$76”“"资产类"”。又,“会计科目期初余额! $C$2:$C$76”的名称为“类别”,为使公式直观易懂,第二个参数“会计科目期初余额! $C$2:$C$76”用其名称“类别”代替。

要加总的第二个条件是“末级”科目,所以第二对条件是“会计科目期初余额! $E$2:$E$76”中值为“是”的科目,因此第四、第五个参数分别为:“会计科目期初余额! $E$2:$E$76”“"是"”。又,“会计科目期初余额! $E$2:$E$76”的名称为“是否末级”,为使公式直观易懂,第四个参数“会计科目期初余额! $E$2:$E$76”用其名称“是否末级”代替。

上述两个计算公式都是用借方资产类科目合计减贷方资产类科目合计。两个计算公式的区别在于:第一个公式计算的是资产类末级科目的余额合计,而第二个公式计算的则是资产类一级科目的余额合计。两者计算结果应该完全一致。

步骤4:构造“负债合计”的计算公式。

步骤4.1:将B2单元格复制到D2单元格。

步骤4.2:将D2单元格公式中的参数“资产类”改为“负债类”。

步骤4.3:将D2单元格公式中的被减数和减数互换位置,得到下面两个计算公式之一:

➢ =SUMIFS(贷方期初,类别,"负债类",是否末级,"是")-SUMIFS(借方期初,类别,"负债类",是否末级,"是")

➢ =SUMIFS(贷方期初,类别,"负债类",科目级次,"一")-SUMIFS(借方期初,类别,"负债类",科目级次,"一")

“资产类”科目净余额由该类科目的借方余额减去贷方余额得到,而“负债类”科目净余额则由该类科目的贷方余额减去借方余额得到。

公式解析(略)

步骤5:构造“所有者权益合计”的计算公式。

步骤5.1:将D2单元格复制到D3单元格。

步骤5.2:将D3单元格公式中的参数“负债类”改为“所有者权益类”,得到下面两个计算公式之一:

➢ =SUMIFS(贷方期初,类别,"所有者权益类",是否末级,"是")-SUMIFS(借方期初,类别,"所有者权益类",是否末级,"是")

➢ =SUMIFS(贷方期初,类别,"所有者权益类",科目级次,"一")-SUMIFS(借方期初,类别,"所有者权益类",科目级次,"一")

公式解析(略)

步骤6:构造“借方余额合计”的计算公式。在“期初余额试算平衡”工作表的B4单元输入以下两个公式之一:

➢ =SUMIF(科目级次,"一",借方期初)

➢ =SUMIF(是否末级,"是",借方期初)

公式解析:

由于“借方期初余额”和“贷方期初余额”分设在不同的列,因此计算各自的合计时,只需指定加总的科目级次是一级科目(或末级科目)一个条件,所以选用单条件求和函数

SUMIF。

第一个参数为条件区域“会计科目期初余额！ $D$2:$D$76”(或:“会计科目期初余额！ $E$2:$E$76”),名称为“科目级次”(或“是否末级”);第二个参数是条件值“一”(或“是”);第三个参数是加总的区域“会计科目期初余额！ $F$2:$F$76”,其名称为“借方期初”。

步骤7:构造“贷方余额合计”的计算公式。在“期初余额试算平衡”工作表的D4单元输入以下两个公式之一:

➢ =SUMIF(科目级次,"一",贷方期初)

➢ =SUMIF(是否末级,"是",贷方期初)

公式解析参看步骤6(略)。

也可通过复制B4单元格公式加以微调的方式生成D4单元格的计算公式。

步骤8:构造试算结果提示信息的计算公式。在“期初余额试算平衡”工作表的B5单元输入以下两个公式之一:

➢ =IF(AND(B2=D2+D3,B4=D4),"平衡!","不平衡,请检查!")

➢ =IF(AND(B2=SUM(D2,D3),B4=D4),"平衡!","不平衡,请检查!")

公式解析(略)。

如果采用直接引用区域(而不是使用区域名称)的方式输入函数的相关参数,将极大降低公式的直观性和可读性。建议同学们加强区域名称的命名和使用的练习。直接引用区域的计算公式参见:“项目4任务4_2. xlsx”的“期初余额试算(参考)”工作表。

期初余额试算结果同“项目4任务4_1. xlsx”,如图4-15所示。

【巩固技能】

打开“项目4任务4_1. xlsx”和“项目4任务4_2. xlsx”两个工作簿文件,在“期初余额试算平衡”和“期初余额试算平衡(参考)”两个工作表中,反复练习构造单元格B2、D2、D3、B4、D4、B5的计算公式。通过练习,进一步熟悉单元格区域名称的命名和使用,熟练掌握和应用多条件求和函数SUMIFS和单条件求和函数SUMIF。

5

项目五 记账凭证表及打印设计

会计科目期初余额表是应用 Excel 进行会计数据处理的基础数据表，它为会计核算提供日常账务处理需要的账户信息，如在编制记账凭证时检测输入的科目是否存在，是否为末级科目等。而记账凭证表则是应用 Excel 进行会计数据处理的核心数据表，它记录着日常经济业务发生后，会计人员根据复式记账原理，采用专门的会计方法对原始凭证进行整理、分类和初加工的情况。

在实际工作中，不仅满足会计档案管理要求的纸质记账凭证，其数据由记账凭证表提供，而且按照科目汇总表账务处理程序，记账凭证表也是编制科目汇总表、试算平衡表、总分类账、明细分类账等账簿文件的数据源，记账凭证表还为编制会计报表和进行财务分析提供强有力的数据支持。可以说记账凭证表是 Excel 会计信息系统的数据中心，因此对它的格式设计、数据验证与输入控制设置就显得尤为重要，既要能满足账簿文件和财务报告的数据需求，又要能保证输入数据逻辑方面的准确性。

【知识目标】

◇ 记账凭证表项目构成
◇ 会计科目名称生成的处理逻辑
◇ 记账凭证项目构成
◇ 记账凭证数据生成的处理逻辑
◇ 记账凭证模板数据保护

【技能目标】

◇ 记账凭证表结构设计
◇ 记账凭证表项目的数据验证
◇ 会计科目名称生成的处理技术
◇ 记账凭证结构设计
◇ 熟练应用 NOT()、ISNA()、ROW()、INDEX()、MATCH()等函数

任务一　记账凭证表结构设计

【知识准备】

一、记账凭证表结构

记账凭证表是记账凭证数据的二维表格反映，是科目汇总表、会计账簿文件和会计报表的主要数据来源，对会计信息质量的高低起着举足轻重的作用，其重要性不言而喻。为完整准确地记录发生的经济业务，记账凭证表应由以下项目构成：

➢ 凭证类别：企业选用的记账凭证格式。日常账务核算中，有多种记账凭证格式可供选择，有不分经济业务性质都使用同一格式的记账凭证，即通常所说的通用记账凭证；有分为收款、付款和转账凭证的；有分为现金、银行、转账凭证的；还有分现金收款、现金付款、银行收款、银行付款、转账凭证的。

➢ 填制日期：记录编制记账凭证的日期。

➢ 凭证编号：凭证编号是对不同记账凭证进行区分的标识，一个凭证编号代表了一张特定的记账凭证。

➢ 附单据数：记录与记账凭证配套的原始单据张数。

➢ 摘要：对经济业务的简要概述。

➢ 科目编码：为简化输入，快速生成科目名称，设置“科目编码”项目。

➢ 科目名称：会计科目的汉字名称，使用前必须先定义。

➢ 借方金额：以货币形式记录的会计科目借方发生额。

➢ 贷方金额：以货币形式记录的会计科目贷方发生额。

图 5-1 和 5-2 为手工方式填制的记账凭证格式和某通用财务软件商提供套打的记账凭证格式。

二、记账凭证表项目的数据类型

➢ 凭证类别：选用通用记账凭证格式，不需设置类别字。

➢ 填制日期：设置“年”“月”和“日”三个项目，数值型，整数。

➢ 凭证编号：由于选用通用记账凭证格式，因此凭证编号采用 4 位的顺序流水号，文本型。

➢ 附单据数：数值型，整数。

➢ 摘要：采用默认格式。

➢ 科目编码：输入“会计科目及期初余额”工作表中已定义的末级科目编码，文本型。

➢ 科目名称：根据科目编码自动生成。

➢ 借方金额：保留两位小数、使用千位分隔符的数值型。

➢ 贷方金额：保留两位小数、使用千位分隔符的数值型。

记 账 凭 证

凭证字：
凭证号：

年 月 日

摘 要	会 计 科 目	借方金额	贷方金额
合 计			

附件 张

财务主管： 记账： 复核： 制单： 出纳： 交领款人：

图 5-1 记账凭证样式(一)

核算单位 Unit

摘要 Summary	会计科目 Account	借方 Debit	贷方 Credit
合计 Total			

附单据数（ ）张 Number of Notes

记账人 Recorded by 复核人 Checked by 制单人 Produced by

图 5-2 记账凭证样式(二)

【任务描述】

为 A 企业设计记账凭证表。

【任务分析】

为保持数据一致性，记账凭证表的设计在“项目 4 任务 4_1. xlsx”工作簿文件的基础上进行。

【任务实施】

根据任务要求：

步骤 1：复制“项目 4 任务 4_1. xlsx”，将其副本更名为“项目 5 任务 1_1. xlsx”。

步骤 2：打开“项目 5 任务 1_1. xlsx”工作簿。

步骤 3：新建“记账凭证表”工作表。单击工作表标签区的“新工作表”按钮，并将新工作表标签名称修改为“记账凭证表”。

步骤 4：输入项目名称。分别在 B1、A2、B2、C2、D2、E2、F2、G2、H2、I2 单元格中输入项目名称“年”“月”“日”“凭证编号”“摘要”“科目编码”“科目名称”“借方金额”“贷方金额”“附单据数”。

步骤 5：设置单元格数字分类格式。

步骤 5.1：设置 C 列（凭证编号）单元格的数字分类格式为“文本”。

步骤 5.2：设置 E 列（科目编码）单元格的数字分类格式为“文本”。

步骤 5.3：设置 G 列（借方金额）单元格的数字分类格式为“数值”，小数位数：2 位，使用千位分隔符。

步骤 5.4：设置 H 列（贷方金额）单元格的数字分类格式为“数值”，小数位数：2 位，使用千位分隔符。

为便于操作，将与“记账凭证表”无关的工作表暂时隐藏起来。

步骤 6：隐藏工作表。

步骤 6.1：隐藏“期初余额试算平衡”工作表。鼠标右键单击“期初余额试算平衡”工作表标签，在弹出的快捷菜单中单击“隐藏”，如图 5-3 所示。

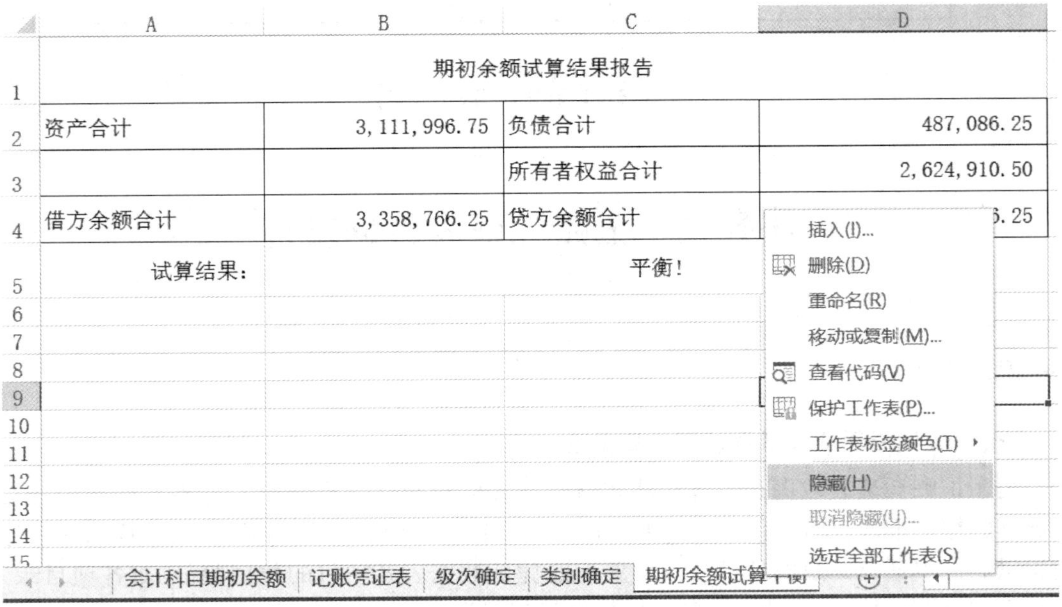

图 5-3　隐藏工作表

步骤 6.2：隐藏“类别确定”工作表。鼠标右键单击“类别确定”工作表标签，在弹出的快捷菜单中单击“隐藏”。

步骤 6.3：隐藏“级次确定”工作表。鼠标右键单击“级次确定”工作表标签，在弹出的快捷菜单中单击“隐藏”。

完成格式设计的记账凭证表如图 5-4 所示。

	A	B	C	D	E	F	G	H	I
1		年							
2	月	日	凭证编号	摘要	科目编码	科目名称	借方金额	贷方金额	附单据数

图 5-4　记账凭证结构

【巩固技能】

请你根据图 5-5 所示的空白通用记账凭证，设计主要项目与之对应的记账凭证表。

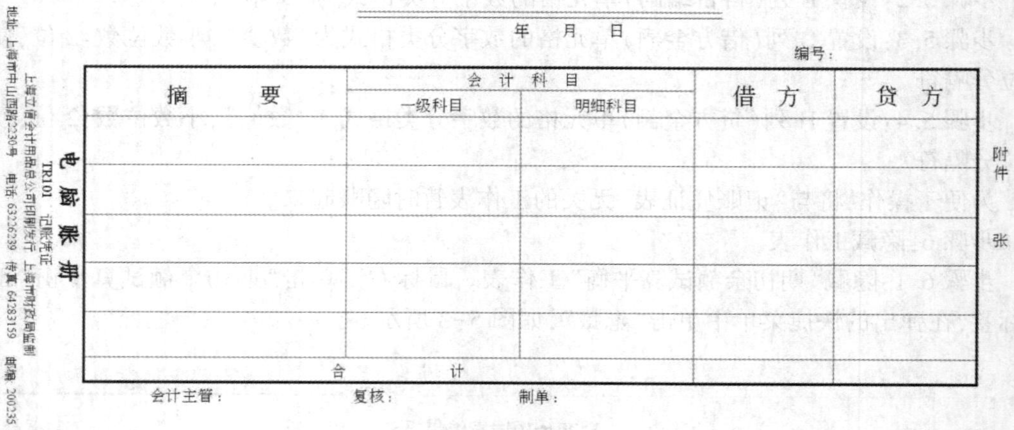

图 5-5　记账凭证格式（参照）

任务二　记账凭证表数据验证

【知识准备】

一、设置记账凭证表数据验证的重要性

由于记账凭证表数据是账簿文件和财务报表以及会计数据分析的重要数据来源，因此保证其数据的准确性就显得尤为重要。产生数据错误一般有两种情况：一是计算错误，二是逻辑错误。本任务的目的就是通过设置记账凭证数据表各项目的数据验证，对各项目录入的数据进行逻辑检查，防止录入数据时发生逻辑错误。

二、记账凭证表各数据项数据验证内容

➢ 填制日期:“年”和“月”的录入采取在提供的数据列表中选择录入的方式,本任务“年”数据提供“2016～2025”10 年的年份列表,“月”数据提供“1～12”12 月的月份列表;“日”的数据只能录入整数“1～31”。

➢ 凭证编号:凭证编号录入的数据校验包括:第一条记录固定为“0001”;必须为数字组合;当前凭证借贷方合计不等,不能填制下一张凭证;不能出现凭证跳号。

➢ 附单据数:数值型,整数,且只能在相同凭证编号的第一条记录中输入。

➢ 科目编码:只能录入已定义的末级会计科目编码且相应的摘要不能为空。

➢ 借方金额:相应的凭证编号和科目编码不能为空,对应的贷方金额应为空,输入的必须是数值。

➢ 贷方金额:相应的凭证编号和科目编码不能为空,对应的借方金额应为空,输入的必须是数值。

【任务描述】

为 A 企业的记账凭证表的相关项目设置数据验证,要求数据验证的记录大致在 200～300 条之间,以满足 A 企业填制一个月记账凭证的需求。

【任务分析】

记账凭证表各数据项数据验证内容,涉及的函数及操作技能在前面各项目中已学习和练习过。

【任务实施】

数据验证设置需在任务一的基础上进行。

根据任务要求:

步骤 1:复制“项目 5 任务 1_1. xlsx”,将其副本更名为“项目 5 任务 2_1. xlsx”。

步骤 2:打开“项目 5 任务 2_1. xlsx”工作簿。

步骤 3:选择“记账凭证表”工作表。单击“记账凭证表”工作表标签。

步骤 4:设置“年”数据项的数据验证。

步骤 4. 1:选择 A1 单元,单击“数据”|“数据工具”|“数据验证”,打开“数据验证”对话框。

步骤 4. 2:单击“设置”选项卡,在“验证条件”控制区的“允许”控制列表中选择“序列”,勾选“忽略空值”和“提供下拉列表”两个复选框。

步骤 4. 3:在“来源”编辑框中输入“2016～2025”10 个年份数据,每个年份数据之间用英文逗号“,”分隔,如图 5-6 所示。

步骤 4. 4:单击“确定”按钮。

步骤 5:设置“月”数据项的数据验证。

步骤 5. 1:选择 A3 单元,单击“数据”|“数据工具”|“数据验证”,打开“数据验证”对话框。

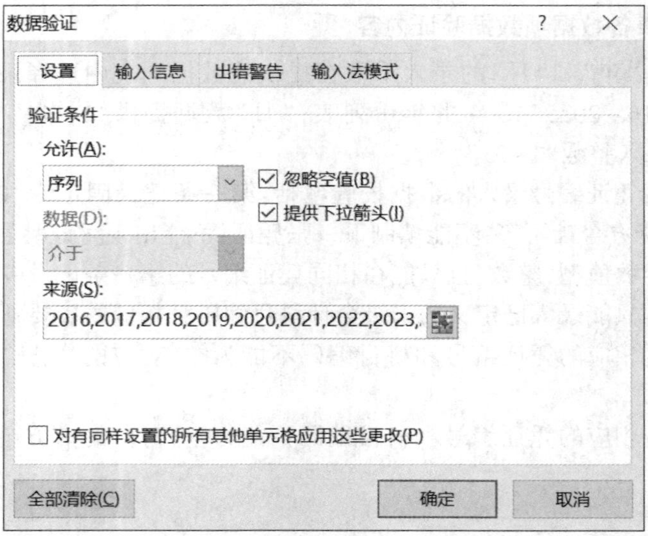

图 5-6　年份“序列”设置

步骤 5.2：单击“设置”选项卡，在“验证条件”控制区的“允许”控制列表中选择“序列”，勾选“忽略空值”和“提供下拉列表”两个复选框。

步骤 5.3：在“来源”编辑框中输入“1～12”12 个月份数据，每个月份数据之间用英文逗号“,”分隔。

步骤 5.4：单击“确定”按钮。

步骤 5.5：鼠标拖曳 A3 单元格的填充控制柄到 A300 单元格，完成“月”数据项的数据验证设置。

步骤 6：设置“日”数据的数据验证。

步骤 6.1：选择 B3 单元，单击“数据”|“数据工具”|“数据验证”，打开“数据验证”对话框。

步骤 6.2：单击“设置”选项卡，在“验证条件”控制区的“允许”控制列表中选择“整数”，勾选“忽略空值”复选框，在“数据”控制列表中选择“介于”，在“最小值”编辑框中输入“1”，在“最大值”编辑框中输入“31”，如图 5-7 所示。

步骤 6.3：设置“出错警告”信息。单击“出错警告”选项卡，将样式设置为“停止”，标题设置为“警告”，“提示信息”设置为“请输入有效的日期!”。

步骤 6.4：单击“确定”按钮。

步骤 6.5：鼠标拖曳 B3 单元格的填充控制柄到 B300 单元格，完成“日”数据项的数据验证设置。

“日”数据项的数据验证若要实现：2 月份最大值只能输入“28”，闰年 2 月份可以输入的最大值是“29”；其余月份大月最大值只能输入“31”，小月最大值只能输入“30”等控制，则需在“允许”控制列表中选择“自定义”，在“公式”编辑框中输入公式：=OR(AND(MOD($A$1,4)=0,A3=2,B3<=29),AND(A3<=7,A3<>2,ISEVEN(A3),B3<=30),AND(A3=2,B3<=28),AND(A3<=7,ISODD(A3),B3<=31),AND(AND(A3>=8,A3<=12),ISEVEN

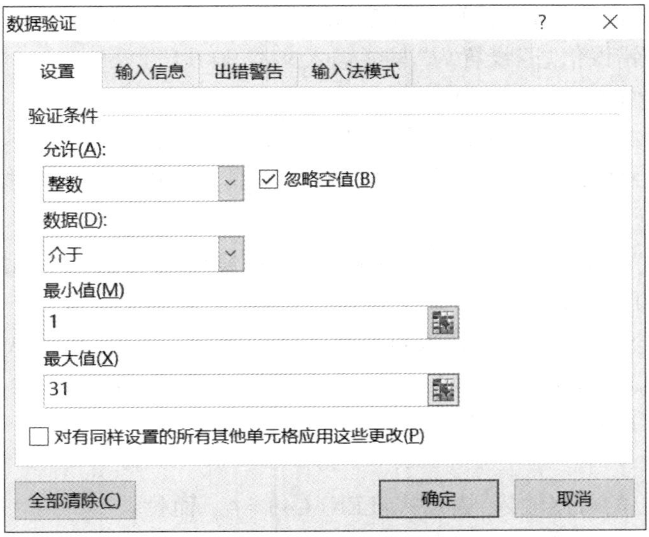

图 5-7　“日”数据验证设置

(A3),B3<=31),AND(AND(A3>=8,A3<=12),ISODD(A3),B3<=30))。公式中涉及的函数已在前面各项目中作过详细讲解,请同学们认真阅读,仔细领会,理解公式的构造思路。这也是素材文件中采用的数据验证公式。

步骤 7:设置第一条记录“凭证编号”的数据验证。

步骤 7.1:选择 C3 单元,单击“数据”|“数据工具”|“数据验证”,打开“数据验证”对话框。

步骤 7.2:单击“设置”选项卡,在“验证条件”控制区的“允许”控制列表中选择“自定义”,勾选“忽略空值”复选框。

步骤 7.3:在“公式”编辑框中输入:=AND(C3="0001",LEN(C3)=4),如图 5-8 所示。

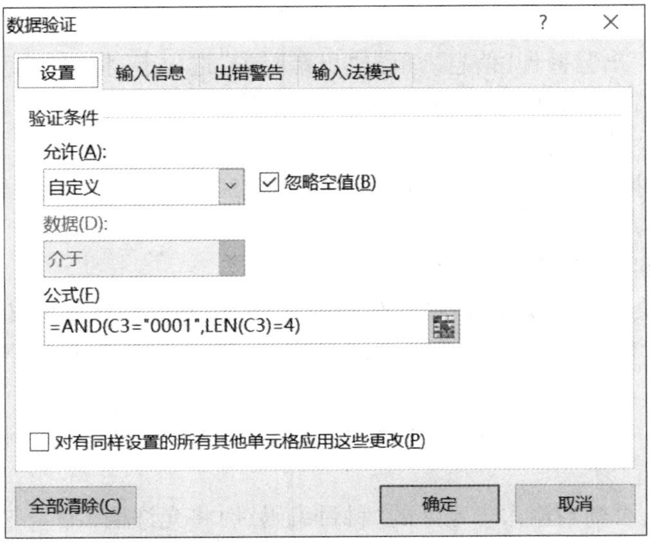

图 5-8　“凭证编号”控制

步骤 7.4：设置“出错警告”信息。单击“出错警告”选项卡，将“样式”设置为“停止”，标题设置为“提示”，“错误信息”设置为“只能输入文本 0001！”。

步骤 7.5：单击“确定”按钮。

步骤 8：设置第二条及以后记录“凭证编号”的数据验证。

步骤 8.1：选择 C4 单元，单击“数据”|“数据工具”|“数据验证”，打开“数据验证”对话框。

步骤 8.2：单击“设置”选项卡，在“验证条件”控制区的“允许”控制列表中选择“自定义”，勾选“忽略空值”复选框。

步骤 8.3：在“公式”编辑框中输入：=AND(LEN(C4)=4,TYPE(VALUE(C4))=1,OR(C4=C3,AND(VALUE(C4)=VALUE(C3)+1,SUMIF($C$3:C3,C3,$G$3:G3)=SUMIF($C$3:C3,C3,$H$3:H3))))。

公式解析：

➢ 长度是 4 位的可以输入，表达式：LEN(C4)=4。而且：

➢ 只能输入数字组合，表达式：TYPE(VALUE(C4))=1。之所以要进行数值转换，是因为 C 列的数字格式为“文本”。

➢ 编制同一张记账凭证，也就是输入的“凭证编号”与上一行的“凭证编号”相同时允许输入，表达式：C4=C3。或者：

➢ 上一张记账凭证的借贷方金额合计相等时（“有借必有贷，借贷必相等”）允许输入。其中：检测上一张记账凭证借贷方金额合计是否相等的表达式：SUMIF($C$3:C3,C3,$G$3:G3)=SUMIF($C$3:C3,C3,$H$3:H3)；检测是否填制新的记账凭证的表达式：VALUE(C4)=VALUE(C3)+1。

➢ 上述条件的综合表达式：AND(LEN(C4)=4,TYPE(VALUE(C4))=1,OR(C4=C3,AND(VALUE(C4)=VALUE(C3)+1,SUMIF($C$3:C3,C3,$G$3:G3)=SUMIF($C$3:C3,C3,$H$3:H3))))。

步骤 8.4：设置“出错警告”信息。单击“出错警告”选项卡，将“样式”设置为“停止”，标题设置为“提示”，“错误信息”设置为“输入有误，请检查！”。

步骤 8.5：单击“确定”按钮。

步骤 8.6：鼠标拖曳 C4 单元格的填充控制柄到 C300 单元格，完成“凭证编号”数据项的数据验证设置。

步骤 9：设置“科目编码”的数据验证。

步骤 9.1：将“会计科目期初余额”工作表的 A2:G76 单元格区域定义为“科目信息”。

步骤 9.2：选择 E3 单元，单击“数据”|“数据工具”|“数据验证”，打开“数据验证”对话框。

步骤 9.3：单击“设置”选项卡，在“验证条件”控制区的“允许”控制列表中选择“自定义”，勾消“忽略空值”复选框。

不能忽略空值，否则当输入未定义的“科目编码”时将允许输入。

步骤 9.4：在“公式”编辑框中输入：=AND(VLOOKUP(E3,科目信息,5,0)="是",LEN(D3)<>0)。

公式解析：

➢ 录入科目编码必须是已定义的末级科目，表达式：VLOOKUP(E3,科目信息,5,0)="是"。

➢ “摘要”不能为空，表达式：LEN(D3)<>0。

➢ 上述两个条件要同时具备，表达式：AND(VLOOKUP(E3,科目信息,5,0)="是",LEN(D3)<>0)

步骤 9.5：设置“出错警告”信息。单击“出错警告”选项卡，将“样式”设置为“停止”，标题设置为“错误”，“错误信息”设置为“请输入末级科目编码且摘要不能为空！”。

由于公式中的操作对象 E3 和 D3 为空，所以单击“出错警告”选项卡或“确定”按钮时，将弹出如图 5-9 所示的对话框，此时单击按钮“是”即可。

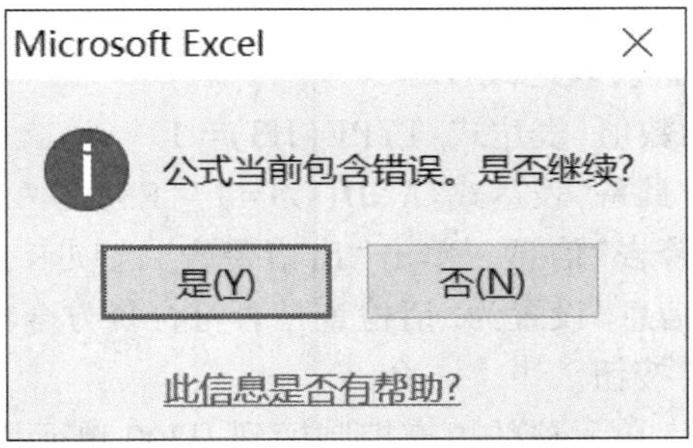

图 5-9　错误提示

步骤 9.6：单击“确定”按钮。

步骤 9.7：鼠标拖曳 E3 单元格的填充控制柄到 E300 单元格，完成“科目编码”数据项的数据验证设置。

步骤 10：设置“借方金额”的数据验证。

步骤 10.1：选择 G3 单元，单击“数据”|“数据工具”|“数据验证”，打开“数据验证”对话框。

步骤 10.2：单击“设置”选项卡，在“验证条件”控制区的“允许”控制列表中选择“自定义”，勾选“忽略空值”复选框。

步骤 10.3：在“公式”编辑框中输入：=AND(H3="",E3<>"",C3<>"",TYPE(G3)=1)。

公式解析：

➢ 必须保证对应的贷方金额为空，表达式：H3=""。

➢ “凭证编号”不能为空，表达式：C3<>""。

➢ “科目编码”不能为空，表达式：E3<>""。

➢ 输入的数据必须为数值，表达式：TYPE(G3)=1。

➢ 上述条件必须同时具备，表达式：AND(H3="",E3<>"",C3<>"",TYPE(G3)=1)。

步骤 10.4：设置“出错警告”信息。单击“出错警告”选项卡，将“样式”设置为“停止”，标题设置为“提示”，“错误信息”设置为“请检查是否符合借方金额录入条件！”。

步骤 10.5：单击“确定”按钮。

步骤 10.6：鼠标拖曳 G3 单元格的填充控制柄到 G300 单元格，完成“借方金额”数据项的数据验证设置。

步骤 11：设置“贷方金额”的数据验证。

步骤 11.1：选择 H3 单元，单击“数据”|“数据工具”|“数据验证”，打开“数据验证”对话框。

步骤 11.2：单击“设置”选项卡，在“验证条件”控制区的“允许”控制列表中选择“自定义”，勾选“忽略空值”复选框。

步骤 11.3：在“公式”编辑框中输入：=AND(G3="",E3<>"",C3<>"",TYPE(H3)=1)。

公式解析：

- 必须保证对应的借方金额为空，表达式：G3=""。
- “凭证编号”不能为空，表达式：C3<>""。
- “科目编码”不能为空，表达式：E3<>""。
- 输入的数据必须为数值，表达式：TYPE(H3)=1。
- 上述条件必须同时具备，表达式：AND(G3="",E3<>"",C3<>"",TYPE(H3)=1)。

步骤 11.4：设置“出错警告”信息。单击“出错警告”选项卡，将“样式”设置为“停止”，标题设置为“提示”，“错误信息”设置为“请检查是否符合贷方金额录入条件！”。

步骤 11.5：单击“确定”按钮。

步骤 11.6：鼠标拖曳 H3 单元格的填充控制柄到 H300 单元格，完成“贷方金额”数据项的数据验证设置。

步骤 12：设置“附单据数”的数据验证。

步骤 12.1：选择 I3 单元，单击“数据”|“数据工具”|“数据验证”，打开“数据验证”对话框。

步骤 12.2：单击“设置”选项卡，在“验证条件”控制区的“允许”控制列表中选择“自定义”，勾选“忽略空值”复选框。

步骤 12.3：在“公式”编辑框中输入：=AND(TRUNC(I3)=I3,I3>0,C3<>C2)。

公式解析：

- 必须保证输入的是整数(单据数不可能出现小数)，表达式：TRUNC(I3)=I3。
- 单据数不可能小于 1，表达式：I3>0 或 I3>=1。
- 单据数只需在相应“凭证编号”的第一条记录中输入，表达式：C3<>C2。
- 以上三个条件需同时具备，表达式：AND(TRUNC(I3)=I3,I3>0,C3<>C2)。

步骤 12.4：设置“出错警告”信息。单击“出错警告”选项卡，将“样式”设置为“停止”，标题设置为“错误”，“错误信息”设置为“录入错误，请检查！”。

步骤 12.5：单击“确定”按钮。

步骤 12.6：鼠标拖曳 I3 单元格的填充控制柄到 I300 单元格，完成“附单据数”数据项的数据验证设置。

【巩固技能】

反复练习 A 企业记账凭证表的数据验证设置，重点练习“自定义”方式的数据验证操作，理清自定义公式的构造思路。

任务三　会计科目名称自动生成

【知识准备】

一、会计科目名称的生成逻辑

会计科目名称由其对应的科目编码确定。由于“会计科目期初余额”工作表的科目名称是本级科目的名称，而记账凭证表的科目名称则应反映上下级科目之间统驭关系，包含各级科目的名称，因此在确定科目名称时，应根据录入的科目编码位数进行处理。按照 4222 科目编码方案，可能情况如表 5-1 所示。

表 5-1　科目名称生成表

编码位数	级次	反映统驭关系的会计科目名称
4	1	一级科目名称
6	2	一级科目名称+二级科目名称
8	3	一级科目名称+二级科目名称+三级科目名称
10	4	一级科目名称+二级科目名称+三级科目名称+四级科目名称

二、与会计科目生成相关的其他问题

如前所言，会计科目名称由其对应的科目编码确定，在输入会计编码数据时，要让编制记账凭证的财务人员准确地记忆每一个会计科目的编码(包括明细科目编码)是不现实的，因此有必要在“记账凭证表”工作表的适当位置给用户提供科目编码与科目名称对应的参照列表。

【任务描述】

为 A 企业“记账凭证表”工作表的“科目名称”项构造自动生成科目名称的公式。

【任务分析】

要完成该任务，需要进行以下辅助工作：

- 在“会计科目期初余额”的合适位置生成由科目编码和科目名称组成的参照数据。
- 为生成的参照数据定义名称，以便在“记账凭证表”工作表中生成参照列表。

完成上述辅助工作后，可以在“科目名称”单元格构造公式以自动生成会计科目名称。

【任务实施】

步骤 1：复制“项目 5 任务 2_1. xlsx”，将其副本更名为“项目 5 任务 3_1. xlsx”。

步骤 2：打开“项目 5 任务 3_1. xlsx”工作簿。

步骤 3:生成参照数据。

步骤 3.1:单击“会计科目期初余额”工作表标签。

步骤 3.2:在 J1 单元格输入提示文本“科目参照”。

步骤 3.3:在 J2 单元格输入公式:=A2&" "&B2。

步骤 3.4:鼠标拖曳 J2 单元格的填充控制柄到 J76 单元格,生成由科目编码和科目名称组成的参照数据,如图 5-10 所示。

J2 | =A2&" "&B2

	A	B	I	J
1	科目编码	科目名称		科目参照
2	1001	库存现金		1001　库存现金
3	1002	银行存款		1002　银行存款
4	100201	工商银行(基本户)		100201　工商银行(基本户)
5	100202	建设银行(结算户)		100202　建设银行(结算户)
6	100203	工商银行(社保户)		100203　工商银行(社保户)
7	1012	其他货币资金		1012　其他货币资金
8	101201	银行汇票		101201　银行汇票
9	1121	应收票据		1121　应收票据
10	1122	应收账款		1122　应收账款
11	1123	预付账款		1123　预付账款
12	112301	财产保险费		112301　财产保险费
13	1221	其他应收款		1221　其他应收款
14	122101	应收个人款		122101　应收个人款
15	1231	坏账准备		1231　坏账准备
16	123101	应收账款坏账准备		123101　应收账款坏账准备
17	1403	原材料		1403　原材料
18	140301	全棉色织布		140301　全棉色织布
19	140302	全棉弹力布		140302　全棉弹力布

会计科目期初余额 | 记账凭证表

图 5-10　科目参照列表数据

步骤 4:为参照数据命名。

步骤 4.1:选择 J2~J76 单元格区域。

步骤 4.2:在名称框中输入“科目参照”,将单元格区域 J2~J76 命名为“科目参照”。

步骤 5:生成参照列表。

步骤 5.1:单击“记账凭证表”工作表标签。

步骤 5.2:在 K1 单元格中输入提示文本:“会计科目参照”。

步骤 5.3:选择 K2 单元,单击“数据”|“数据工具”|“数据验证”,打开“数据验证”对话框。

步骤 5.4:单击“设置”选项卡,在“验证条件”控制区的“允许”控制列表中选择“序列”,勾选“忽略空值”和“提供下拉列表”两个复选框。

步骤 5.5:在“来源”编辑框中输入“=科目参照”,如图 5-11 所示。

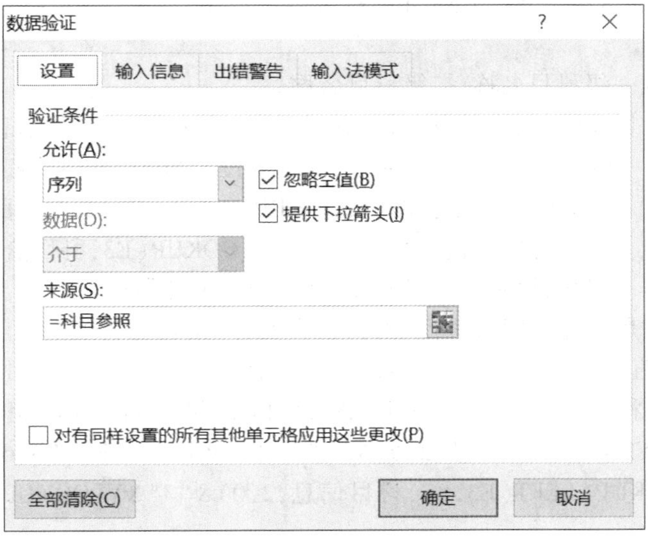

图 5-11　“科目参照”序列设置

步骤 5.6：单击“确定”按钮。

在“记账凭证表”工作表 K2 单元格制作的参照列表效果如图 5-12 所示。

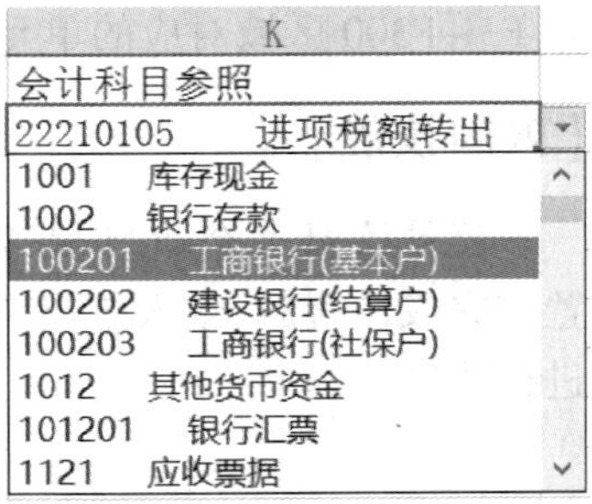

图 5-12　科目参照列表

步骤 6：构造会计科目自动生成公式。

步骤 6.1：选择 F3 单元格。

步骤 6.2：输入公式：=IF(E3="","",IF(LEN(E3)=4,VLOOKUP(E3,科目信息,2,0),IF(LEN(E3)=6,VLOOKUP(LEFT(E3,4),科目信息,2,0)&"/"&VLOOKUP(E3,科目信息,2,0),IF(LEN(E3)=8,VLOOKUP(LEFT(E3,4),科目信息,2,0)&"/"&VLOOKUP(LEFT(E3,6),科目信息,2,0)&"/"&VLOOKUP(E3,科目信息,2,0),VLOOKUP(LEFT(E3,4),科目信息,2,0)&"/"&VLOOKUP(LEFT(E3,6),科目信息,2,0)&"/"&"/"&VLOOKUP(LEFT(E3,8),科目信息,2,0)&"/"&VLOOKUP(E3,科目信息,2,0)))))。

步骤 6.3：鼠标拖曳 F3 单元格的填充控制柄到 F300 单元格，完成科目自动生成的公式构造。

不同级次的科目名称之间用从右上到左下的斜杠“/”分隔。

公式解析：

当“科目编码”为空时，“科目名称”也应为空，表达式：IF(E3="","")。

当“科目编码”是 4 位(一级科目)时，“科目名称”是名称为“科目信息”区域第 2 列对应于 E3 的值，表达式：IF(LEN(E3)=4,VLOOKUP(E3,科目信息,2,0)。

即：科目名称=一级科目名称。

当“科目编码”是 6 位(二级科目)时，“科目名称”由名称为“科目信息”区域第 2 列对应于 E3 前 4 位的值(一级科目名称)与对应于 E3 的值(二级科目名称)组合而成。表达式：IF

(LEN(E3)=6,VLOOKUP(LEFT(E3,4),科目信息,2,0)&"/"&VLOOKUP(E3,科目信息,2,0)。

即:科目名称=一级科目名称/二级科目名称。

当“科目编码”是8位(三级科目)时,“科目名称”由名称为“科目信息”区域第2列对应于E3前4位的值(一级科目名称)与对应于E3前6位的值(二级科目名称)与对应于E3的值(三级科目名称)组合而成。表达式:VLOOKUP(LEFT(E3,4),科目信息,2,0)&"/"&VLOOKUP(LEFT(E3,6),科目信息,2,0)&"/"&VLOOKUP(E3,科目信息,2,0)。

即:科目名称=一级科目名称/二级科目名称/三级科目名称。

当“科目编码”是10位(四级科目)时,“科目名称”由名称为“科目信息”区域第2列对应于E3前4位的值(一级科目名称)与对应于E3前6位的值(二级科目名称)与对应于E3前8位的值(三级科目名称)与对应于E3的值(四级科目名称)组合而成。表达式:VLOOKUP(LEFT(E3,4),科目信息,2,0)&"/"&VLOOKUP(LEFT(E3,6),科目信息,2,0)&"/"&"/"&VLOOKUP(LEFT(E3,8),科目信息,2,0)&"/"&VLOOKUP(E3,科目信息,2,0)))))。

即:科目名称=一级科目名称/二级科目名称/三级科目名称/四级科目名称。

输入科目名称生成公式后,若在E3~E300区域的任一单元格输入已定义的科目编码,则F3~F300区域对应的单元格即返回该科目编码对应的会计科目名称。

【巩固技能】

反复练习A企业“记账凭证表”工作表“科目名称”项的公式构造,包括参照数据的设置。完成设置后,录入3~5笔经济业务,对各数据项的数据验证设置和科目名称生成公式进行测试。

任务四　记账凭证表数据录入

【知识准备】

记账凭证表记录着企业日常发生的各项经济业务。其数据是财会部门根据审核确认无误的原始凭证或原始凭证汇总表,按照复式记账要求,运用会计科目对原始凭证进行加工、分类的结果,是生成账簿文件的唯一数据源,也是会计报表数据的重要来源。因此在数据录入阶段,一定要保证数据的准确性。

在本项目任务二中,已对记账凭证表各数据项设置了数据验证,数据录入将对数据进行验证,以保证逻辑的正确性。

若在录入记账凭证时遇到没有定义的会计科目,则需在“会计科目期初余额”工作表中增加所需的会计科目,并相应地修改由于增加会计科目导致的区域或区域名称的引用位置改变。

【任务描述】

➢ 为 A 企业的"会计科目期初余额"工作表增设之前没有定义的 10 个会计科目：在途材料（1402）、固定资产清理（1606）、待处理财产损溢（1901）、生产成本/职工薪酬（500102）、主营业务收入（6001）、主营业务成本（6401）、税金及附加（6403）、销售费用（6601）、营业外支出（6711）、所得税费用（6801）。

➢ 修改有关公式的区域引用或区域名称的引用位置。

➢ 录入 A 企业 2016 年 1 月份部分记账凭证数据。

【任务分析】

该项任务需要完成以下工作：

➢ 在"会计科目期初余额"表中增加会计科目。

➢ 修改工作簿中涉及"会计科目期初余额"工作表的区域名称。

➢ 录入 A 企业 2016 年 1 月份部分记账凭证表数据。

【任务实施】

子任务一：增加会计科目

步骤 1：复制"项目 5 任务 3_1. xlsx"，将其副本更名为"项目 5 任务 4_1. xlsx"。

步骤 2：打开"项目 5 任务 4_1. xlsx"工作簿。

步骤 3：单击"会计科目期初余额"工作表标签。

步骤 4：从 77 行开始输入增加的会计科目数据。每个科目只需输入"科目编码""科目名称""余额方向"（除"主营业务收入"科目余额方向为"贷"外，其他均为"借"），"类别""级次"两个数据项通过拖曳或双击第二行相应单元格的填充控制柄完成操作。

步骤 5：将 E2 单元格（"是否末级"）的公式修改为：=IF(COUNTIF($A$2: $A$86, A2&" * ")= 1,"是","否")

步骤 6：双击 E2 单元格的填充控制柄，完成所有会计科目"是否末级"数据项公式的修改或输入。

步骤 7：按照会计科目编码排序。

步骤 7. 1：选择 A2～A86 区域中的任一单元格。

步骤 7. 2：单击"文件"|"编辑"|"排序和筛选"|"升序"。

步骤 8：鼠标右键拖曳 J76 单元格的填充控制柄到 J86 单元格。

子任务二：修改区域名称

步骤 1：查看该工作簿中定义的名称。

步骤 2：单击"公式"|"定义的名称"|"名称管理器"，打开"名称管理器"对话框，如图 5-13 所示。

可以看到：涉及"会计科目期初余额"工作表的名称，区域终止单元的行次值均为第 76，而增加会计科目后，区域终止单元的行次值需修改为 86。

步骤 3：修改名称"方向"区域终止单元格的行次值。

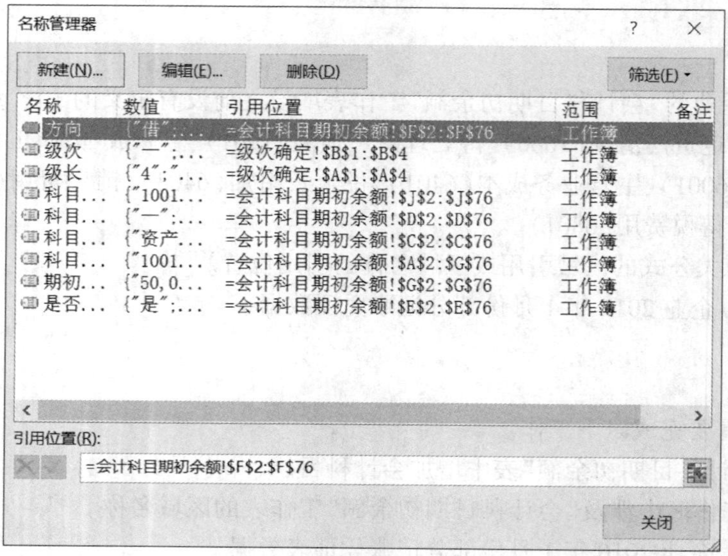

图 5-13　已定义的名称列表

步骤 3.1:在名称列表中单击名称“方向”所在的行。

步骤 3.2:单击“编辑”选项卡,打开“编辑名称”对话框,在引用位置编辑栏中将区域的终止单元格行值 76 改为 86,如图 5-14 所示。

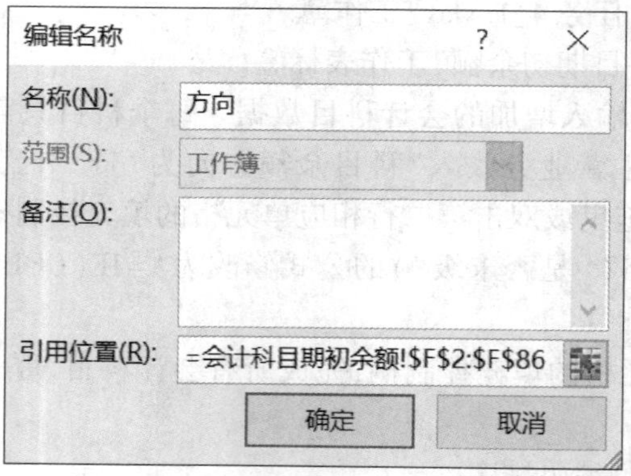

图 5-14　修改名称

步骤 3.3:单击“确定”按钮。

在“编辑名称”对话框中,可以修改的项目有“名称”和“引用位置”,也可以添加或修改该名称的“备注”内容。

参照步骤 3,逐一修改“科目参照”“科目级次”“科目类别”“科目信息”“期初余额”“是否末级”等名称区域终止单元格的行次值。

使用区域名称的优势在该任务中表现较为明显。设想一下:如果使用的是单元格引用而不是区域名称,那么,由于增设会计科目导致的工作量将会怎样?

子任务三:录入记账凭证表数据

步骤 1:单击“记账凭证表”工作表标签。

步骤 2:冻结第一行、第二行。

由于 K2 单元格是会计科目的参照列表,为使录入数据超过一屏时方便使用科目参照列表,需冻结第一行、第二行。

步骤 2.1:选择需冻结行次下一行的第一个单元格,此处为 A3。

步骤 2.2:单击“视图”|“窗口”|“冻结窗格”|“冻结拆分窗格”。

步骤 3:录入“年”。单击“年”数据单元格,如 A1 单元格,在右侧的下拉列表中单击相应的年份,如“2016”。

步骤 4:录入“月”。单击“月”数据单元格,如 A3 单元格,在右侧的下拉列表中选择相应的月份,如“1”。

步骤 5:录入“日”。单击“日”数据单元格,如 B3 单元格,输入“5”。输入“日”的值应与相应的“年”和“月”匹配,避免出现逻辑错误。如大月不能大于“31”,小月不能大于“30”,也不能小于“1”;“月”值为“2”(平月)时,“日”的值最大只能输入“28”,除非“年”的值能被“4”整除(闰年),此时“日”的值最大不超过“29”。

步骤 6:录入“凭证编号”。第一条记录只能输入“0001”;录入第二条及以后记录时必须符合以下规定:只能是 4 位的数字组合;不能跳号;上一“凭证编号”借贷方金额合计不等,不能录入新的“凭证编号”。

步骤 7:录入“摘要”。经济业务的简要说明。

步骤 8:录入“科目编码”。录入科目编码必须符合以下规定:录入的必须是“会计科目期初余额”工作表中已定义为“末级”的科目;“摘要”不能为空。

可以单击 K2 单元格右侧的下拉列表查看科目编码。

步骤 9:录入“科目名称”。根据录入的“科目编码”自动生成。

步骤 10:录入“借方金额”。录入“借方金额”时必须保证:对应的“凭证编号”和“科目编码”不能为空,且“贷方金额”必须为空。

步骤 11:录入“贷方金额”。录入“贷方金额”时必须保证:对应的“凭证编号”和“科目编码”不能为空,且“借方金额”必须为空。

步骤 12:录入“附单据数”。单据数只能是正整数,且只能在每个相同“凭证编号”的第一条记录中输入。

“记账凭证表”工作表各项目允许录入的数据,由任务二“数据验证”设置决定。

完成数据录入的记账凭证表如图 5-15 所示。

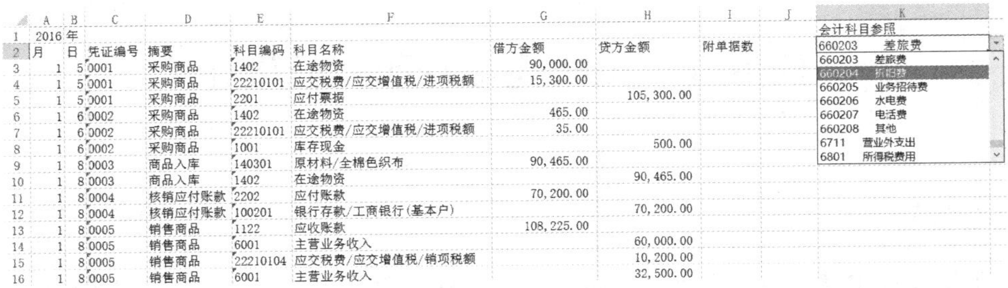

	A	B	C	D	E	F	G	H	I	J	K
1	2016	年									会计科目参照
2	月	日	凭证编号	摘要	科目编码	科目名称	借方金额	贷方金额	附单据数		660203　差旅费
3	1	5	0001	采购商品	1402	在途物资	90,000.00				660203　差旅费
4	1	5	0001	采购商品	22210101	应交税费/应交增值税/进项税额	15,300.00				660204　折旧费
5	1	5	0001	采购商品	2201	应付票据		105,300.00			660205　业务招待费
6	1	6	0002	采购商品	1402	在途物资	465.00				660206　水电费
7	1	6	0002	采购商品	22210101	应交税费/应交增值税/进项税额	35.00				660207　电话费
8	1	6	0002	采购商品	1001	库存现金		500.00			660208　其他
9	1	8	0003	商品入库	140301	原材料/全棉色织布	90,465.00				6711　营业外支出
10	1	8	0003	商品入库	1402	在途物资		90,465.00			6801　所得税费用
11	1	8	0004	核销应付账款	2202	应付账款	70,200.00				
12	1	8	0004	核销应付账款	100201	银行存款/工商银行(基本户)		70,200.00			
13	1	8	0005	销售商品	1122	应收账款	108,225.00				
14	1	8	0005	销售商品	6001	主营业务收入		60,000.00			
15	1	8	0005	销售商品	22210104	应交税费/应交增值税/销项税额		10,200.00			
16	1	8	0005	销售商品	6001	主营业务收入		32,500.00			

图 5-15　记账凭证表

【技能拓展】

日常工作中,会计人员需要进行结转操作,如将成本类科目结转到相应的库存商品中去,会计期末将损益类科目结转到本年利润科目中去等。科目结转时往往需要对某一科目的发生额进行汇总后统一结转,在这种情况下,科目的发生额可以使用条件求和函数,在金额栏构造公式的方法取得。如,将当月"主营业务收入"发生额合计结转到"本年利润"中去,则会计分录及相应的金额公式如下:

借:主营业务收入　金额公式:=SUMIF(需汇总金额的会计科目编码区域,"6001",需汇总金额的贷方发生额区域)

贷:本年利润　金额公式:=SUMIF(需汇总金额的会计科目编码区域,"6001"需汇总金额的贷方发生额区域)

若本例结转"6001 主营业务收入",则处理如下:

借:主营业务收入=SUMIF(E3:E38,"6001",H3:H38)

贷:本年利润=SUMIF(E3:E38,"6001",H3:H38)

【巩固技能】

打开"项目 5 任务 3_1. xlsx"工作簿,对照"任务实施"操作,完成任务四的各项任务,即:

➢ 为 A 企业的"会计科目期初余额"工作表增设之前没有定义的 10 个会计科目:在途材料(1402)、固定资产清理(1606)、待处理财产损溢(1901)、生产成本/职工薪酬(500102)、主营业务收入(6001)、主营业务成本(6401)、税金及附加(6403)、销售费用(6601)、营业外支出(6711)、所得税费用(6801)。

➢ 修改有关公式的区域引用或区域名称的引用位置。

➢ 录入 A 企业 2016 年 1 月份部分记账凭证数据。

在操作过程中,请注意观察以下两项操作完成后"期初余额试算平衡表"各项数据的变化,并思考发生变化的原因。

➢ 增设会计科目后。

➢ 修改区域名称后。

观察变化前,需先取消"期初余额试算平衡表"隐藏属性,使其可见。

任务五　记账凭证打印模板设计

【知识准备】

记账凭证打印模板设计是为了满足纸质会计档案管理的需要,用于将记账凭证表的数据以记账凭证编号为标识,按指定格式打印输出。在设计时,应考虑以下因素:

➢ 记账凭证格式应当与图 5-1 和图 5-2 一致或大体一致,以便于装订和套打。

➢ 包含的基本内容应齐全。记账凭证的基本内容应包括:记账凭证的名称,填制凭证的日期,凭证编号,概要描述经济业务的摘要,借、贷方的会计科目名称(反映科目统驭关系的汉字名称)和金额,所附原始凭证的张数,会计主管、制单、审核、记账等有关人员的签名或盖章。

【任务描述】

为 A 企业设计记账凭证打印模板。

【任务分析】

该项任务主要完成以下操作:

➢ 页面设置。设置纸张大小、边距、对齐方式等。

➢ 格式设置。包括单元格的合并、数据的显示设置、行高和列宽、字体字号等。

【任务实施】

步骤 1:复制“项目 5 任务 4_1. xlsx”,将其副本更名为“项目 5 任务 5_1. xlsx”。

步骤 2:打开“项目 5 任务 5_1. xlsx”工作簿。

步骤 3:在工作表标签区单击“新工作表”按钮,并将新建工作表标签命名为“记账凭证打印模板”。

步骤 4:制作凭证头。

步骤 4. 1:合并 A1 ~ J1 单元格区域。选择 A1 ~ J1 单元格区域,单击“开始”|“对齐方式”|“合并后居中”按钮。

步骤 4. 2:在合并的单元格中输入标题文字:“记 账 凭 证”。

步骤 4. 3:设置合并单元格的字体为“楷体”,字号为“20”。

步骤 5:输入格式文字。

步骤 5. 1:分别在 A2、C2、E2、G2、I2 单元格中输入“凭证编号:”“填制日期:”“年”“月”“日”。

步骤 5. 2:分别在 A3、C3、I3、J3 单元格中输入“摘要”“科目名称”“借方金额”“贷方金额”。

步骤 5. 3:分别在 A14、C14、A15、C15、G15、J15 单元格中输入“合计”“-”“会计主管:”“记账:”“审核:”“制单:”。

步骤 6:合并相关单元格。

步骤 6. 1:合并 A3 ~ B3 单元格。选择 A3 ~ B3 单元格区域,单击“开始”|“对齐方式”|“合并后居中”按钮。

步骤 6. 2:合并 C3 ~ H3 单元格。选择 C3 ~ H3 单元格区域,单击“开始”|“对齐方式”|“合并后居中”按钮。

步骤 6. 3:合并第 4 行到 13 行的相关单元格。选择 A3 ~ H3 单元格区域,鼠标拖曳 H3 单元格的填充控制柄(向下)到 H13 单元格。

步骤 6. 4:删除因拖曳操作生成的数据。选择 A4 ~ H13 单元格区域,鼠标右键单击,在弹出的快捷菜单中单击“清除内容”项。

步骤 6.5：合并 A14～B14 单元格。选择 A14～B14 单元格区域，单击“开始”|“对齐方式”|“合并后居中”按钮。

步骤 6.6：合并 C14～H14 单元格。选择 C14～H14 单元格区域，单击“开始”|“对齐方式”|“合并后居中”按钮。

步骤 6.7：合并 C15～F15 单元格。选择 C15～F15 单元格区域，鼠标右键单击，在弹出的快捷菜单中单击“设置单元格格式”，打开“设置单元格格式”对话框，单击“对齐”选项卡，在“文本对齐方式”控制区的“水平对齐”控制列表中选择“靠左(缩进)”，在“垂直对齐”控制列表中选择“居中”；在文本控制区中勾选“合并单元格”，如图 5-16 所示。最后单击“确定”按钮完成单元格的合并和格式设置。

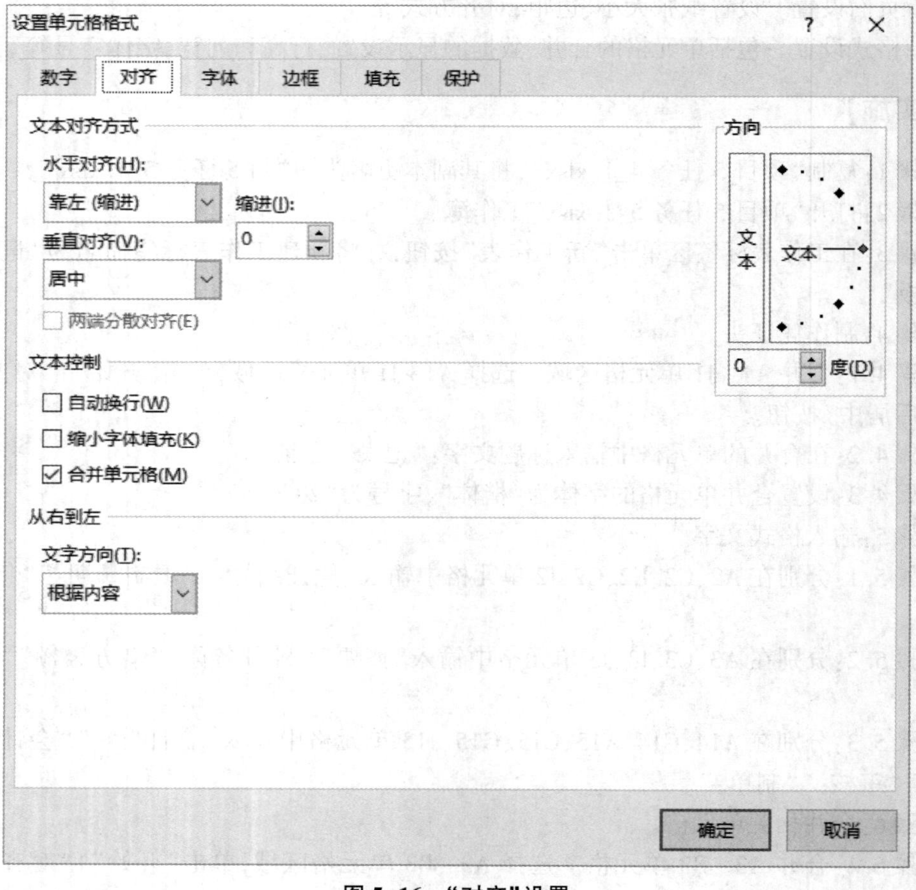

图 5-16 “对齐”设置

步骤 6.8：合并 G15～H15 单元格。选择 G15～H15 单元格区域，单击“开始”|“对齐方式”|“合并后居中”按钮。

步骤 7：纸张设置。

步骤 7.1：纸张大小。单击“页面布局”|“页面设置”|“纸张大小”，在弹出的列表中单击“A5”，将纸张大小设置为“14.8 厘米×21 厘米”，如图 5-17 所示。

步骤 7.2：纸张方向。单击“页面布局”|“页面设置”|“纸张方向”，在弹出的列表中单击“横向”，将纸张打印方向设置为“横向”。

步骤 7.3：打印区域。选择 A1~J15 区域，单击“页面布局”|“页面设置”|“打印区域”，在弹出的列表中单击“设置打印区域”，将 A1~J15 设置为打印区域。

设置了打印区域后，如果执行打印操作，打印区域之外的内容将被忽略。

步骤 7.4：设置页边距。单击“页面布局”|“页面设置”|“页边距”，在弹出的列表中单击“自定义边距”，打开“页面设置”对话框，单击“页边距”选项卡，根据实际情况调整上、下、左、右和页眉、页脚的边距，参见图 2-24 所示。

步骤 8：格式设置。

步骤 8.1：将列宽值调整为合适的大小（以 I 列为例）。单击列标 I，选择 I 列，鼠标右键单击，在弹出的快捷菜单中单击“列宽”，打开“列宽”对话框，在“列宽”编辑栏中输入调整的列宽值“18”，单击“确定”按钮。

用相同的操作方法将其他列的列宽调整为合适的值。调整列宽的另一种方法是将鼠标置于欲调整列宽的列标与下一列列标之间，待鼠标指针变为四向箭头时，按下鼠标左键拖曳至合适列宽时释放鼠标左键。

步骤 8.2：将行高值调整为合适的大小（以第一行为例）。单击行标 1，选择第一行，鼠标右键单击，在弹出的快捷菜单中单击“行高”，打开“行高”对话框，在“行高”编辑栏中输入调整的行高值“37”，单击“确定”按钮。

图 5-17 纸张类型

行高的调整也可通过鼠标拖曳操作实现。

步骤 8.3：设置金额栏的格式。选择 I、J 两列，鼠标右键单击，在弹出的快捷菜单中单击“设置单元格格式”，打开“设置单元格格式”对话框，单击“数字”选项卡，在“分类”列表中选择“货币”，将小数位数调整为“2”，货币符号选择为“？”；对齐方式为“右对齐”。

步骤 8.4：其他格式设置。“摘要”列和“科目名称”列的水平对齐方式设置为“左对齐”，所有单元格的垂直对齐方式均设置为“居中”。

步骤 9：绘制表格线。选择 A3~J14 单元格区域，单击“开始”|“字体”|“边框”下拉列表按钮，在弹出的列表中选择“所有框线”。完成格式设置的效果如图 5-18 所示。

J2 单元格将通过构造公式显示所附的单据张数；会计主管、记账、审核、制单等数据将在打印输出的纸质凭证上签字或盖章。

该任务设计的模板可容纳 10 条记录，如果认为过多或不够可根据实际需要增减行次。

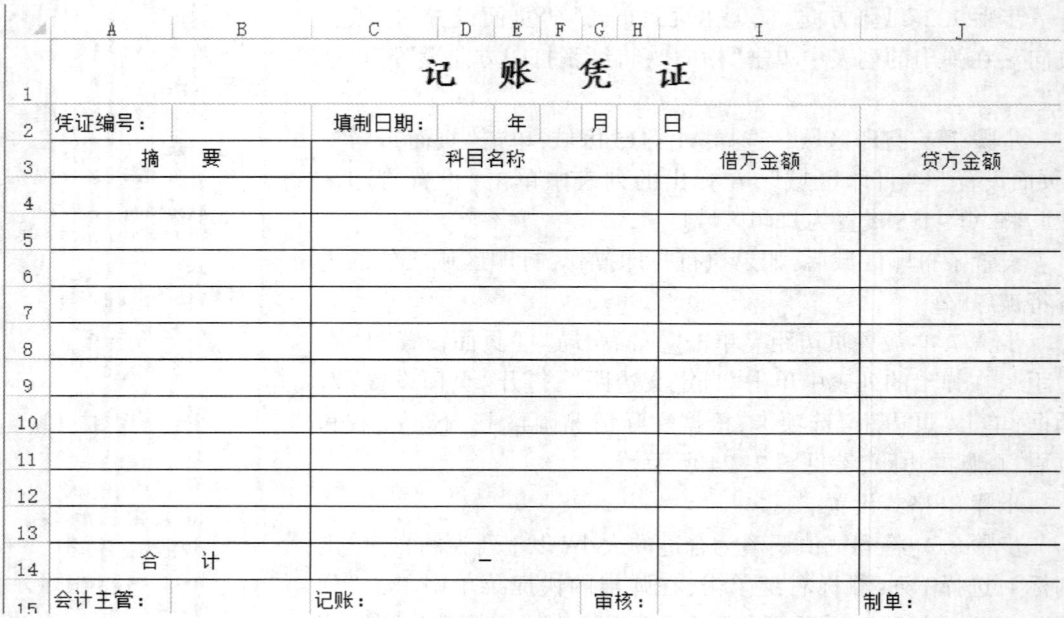

	A	B	C	D	E	F	G	H	I	J
1	记　账　凭　证									
2	凭证编号：		填制日期：		年		月		日	
3	摘　要		科目名称						借方金额	贷方金额
4										
5										
6										
7										
8										
9										
10										
11										
12										
13										
14	合　计		–							
15	会计主管：		记账：				审核：			制单：

图 5-18　记账凭证格式

【巩固技能】

请参照图 5-2 的记账凭证格式，设计供打印输出的通用记账凭证模板。

任务六　记账凭证打印数据的生成设计

【知识准备】

记账凭证打印数据的生成，就是要在“记账凭证打印模板”工作表中，根据输入的凭证编号，将“记账凭证表”工作表中对应于该凭证编号的数据在模板中“对号入座”，为打印输出指定编号的记账凭证提供数据。

记账凭证打印数据的生成，主要涉及以下五个函数：

一、NOT 函数

NOT 函数对参数值求反。当要确保一个值不等于某一特定值时，可以使用 NOT。

NOT 函数的语法：NOT(logical)

NOT 函数语法具有一个参数：

Logical：必需。计算结果为 TRUE 或 FALSE 的任何值或表达式。

如果逻辑值为 FALSE，函数 NOT 返回 TRUE；如果逻辑值为 TRUE，函数 NOT 返回 FALSE。

若在某单元格中输入公式：=NOT(1+1=3)，则该公式返回的结果将是：TRUE。

二、ISNA 函数

ISNA 函数用于检测一个值是否为错误值 #N/A(值不存在)，如果是，返回 TRUE，否则返回 FALSE。

ISNA 函数的语法：ISNA(value)

ISNA 函数语法具有一个参数：

value：必需。要测试的值。

三、ROW 函数

ROW 函数用于返回引用的行号。

ROW 函数的语法：ROW([reference])

ROW 函数语法具有一个参数：

reference：可选。需要得到其行号的单元格或单元格区域。

➢ 如果省略 reference，则假定是对函数 ROW 所在单元格的引用。

➢ 如果 reference 为一个单元格区域，并且 ROW 作为垂直数组输入，则 ROW 将以垂直数组的形式返回 reference 的行号。

Reference 不能引用多个区域。

若在 H3 单元格中输入公式：=ROW()，则该公式将返回行次值：3。

四、MATCH 函数

MATCH 函数可在单元格范围中搜索指定项，然后返回该项在单元格区域中的相对位置。

MATCH 函数的语法：

MATCH(lookup_value，lookup_array，[match_type])

MATCH 函数语法具有下列参数：

➢ lookup_value：必需。要在 lookup_array 中匹配的值。例如，如果要在电话簿中查找某人的电话号码，则应该将姓名作为查找值，但实际上需要的是电话号码。lookup_valu 参数可以为值(数字、文本或逻辑值)或对数字、文本或逻辑值的单元格引用。

➢ lookup_array：必需。要搜索的单元格区域。

➢ match_type：可选。数字-1、0 或 1。match_type 参数指定 Excel 如何将 lookup_value 与 lookup_array 中的值匹配。此参数的默认值为 1。

match_type 各个参数的含义如下：

➢ 1 或省略：MATCH 查找小于或等于 lookup_value 的最大值。lookup_array 参数中的值必须以升序排序，例如：…-2，-1，0，1，2，…，A-Z，FALSE，TRUE。

➢ 0：MATCH 查找完全等于 lookup_value 的第一个值。lookup_array 参数中的值可按任何顺序排列。

➢ -1：MATCH 查找大于或等于 lookup_value 的最小值。lookup_array 参数中的值必须按降序排列，例如：TRUE，FALSE，Z-A，…2，1，0，-1，-2，…，等。

MATCH 返回匹配值在 lookup_array 中的位置，而非其值本身。

匹配文本值时,MATCH 函数不区分大小写字母。

如果 MATCH 函数查找匹配项不成功,它会返回错误值 #N/A。

如果 match_type 为 0 且 lookup_value 为文本字符串,您可在 lookup_value 参数中使用通配符"?"和"*",如果要查找实际的问号或星号,请在字符前键入"~"。

例如,如果区域 A1:A3 包含值 5、25 和 38,则公式:

=MATCH(25,A1:A3,0)

会返回数字 2,因为值 25 是单元格区域中的第二项。

若需要项目在区域中的位置而非项目本身时,可使用 MATCH 函数。在实际应用中,通常使用 MATCH 函数为 INDEX 函数提供 row_num 参数值。

五、INDEX 函数

INDEX 函数返回表格或区域中的值或值的引用。INDEX 函数有两种形式:数组形式和引用形式。根据实际需要,这里只介绍数组形式。

INDEX 函数的语法:

INDEX(array,row_num,[column_num])

INDEX 函数语法具有下列参数:

➢ array:必需。单元格区域或数组常量。如果数组只包含一行或一列,则相对应的参数 row_num 或 column_num 为可选参数。如果数组有多行和多列(本书不涉及),但只使用 row_num 或 column_num,函数 INDEX 返回数组中的整行或整列,且返回值也为数组。

➢ row_num:必需。选择数组中的某行,函数从该行返回数值。如果省略 row_num,则必须有 column_num。

➢ column_num:可选。选择数组中的某列,函数从该列返回数值。如果省略 column_num,则必须有 row_num。

如果同时使用参数 row_num 和 column_num,函数 INDEX 返回 row_num 和 column_num 交叉处的单元格中的值。

row_num 和 column_num 必须指向数组中的一个单元格;否则,INDEX 返回错误值 #REF!。

【任务描述】

为 A 企业的"记账凭证打印模板"构造各数据项的计算公式,使得输入正确的记账凭证编号后,生成正确的数据。

【任务分析】

要生成记账凭证数据,除构造各数据项的计算公式以外,还需要对输入的记账凭证编号进行检测,只能允许输入在"记账凭证表"工作表中"凭证编号"数据项中存在的数据,因此需对模板中输入"凭证编号"的单元格进行数据验证设置。

为使构造的公式易读、直观、便于维护,应对"记账凭证表"工作表的相关单元格区域命名。

【任务实施】

子任务一:命名相关单元格区域

步骤1:复制“项目5任务5_1. xlsx”工作簿,将其副本更名为“项目5任务6_1. xlsx”。

步骤2:打开“项目5任务6_1. xlsx”,单击“记账凭证表”工作表标签。

步骤3:命名相关单元格区域(具体操作方法请参照“项目一任务四”的相关内容)。

步骤3.1:将A1单元格命名为“年”。

步骤3.2:将A3~A300单元格区域命名为“月”。

步骤3.3:将B3~B300单元格区域命名为“日”。

步骤3.4:将C3~C300单元格区域命名为“凭证编号”。

步骤3.5:将D3~D300单元格区域命名为“摘要”。

步骤3.6:将F3~F300单元格区域命名为“科目名称”。

步骤3.7:将G3~G300单元格区域命名为“借方金额”。

步骤3.8:将H3~H300单元格区域命名为“贷方金额”

步骤3.9:将I3~I300单元格区域命名为“附单据数”。

实例中最后一行的行号是38,而在命名单元格区域时,将最后一行确定为300,这样做的目的是为继续填制记账凭证预留空间。实际应用中可以根据情况灵活确定。

子任务二:为“凭证编号”数据项设置数据验证允许条件

步骤1:单击“记账凭证打印模板”工作表标签。

步骤2:为B2单元格设置数据验证的允许条件。

步骤2.1:单击B2单元格。

步骤2.2:单击“数据”|“数据工具”|“数据验证”,打开“数据验证”对话框。

步骤2.3:单击“设置”选项卡。

步骤2.4:在“验证条件”控制区的“允许”列表中选择“自定义”。

步骤2.5:勾消“忽略空值”复选框。

步骤2.6:在“公式”编辑框中输入公式:=NOT(ISNA(MATCH(B2,凭证编号,0)))。

公式解析:

返回输入到当前单元格中的数据(记账凭证编号)在“凭证编号”区域中所处的位置(行次),表达式:MATCH(B2,凭证编号,0)。

检测行次值是否存在,如果存在,说明在“凭证编号”区域存在输入的数据,输入的凭证号应被允许;否则说明在“凭证编号”区域不存在输入的数据,输入的凭证号不应被允许。表达式:ISNA(MATCH(B2,凭证编号,0)),该表达式的返回值若为FALSE,说明输入的凭证号存在,应被允许输入;反之,输入的数据不应被允许。

将ISNA函数的返回值求反,以使应被允许输入时表达式的返回值为TRUE,不应被允许输入时表达式的返回值为FALSE。表达式:NOT(ISNA(MATCH(B2,凭证编号,0)))。

步骤3:设置B2单元格的数据验证的“出错警告”。

步骤3.1:单击“出错警告”选项卡。

步骤3.2:勾选“输入无效数据时显示出错警告”复选框。

步骤 3.3:在“样式”列表中选择“停止”。

步骤 3.4:在“标题”编辑栏中输入“错误”。

步骤 3.5:在“错误信息”编辑框中输入“凭证编号不存在,请核对后重新输入!”

步骤 3.6:单击“确定”按钮。

子任务三:构造“记账凭证打印模板”各数据项的计算公式

步骤 1:单击“记账凭证打印模板”工作表标签。

步骤 2:构造“年”数据项的计算公式。在 D2 单元格输入公式:=IF(\$B\$2="","",年)。

公式解析:

若“凭证编号”数据项(B2 单元格)为空,则“年”数据项即为空,否则“年”数据项返回名称为“年”的数据。

步骤 3:构造“月”数据项的计算公式:在 F2 单元格输入公式:=IF(\$B\$2="","",INDEX(月,MATCH(\$B\$2,凭证编号,0)))。

公式解析:

若未输入凭证编号,则“月”数据项的数据应为空,表达式:IF(\$B\$2="","")。否则:

在名称为“凭证编号”的区域查找输入的凭证编号(B2)对应的位置(行次),表达式:MATCH(\$B\$2,凭证编号,0)。

返回该位置(行次)对应于名称为“月”单元格区域的数据。即返回与输入的凭证编号对应的“月”数据,表达式:INDEX(月,MATCH(\$B\$2,凭证编号,0))。

步骤 4:构造“日”数据项的计算公式:在 H2 单元格输入公式:=IF(\$B\$2="","",INDEX(日,MATCH(\$B\$2,凭证编号,0)))。

公式解析:

若未输入凭证编号,则“日”数据项的数据应为空,表达式:IF(\$B\$2="","")。否则:

在名称为“凭证编号”的区域查找输入的凭证编号(B2)对应的位置(行次),表达式:MATCH(\$B\$2,凭证编号,0)。

返回该位置(行次)对应于名称为“日”单元格区域的数据。即返回与输入的凭证编号对应的“日”数据,表达式:INDEX(日,MATCH(\$B\$2,凭证编号,0))。

步骤 5:构造“附单据数”数据项的计算公式:在 J2 单元格输入公式:=IF(B2="","","附单据张数:"&INDEX(附单据数,MATCH(\$B\$2,凭证编号,0)))。

公式解析:

若未输入凭证编号,则“附单据数”数据项的数据应为空,表达式:IF(\$B\$2="","")。否则:

在名称为“凭证编号”的区域查找输入的凭证编号(B2)对应的位置(行次),表达式:MATCH(\$B\$2,凭证编号,0)。

返回提示文本“附单据数:”与该位置(行次)对应于名称为“附单据数”单元格区域的数据相连接的文本。即返回提示文本与输入的凭证编号对应的“附单据数”数据相连接的文本,表达式:"附单据张数:"&INDEX(附单据数,MATCH(\$B\$2,凭证编号,0))。

步骤 5:构造“附单据数”数据项的计算公式:在 J2 单元格输入公式:=IF(B2="","","

附单据张数:"&INDEX(附单据数,MATCH($B$2,凭证编号,0)))。

公式解析:

若未输入凭证编号,则"附单据数"数据项的数据应为空,表达式:IF($B$2="","")。否则:

在名称为"凭证编号"的区域查找输入的凭证编号(B2)对应的位置(行次),表达式:MATCH($B$2,凭证编号,0)。

返回提示文本"附单据数:"与该位置(行次)对应于名称为"附单据数"单元格区域的数据相连接的文本。即返回提示文本与输入的凭证编号对应的"附单据数"数据相连接的文本,表达式:"附单据张数:"&INDEX(附单据数,MATCH($B$2,凭证编号,0))。

步骤6:构造"摘要"数据项的计算公式:

步骤6.1:构造A4单元格的计算公式。在A4单元格输入公式:=IF(ISNA(MATCH($B$2,凭证编号,0)),"",IF(INDEX(凭证编号,MATCH($B$2,凭证编号,0)+ROW()-4)=$B$2,INDEX(摘要,MATCH($B$2,凭证编号,0)+ROW()-4),"")))。

公式解析:

如果在B2单元格输入的凭证编号在名称为"凭证编号"的区域中不存在,则返回空,表达式:IF(ISNA(MATCH($B$2,凭证编号,0)),"")。

具有相同凭证编号的记录至少有两条或两条以上(有借必有贷,借贷必相等),因此需要将公式复制到"摘要"数据项的其他单元格(本例为A4~A13区域的所有单元格),所以凭证编号单元格(B2)的引用方式必须采用绝对引用,使得复制公式时不改变引用的单元格,保证对照或查找的是同一凭证编号。

如果B2单元格中输入的凭证编号存在,则从查找到的第一条记录开始,逐一增加行次(每次增加1行),将每次增加行次后对应的凭证编号与输入的凭证编号对照,表达式:INDEX(凭证编号,MATCH($B$2,凭证编号,0)+ROW()-4)=$B$2,如果该表达式的返回值为TRUE,说明该行的凭证编号与B2单元格中的凭证编号一致。

若对照结果该行的凭证编号等于B2,说明该行的数据是凭证编号为B2的记账凭证数据,此时返回该行的"摘要"数据,表达式:INDEX(摘要,MATCH($B$2,凭证编号,0)+ROW()-4);否则返回空。

上述判断的表达式:IF(INDEX(凭证编号,MATCH($B$2,凭证编号,0)+ROW()-4)=$B$2,INDEX(摘要,MATCH($B$2,凭证编号,0)+ROW()-4),"")。

特别地:表达式ROW()-4实现了动态增加行次的功能。由于"记账凭证打印模板"从第4行开始显示指定凭证编号(如果存在)的第一条记录,因此ROW()-4在第4行时为0,而随着公式的向下填充,ROW()-4的值在第5行时为1,第6行时为2……实现了向下一行填充公式,行次值就自动加1的功能。

步骤6.2:其他"摘要"数据项公式的构造。鼠标左键向下拖曳A4单元格的填充控制柄到A13单元格,完成A5~A13单元格计算公式的构造。

步骤7:构造"科目名称"数据项的计算公式。

步骤7.1:在C4单元格输入计算公式:=IF(ISNA(MATCH($B$2,凭证编号,0)),"",IF(INDEX(凭证编号,MATCH($B$2,凭证编号,0)+ROW()-4)=$B$2,INDEX(科目名

称,MATCH($B$2,凭证编号,0)+ROW()-4),""))。

步骤 7.2:其他“科目名称”数据项公式的构造。鼠标左键向下拖曳 C4 单元格的填充控制柄到 C13 单元格,完成 C5~C13 单元格计算公式的构造。

步骤 8:构造“借方金额”数据项的计算公式。

步骤 8.1:在 I4 单元格输入计算公式:=IF(ISNA(MATCH($B$2,凭证编号,0)),"",IF(INDEX(凭证编号,MATCH($B$2,凭证编号,0)+ROW()-4)= $B$2,INDEX(借方金额,MATCH($B$2,凭证编号,0)+ROW()-4),""))。

步骤 8.2:其他“借方金额”数据项公式的构造。鼠标左键向下拖曳 I4 单元格的填充控制柄到 I13 单元格,完成 I5~I13 单元格计算公式的构造。

步骤 9:构造“贷方金额”数据项的计算公式。

步骤 9.1:在 J4 单元格输入计算公式:=IF(ISNA(MATCH($B$2,凭证编号,0)),"",IF(INDEX(凭证编号,MATCH($B$2,凭证编号,0)+ROW()-4)= $B$2,INDEX(贷方金额,MATCH($B$2,凭证编号,0)+ROW()-4),""))。

步骤 9.2:其他“贷方金额”数据项公式的构造。鼠标左键向下拖曳 J4 单元格的填充控制柄到 J13 单元格,完成 J5~J13 单元格计算公式的构造。

“科目名称”“借方金额”和“贷方金额”数据项的公式解析请参阅“摘要”数据项的公式解析。

步骤 10:“合计金额”公式的构造。

步骤 10.1:“借方金额”合计的计算公式。在 I14 单元格中输入公式:=SUM(I4:I13)。

步骤 10.2:“贷方金额”合计的计算公式。在 J14 单元格中输入公式:=SUM(J4:J13)。

在 B2 单元格中输入“记账凭证表”工作表中不存在的凭证编号时,将弹出图 5-19 所示的对话框。

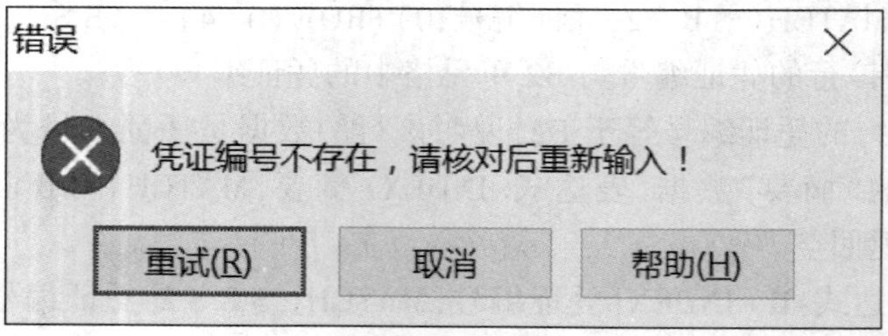

图 5-19 “错误”对话框

在 B2 单元格中输入“记账凭证表”工作表中存在的凭证编号时,“记账凭证打印模板”将自动生成各数据项的数据。打印预览效果如图 5-20 所示。

【巩固技能】

请为你在项目五任务五“巩固技能”中设计的通用记账凭证模板的各数据项构造计算公式。

记　账　凭　证

凭证编号：0013　　填制日期：2016 年 1 月 15 日　　附单据张数：2

摘　要	科目名称	借方金额	贷方金额
销售商品	银行存款/工商银行(基本户)	¥105,300.00	
销售商品	主营业务收入		¥90,000.00
销售商品	应交税费/应交增值税/销项税额		¥15,300.00
合　计	—	¥105,300.00	¥105,300.00

会计主管：　　记账：　　审核：　　制单：

图 5-20　自动生成的记账凭证

任务七　记账凭证打印模板的数据保护

【知识准备】

完成了记账凭证打印数据生成设计以及相关的页面设置后，需要将除允许输入的“凭证编号”项目之外的所有单元格和表结构保护起来，以防意外操作造成格式的改变和数据的错误。

【任务描述】

对 A 企业的“记账凭证打印模板”进行数据保护。

【任务分析】

要对“记账凭证打印模板”工作表进行数据保护，需完成两个步骤的操作。第一步，将需要输入“凭证编号”的单元格的“锁定”和“隐藏”属性设置为非选定状态，其余单元格的“锁定”和“隐藏”属性设置为选定状态；第二步，保护“记账凭证打印模板”工作表。

【任务实施】

步骤 1：复制“项目 5 任务 6_1. xlsx”工作簿，将其副本更名为“项目 5 任务 7_1. xlsx”。

步骤 2：打开“项目 5 任务 7_1. xlsx”，单击“记账凭证表”工作表标签。

步骤 3：单击“记账凭证打印模板”工作表标签。

步骤 4：单击工作表全选按钮（位于工作表工作区左上角，A 列左侧和 1 行上方交叉处）,选择该工作表的所有单元格。

步骤 5:单击“开始”|“单元格”|“格式”|“设置单元格格式”,打开“设置单元格格式”对话框。

步骤 6:单击“保护”选项卡,勾选“锁定”和“隐藏”复选框,将所有单元格设置为“锁定”和“隐藏”。

步骤 7:取消 B2 单元格的“锁定”和“隐藏”属性,使其可以输入“凭证编号”。

步骤 7.1:单击 B2 单元格。

步骤 7.2:鼠标右键单击,在弹出菜单中单击“设置单元格格式”,打开“设置单元格格式”对话框。

步骤 7.3:单击“保护”选项卡。

步骤 7.4:勾消“锁定”和“隐藏”复选框。

步骤 7.5:单击“确定”按钮。

步骤 8:保护“记账凭证打印模板”工作表。

步骤 8.1:单击“审阅”|“更改”|“保护工作表”按钮,打开“保护工作表”对话框。

步骤 8.2:勾选“保护工作表和锁定的单元格内容”复选框。

步骤 8.3:在“取消此工作表保护时使用的密码”中输入密码（该例为 2016）。

步骤 8.4:单击“确定”按钮。

步骤 8.5:在弹出的“确认密码”对话框中,在“重新输入密码:”编辑框中再次输入与步骤 8.3 一致的密码（该例为 2016）。

步骤 8.6:单击“确定”按钮。

完成上述设置后,选定除 B2 单元格外的任何一个单元格,在公式编辑栏中均不显示数据也不能对单元格的内容进行修改。不能对工作表的结构和单元格格式进行调整（如行高、列宽、字体、字号、对齐方式等）。若对 B2 之外的任何一个单元格进行操作,将会弹出如图 5-21 所示的对话框。

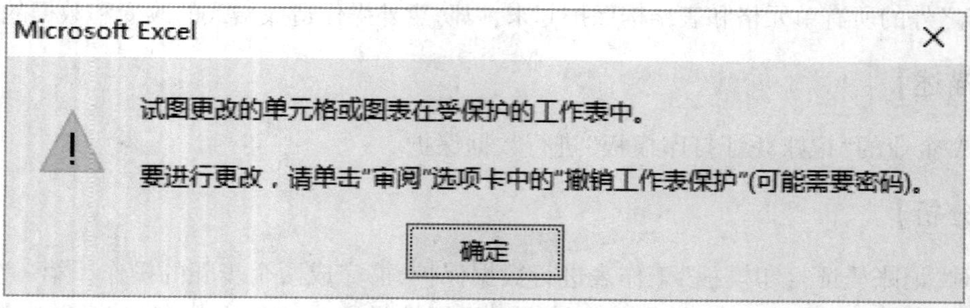

图 5-21　出错对话框

若需撤销工作表保护,单击“审阅”|“撤销工作表保护”,打开“撤销工作表保护”对话框,在“密码”框中输入操作保护工作表时设置的密码（该例为 2016）,单击“确定”按钮即可。

【巩固技能】

请为你在项目五任务六“巩固技能”中完成数据项公式构造的通用记账凭证模板设置数据保护,要求:除 B2 单元格可选定和修改外,不能选定和修改其他单元格。

6 项目六 账簿文件生成技术

会计账簿简称账簿,是由具有一定格式、相互联系的账页组成,以经过审核的会计凭证为依据,全面、系统、连续地记录各项经济业务的簿籍。设置和登记会计账簿,是重要的会计核算基础工作,是连接会计凭证和会计报表的中间环节,做好这项工作,对于加强经济管理具有十分重要的意义。

会计账簿的种类多种多样,不同类别的会计账簿可以提供不同的信息,满足不同的需要。有按用途分的,有按账页格式分的,也有按外形特征分的。其中应用最为广泛的是按用途分的分类账簿。

分类账簿按其提供核算指标的详细程度不同,又分为总分类账和明细分类账。总分类账,简称总账,是根据总分类科目开设账户,用来登记全部经济业务,进行总分类核算,提供总括核算资料的分类账簿。明细分类账,简称明细账,是根据明细分类科目开设账户,用来登记某一类经济业务,进行明细分类核算,提供明细核算资料的分类账簿。

通过该项目的实施,企业能根据"记账凭证表"和"会计科目及期初余额"两个工作表自动生成科目汇总表、总分类账、明细分类账以及试算平衡表等账簿文件,提高数据处理效率。

【知识目标】

- 科目汇总表的项目构成及数据来源
- 数组与数组公式
- 总分类账的项目构成及数据来源
- 明细分类账的项目构成及数据来源
- 试算平衡表的项目构成及数据来源

【技能目标】

- 科目汇总表的格式设计及计算公式构造
- 数组公式的构造与使用
- 总分类账的格式设计及计算公式构造

➢ 明细分类账的格式设计及计算公式构造

➢ 试算平衡表的格式设计及计算公式构造

➢ 熟练应用 MAX( )、MIN( )、ABS( )、FIND( )、ISNUMBER( )、SMALL( )、TRIM( )等函数

任务一　科目汇总表结构设计

【知识准备】

一、科目汇总表结构

科目汇总表(亦称记账凭证汇总表、账户汇总表),是将一定时期内全部记账凭证汇总后重新编制的、按照不同的会计科目分别列示各账户借方发生额和贷方发生额的一种汇总凭证,其目的是简化总分类账的登记手续。会计人员需根据业务量的大小确定科目汇总表的编制时间,可以按月编制,也可以按旬编制,手工方式下常见的科目汇总表如图 6-1 所示。

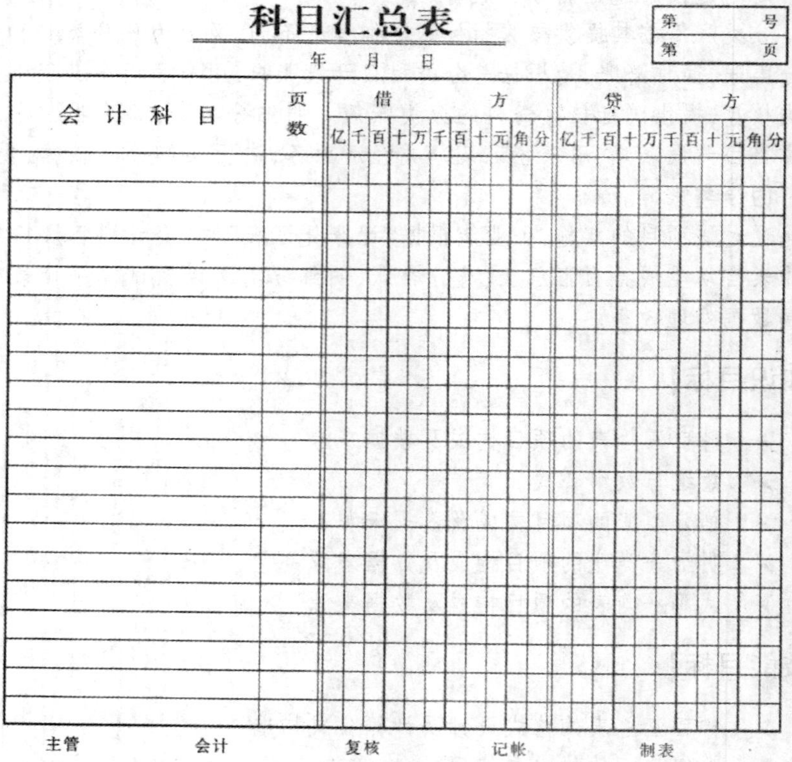
科目汇总表

第　号　第　页

年　月　日

会计科目	页数	借方										贷方									
		亿	千	百	十	万	千	百	十	元	角分	亿	千	百	十	万	千	百	十	元	角分

主管　会计　复核　记帐　制表

图 6-1　科目汇总表

从图中可以看出:科目汇总表只反映各个账户的借方本期发生额和贷方本期发生额,不反映各个账户之间的对应关系,主要包括以下基本内容:

- 一级科目编码。
- 一级科目名称。
- 借方本期发生额。
- 贷方本期发生额。
- 记账凭证起讫号数。
- 记账凭证起讫时间。

二、科目汇总表项目的数据类型

- 一级科目编码:“会计科目及期初余额”工作表中的一级科目编码,文本型。
- 一级科目名称:“会计科目及期初余额”工作表中的一级科目名称,采用默认格式。
- 借方本期发生额:保留两位小数、使用千位分隔符的数值型。
- 贷方本期发生额:保留两位小数、使用千位分隔符的数值型。
- 记账凭证起讫号数:文本型。
- 记账凭证起讫时间:文本型。

【任务描述】

为 A 企业设计如图 6-1 所示的科目汇总表。

【任务分析】

科目汇总表数据来源于“记账凭证表”工作表,可以在“项目 5 任务 7_1. xlsx”工作簿基础上增加“科目汇总表”工作表,完成结构的设计和数据生成公式的构造。

【任务实施】

步骤 1:复制“项目 5 任务 7_1. xlsx”工作簿文件,将其副本更名为“项目 6 任务 1_1. xlsx”。

步骤 2:打开“项目 6 任务 1_1. xlsx”工作簿。

步骤 3:新建“科目汇总表”工作表。单击工作表标签区的“新工作表” 按钮,并将新工作表标签名称修改为“科目汇总表”。

步骤 4:输入项目名称。分别在 B1、C2、C3、A4、B4、C4、C5、D5 单元格中输入项目名称“科目汇总表”“凭证起讫日期:”“凭证起讫编号:”“科目编码”“科目”“本期发生额”“借方”“贷方”。

步骤 5:单元格的合并。

步骤 5. 1:合并 B1~D1 单元格。选择 B1~D1 单元格区域,单击“开始”|“对齐方式”|“合并后居中”按钮。

步骤 5. 2:合并 A4~A5 单元格。选择 A4~A5 单元格区域,单击“开始”|“对齐方式”|“合并后居中”按钮。

步骤 5. 3:合并 B4~B5 单元格。选择 B4~B5 单元格区域,单击“开始”|“对齐方式”|

"合并后居中"按钮。

步骤 5.4:合并 C4~D4 单元格。选择 C4~D4 单元格区域,单击"开始"|"对齐方式"|"合并后居中"按钮。

步骤 6:完成"科目编码"和"科目"数据项的数据录入。这两个数据项的数据要与"会计科目期初余额"工作表的一级科目编码和科目名称相符,因此需要从"会计科目期初余额"工作表中通过筛选得到。

步骤 6.1:将"会计科目期初余额"工作表切换为当前工作表。单击工作表标签区域的"会计科目期初余额"标签。

步骤 6.2:单击 D1 单元格(级次)或项目名称行(第一行)的任一单元格。

也可以单击数据清单中的任一单元格。

步骤 6.3:单击"开始"|"编辑"|"排序和筛选"列表的"筛选"按钮,此时工作表各项目名称单元格的右侧多了一个自动筛选的三角形标识。

步骤 6.4:单击"级次"筛选标识,在弹出的文本"筛选"列表中勾消"全选""二"和"三"复选框。也就是只能使"一"复选框处于勾选状态,如图 6-2 所示。

图 6-2　筛选一级科目

步骤 6.4:单击"确定"按钮。

经过步骤 6.1~步骤 6.4 的操作,已经把"会计科目期初余额"工作表中所有级次为"一"的记录筛选出来了。

步骤 6.5:在筛选的基础上,选择一级科目的"科目编码"和"科目名称"区域。单击 A2 单元格|按住【Shift】键|单击 B86 单元格|释放【Shift】键。

步骤 6.6:在选中的 A2~B86 区域单击鼠标右键,在弹出的快捷菜单中单击"复制"。

步骤 6.7:将当前工作表切换为"科目汇总表"工作表。单击工作标签区域的"科目汇总表”标签。

步骤 6. 8：在 A6 单元格单击鼠标右键，在弹出的快捷菜单中单击“粘贴选项”组中的“值”按钮（第 2 个按钮）。

经过步骤 6. 5～步骤 6. 8 的操作，完成了“科目编码”和“科目”数据项的数据录入。

步骤 6. 9：解除“会计科目期初余额”工作表的“筛选”状态。单击“会计科目期初余额”工作表标签，再单击“开始”|“编辑”|“排序和筛选”列表的“筛选”。

步骤 7：在工作表标签区单击“科目汇总表”标签，在“科目汇总表”工作表的 B45 单元格中输入“合计”。

步骤 8：格式设置。

步骤 8. 1：鼠标右键单击 B1 单元格，在弹出的快捷菜单中单击“设置单元格格式”，打开“设置单元格格式”对话框。

步骤 8. 2：单击“字体”选项卡，在“字体”设置列表框中选择合适的字体（本例为“华文中宋”）；在“字形”设置列表中选择合适的字形（本例为常规）；在“字号”设置列表中选择或输入合适的字号（本例为“20”）；在“下划线”设置列表中选择合适的下划线（如果需要。本例为“双下划线”）；在颜色设置列表中选择合适的颜色（如果需要，默认为黑色。本例为“绿色”）。

步骤 8. 3：单击“对齐”选项卡，分别在“水平对齐”和“垂直对齐”中选择“居中”。

步骤 8. 4：单击“确定”按钮。

步骤 8. 5：参照步骤 8. 1～步骤 8. 4，将所有格式文字颜色设置为“绿色”，“垂直对齐”方式设置为“居中”；将 C2、C3 单元格的字号设置为“12”，其他单元格的字号设置为“14”；将 C2、C3 的“水平对齐”方式设置为“右对齐”，B6～B44 的“水平对齐”方式设置为“左对齐”，其他单元格的“水平对齐”方式设置为“居中”。

步骤 8. 6：将 C6～D45 的数字分类设置为保留两位小数、使用千位分隔符的数值型。

步骤 9：添加表格线。

步骤 9. 1：选择 B4～D45 单元格区域，单击鼠标右键，在弹出的快捷菜单中单击“设置单元格格式”，打开“设置单元格格式”对话框。

步骤 9. 2：单击“边框”选项卡，在“线条”设置区的“样式”列表中选择合适的样式（本例为细实线），在“颜色”设置列表中选择“绿色”；在“边框”设置区中逐一单击所有外框线和内框线，如图 6-3 所示。

步骤 9. 3：单击“确定”按钮。

步骤 10：设置打印区域。纸质的“科目汇总表”不需反映科目编码，因此在打印输出时应将其排除在外。

步骤 10. 1：选择需打印输入的区域。单击 B1 单元格|按住【Shift】键|单击 D45 单元格|释放【Shift】键。

步骤 10. 2：单击“页面布局”|“页面设置”|“打印区域”列表的“设置打印区域”。

步骤 11：设置纸张。

步骤 11. 1：纸张大小的设置。单击“页面布局”|“页面设置”|“纸张大小”列表的“A4”，将纸张大小设为 A4。

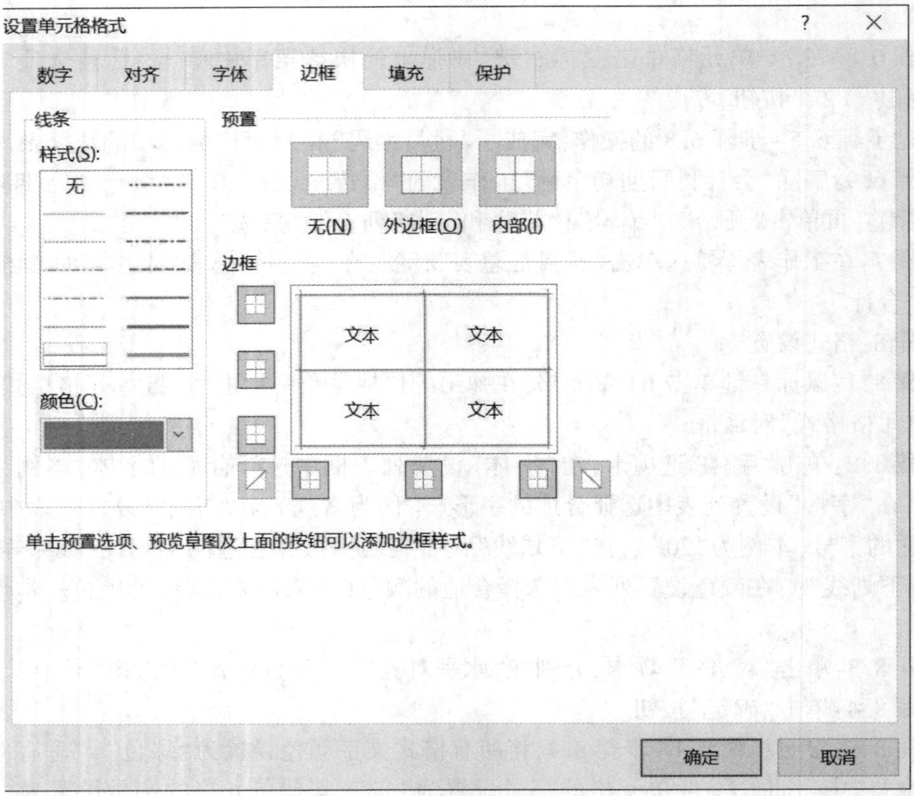

图 6-3　边框线的设置

步骤 11.2:纸张方向的设置。单击“页面布局”|“页面设置”|“纸张方向” 列表的“纵向”,将纸张方向设为纵向。

步骤 12:打印标题的设置。如果打印的表格超过 1 页,从第二页开始将会接着第 1 页连续打印,看不到标题,这样就不能直观地从视觉上反映出项目名称与内容之间的关系。为了解决这一问题,需要设置打印标题,使打印输出的纸质表格每一页都能看到标题。

步骤 12.1:单击“页面布局”|“页面设置”|“打印标题”,打开“页面设置”对话框。

步骤 12.2:单击“工作表”选项卡,再单击“打印标题”设置区“顶端标题行”编辑栏右侧的参照录入按钮,如图 6-4 所示。

此时将弹出科目汇总表工作表。

步骤 12.3:单击第二行的行号,按下鼠标左键,向下拖曳至第五行,释放鼠标左键,按【Enter】键,将第 2~5 行设置为打印标题行。

步骤 12.4:按“确定”按钮。

此时“顶端标题行”编辑栏的内容为“ $2: $5”,即顶端标题行是第二行至第五行。

完成打印标题的设置后,打印输出的纸质“科目汇总表”每一页都打印设置为标题行的内容。

步骤 13:设置行高和列宽。根据打印输出的要求,进行行高和列宽的设置。具体方法是:鼠标右键单击需要设置行高或列宽的行号或列标,在弹出的快捷菜单中单击 “行高”或“列宽”,打开“行高”或“列宽”对话框,在相应的编辑栏中输入“行高”或“列宽”值,单击“确

图 6-4　顶端标题行的设置

认”按钮。

行高和列宽的设置也可以通过拖曳操作的方式进行设置。

完成结构设计后的打印预览如图 6-5 所示。

【巩固技能】

请你根据图 6-1 所示的样式,设计记账凭证汇总表。

任务二　科目汇总表数据生成

【知识准备】

一、数组与数组公式基础知识

数组是一些元素的简单集合,这些元素可以共同参与运算。在 Excel 中,数组可以是一维的,也可以是二维的,这些维对应着行和列。例如,一维数组可以存储在一行(横向数组,

科目汇总表

凭证起讫日期：

凭证起讫编号：

科目	本期发生额	
	借方	贷方
库存现金		
银行存款		
其他货币资金		
应收票据		
应收账款		
预付账款		
其他应收款		
坏账准备		
在途物资		
原材料		
库存商品		
委托加工物资		
周转材料		
固定资产		
累计折旧		
固定资产清理		
递延所得税资产		
待处理财产损溢		
短期借款		
应付票据		
应付账款		
预收账款		
应付职工薪酬		
应交税费		

凭证起讫日期：

凭证起讫编号：

科目	本期发生额	
	借方	贷方
应付利息		
其他应付款		
实收资本		
盈余公积		
本年利润		
利润分配		
生产成本		
制造费用		
主营业务收入		
主营业务成本		
营业税金及附加		
销售费用		
管理费用		
营业外支出		
所得税费用		
合计		

图 6-5　打印预览

如 A2:H2)，或者一列(纵向数组，如 A2:A36)的范围内。二维数组可以存储在一个矩形的单元格区域(如 A2:H36)内。

使用数组公式的注意事项：

➢ 把一个公式输入到一个或者多个单元格后按【Ctrl】+【Shift】+【Enter】组合键确定输入的是数组公式。

➢ 在创建数组公式时不要输入花括号，Excel 会自动插入。

➢ 不能修改组成数组公式的任何一个个别单元格的内容。

➢ 可以移除整个数组公式，但不能移动组成数组公式的某一部分的单元格。

➢ 可以删除整个数组公式，但不能删除组成数组公式的某一部分的单元格。

➢ 不能向一个数组范围内插入新的单元格。这个规则包括插入(造成数组范围增加新单元格的)新行或者新列。

二、MAX 函数

MAX 函数用于返回一组值中的最大值。

MAX 函数语法：MAX(number1，[number2]，…)。

MAX 函数语法具有下列参数：

number1，number2，…：number1 是必需的，后续数字是可选的。要从中查找最大值的 1 到 255 个数字。

➢ 参数可以是数字或者是包含数字的名称、数组或引用。

> 逻辑值和直接键入到参数列表中代表数字的文本被计算在内。

> 如果参数是一个数组或引用,则只使用其中的数字。数组或引用中的空白单元格、逻辑值或文本将被忽略。

> 如果参数不包含任何数字,则 MAX 返回 0(零)。

> 如果参数为错误值或为不能转换为数字的文本,将会导致错误。

若要从 A1~A20 单元区域中返回最大值,则可输入公式:=MAX(A1:A20)。

三、MIN 函数

MIN 函数用于返回一组值中的最小值。

MIN 函数语法:MIN(number1, [number2],…)。

MIN 函数语法具有下列参数:

number1, number2,…: number1 是必需的,后续数字是可选的。要从中查找最小值的 1 到 255 个数字。

> 参数可以是数字或者是包含数字的名称、数组或引用。

> 逻辑值和直接键入到参数列表中代表数字的文本被计算在内。

> 如果参数是一个数组或引用,则只使用其中的数字。数组或引用中的空白单元格、逻辑值或文本将被忽略。

> 如果参数不包含任何数字,则 MIN 返回 0(零)。

> 如果参数为错误值或为不能转换为数字的文本,将会导致错误。

若要从 A1~A20 单元区域中返回最小值,则可输入公式:=MIN(A1:A20)。

【任务描述】

构造“项目 6 任务 1. xlsx”工作簿中“科目汇总表”各数据项的计算公式,使其能根据“记账凭证表”自动生成项目数据。

【任务分析】

“科目汇总表”中需要构建公式的有“凭证起讫日期”“凭证起讫编号”和各个一级科目的“本期借方发生额”和“本期贷方发生额”,需使用 MAX 函数和 MIN 函数提取“记账凭证表”工作表中的凭证日期和编号。

由于“记账凭证表”工作表中的科目编码是末级科目编码,而“科目汇总表”的科目编码是一级科目编码,二者并不一致,需要在构造的公式中配合使用通配符“ * ”将末级科目的发生额累计为一级科目发生额。

使用 SUMIF 函数可以为指定会计科目的本期借方发生额和本期贷方发生额求和。

【任务实施】

步骤 1:复制“项目 6 任务 1_1. xlsx”工作簿文件,将其副本更名为“项目 6 任务 2_1. xlsx”。

步骤 2:打开“项目 6 任务 2_1. xlsx”工作簿。

步骤 3:选择“科目汇总表”工作表。单击“科目汇总表”标签。

步骤 4:“凭证起讫日期”数据项计算公式的构造。

步骤 4.1:单击“D2”单元格。

步骤 4.2:输入公式:=年 &"年"&MIN(记账凭证表! $A$3:$A$38)&"月"&MIN(记账凭证表! $B$3:$B$38)&"日"&"-"&MAX(记账凭证表! $A$3:$A$38)&"月"&MAX(记账凭证表! B3:B38)&"日"。

公式解析:

使用单元区域的名称“年”提取凭证年份数据。

使用 MIN 函数取出“记账凭证表”中“月”和“日”的最小值。表达式分别为:MIN(记账凭证表! $A$3:$A$38)和 MIN(记账凭证表! $B$3:$B$38)。

使用 MAX 函数取出“记账凭证表”中“月”和“日”的最大值。表达式分别为:MAX(记账凭证表! $A$3:$A$38)和 MAX(记账凭证表! $B$3:$B$38)。

使用运算符“&”,将选定范围的日期按照“×年×月×日-×月×日”的格式连接起来,构造出凭证起讫日期的公式:=年 &"年"&MIN(记账凭证表! $A$3:$A$38)&"月"&MIN(记账凭证表! $B$3:$B$38)&"日"&"-"&MAX(记账凭证表! $A$3:$A$38)&"月"&MAX(记账凭证表! B3:B38)&"日"。

步骤 5:“凭证起讫编号”数据项计算公式的构造。

步骤 5.1:单击“D3”单元格。

步骤 5.2:输入数组公式:=TEXT(MIN(VALUE(记账凭证表! $C$3:$C$38)),"0000")&"号"&"-"&TEXT(MAX(VALUE(记账凭证表! $C$3:$C$38)),"0000")&"号",按【Ctrl】+【Shift】+【Enter】组合键确认,公式如图 6-6 所示。

{=TEXT(MIN(VALUE(记账凭证表!$C$3:$C$38)),"0000")&"号"&"-"&TEXT(MAX(VALUE(记账凭证表!$C$3:$C$38)),"0000")&"号"}

图 6-6 生成凭证起讫编号的数组公式

与其他公式相比,数组公式的最外层是“{}”。处于最外层的花括号“{}”是数组公式的标识符,不是手动输入的,是按【Ctrl】+【Shift】+【Enter】组合键后系统自动加上去的。

公式解析:

将选定范围的数字文本“凭证编号”转换为数值,表达式:VALUE(记账凭证表! $C$3:$C$38)。

提取选定范围的“凭证编号”的最小值和最大值,表达式分别为:MIN(VALUE(记账凭证表! $C$3:$C$38))和 MAX(VALUE(记账凭证表! $C$3:$C$38))。

将提取的“凭证编号”的最小值和最大值转换为 4 位的文本,表达式分别为:TEXT(MIN(VALUE(记账凭证表! $C$3:$C$38)),"0000")和 TEXT(MAX(VALUE(记账凭证表! $C$3:$C$38)),"0000")。

使用运算符“&”,将选定范围的“凭证编号”按照“×号-×号”的格式连接起来,构造出凭证起讫编号的公式:=TEXT(MIN(VALUE(记账凭证表! $C$3:$C$38)),"0000")&"号"&"-"&TEXT(MAX(VALUE(记账凭证表! $C$3:$C$38)),"0000")&"号"。

由于 VALUE 函数是对选定范围内所有的“凭证编号”进行转换,需要用数组的方式进行操作,因此必须构造为数组公式。

步骤 6:“本期借方发生额”数据项计算公式的构造(以“1001 库存现金”为例)。

步骤 6.1:单击“C6”单元格。

步骤 6.2:输入计算公式:=SUMIF(记账凭证表! $E$3:$E$38,A6&"*",记账凭证表! $G$3:$G$38)

公式解析:

各科目的本期借方发生额合计,是该科目或其下级科目在“记账凭证表”工作表 G3:G38 单元格区域的合计数。因此对“记账凭证表”工作表 E3:E38 单元格区域(科目编码)中,科目编码前 4 位与该科目编码相一致的 G3:G38 单元格区域求和,就是该科目的本期借方发生额合计。表达式:=SUMIF(记账凭证表! $E$3:$E$38,A6&"*",记账凭证表! $G$3:$G$38)。

科目汇总表的科目编码是一级科目编码,而记账凭证表的科目编码是末级科目编码,为保证非一级科目的发生额能汇总到相应的一级科目中,使用 A6&"*"统一表示科目编码前 4 位与 A6 相同的所有科目(包括 A6)。

步骤 7:“本期贷方发生额”数据项计算公式的构造(以“1001 库存现金”为例)。

步骤 7.1:单击“D6”单元格。

步骤 7.2:输入计算公式:=SUMIF(记账凭证表! $E$3:$E$38,A6&"*",记账凭证表! $H$3:$H$38)。

公式解析:

各科目的本期借方发生额合计,是该科目或其下级科目在“记账凭证表”工作表 H3:H38 单元格区域的合计数。因此对“记账凭证表”工作表 E3:E38 单元格区域(科目编码)中,科目编码前 4 位与该科目编码相一致的 H3:H38 单元格区域求和,就是该科目的本期借方发生额合计。表达式:=SUMIF(记账凭证表! $E$3:$E$38,A6&"*",记账凭证表! $H$3:$H$38)。

步骤 8:构造所有其他科目“本期借方发生额”和“本期贷方发生额”的计算公式。

步骤 8.1:选择 C6:D6 单元格区域。

步骤 8.2:双击 C6:D6 单元格区域右下角的填充控制柄,此时 C6:D45 区域所有的单元格计算公式都已构造完成,科目的“本期借方发生额”和“本期贷方发生额”均已自动生成。

步骤 9:调整公式。

可以看到:此时 C45 和 D45 单元格的公式分别为:=SUMIF(记账凭证表! $E$3:$E$38,A45&"*",记账凭证表! $G$3:$G$38)和=SUMIF(记账凭证表! $E$3:$E$38,A45&"*",记账凭证表! $H$3:$H$38),显然是不对的,需要调整为计算所有科目本期借方发生额合计和贷方发生额合计的公式。

步骤 9.1:调整 C45 单元格的公式。在 C45 单元格中输入公式:=SUM(C6:C44)

步骤 9.2:调整 D45 单元格的公式。在 D45 单元格中输入公式:=SUM(D6:D44)。

步骤 10:将显示零值(“0.00”)的单元格调整为“不显示”。

步骤 10.1:依次单击“文件”|“选项”,打开“Excel 选项对话框”。

步骤 10.2:在左侧列表中单击“高级”,通过移动垂直滚动条,在右侧的“此工作表的显示选项”列表中勾消“在具有零值的单元格中显示零”复选框,如图 6-7 所示。

步骤 10.3：单击“确定”按钮。

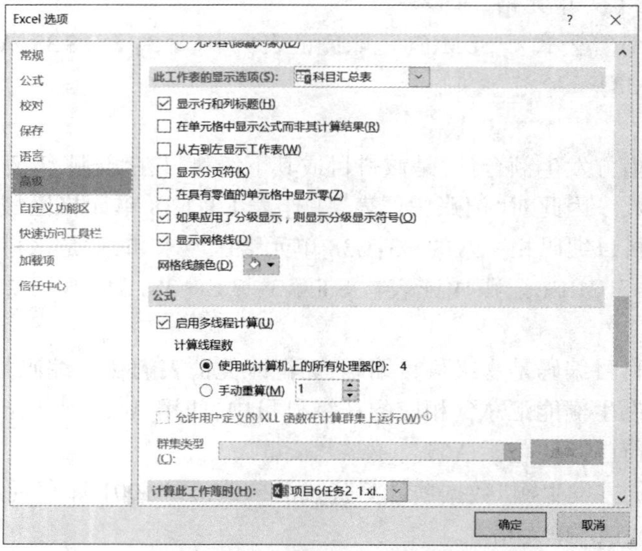

图 6-7 “Excel 选项”对话框

完成数据生成和格式设置的科目汇总表如图 6-8、图 6-9 所示。

科目汇总表

		凭证起讫日期：	2016年1月5日-1月15日
		凭证起讫编号：	0001号-0013号
科目编码	科目	本期发生额	
		借方	贷方
1001	库存现金	5,000.00	500.00
1002	银行存款	198,900.00	84,677.00
1012	其他货币资金		
1121	应收票据		
1122	应收账款	108,225.00	93,600.00
1123	预付账款		
1221	其他应收款		
1231	坏账准备		
1402	在途物资	90,465.00	90,465.00
1403	原材料	90,465.00	103,356.00
1405	库存商品	164,919.31	
1408	委托加工物资		
1411	周转材料		
1601	固定资产	8,100.00	
1602	累计折旧		
1606	固定资产清理		801.00
1811	递延所得税资产		
1901	待处理财产损溢		801.00
2001	短期借款		
2201	应付票据		105,300.00

图 6-8 科目汇总表(一)

科目汇总表			
		凭证起讫日期：	2016年1月5日-1月15日
		凭证起讫编号：	0001号-0013号
科目编码	科目	本期发生额	
		借方	贷方
2201	应付票据		105,300.00
2202	应付账款	70,200.00	
2203	预收账款		
2211	应付职工薪酬		
2221	应交税费	16,712.00	31,025.00
2231	应付利息		
2241	其他应付款		
4001	实收资本		
4101	盈余公积		
4103	本年利润		
4104	利润分配		
5001	生产成本	103,356.00	164,919.31
5101	制造费用		
6001	主营业务收入		182,500.00
6401	主营业务成本		
6405	营业税金及附加		
6601	销售费用		
6602	管理费用		
6711	营业外支出	1,602.00	
6801	所得税费用		
	合计	857,944.31	857,944.31

图 6-9　科目汇总表(二)

【巩固技能】

请在本项目任务一“巩固技能”的基础上，构造相关单元格的计算公式。

任务三　试算平衡表的制作

【知识准备】

一、试算平衡表的作用及基本内容

试算平衡表是定期地加计总分类账各账户的借贷方发生额及余额的合计数，用以检查借贷方是否平衡暨账户记录有无错误的一种表式。

试算平衡表通常设有“账户名称”(或“科目名称”)栏和“期初余额”“本期发生额”“期末余额”三个金额栏。通过总分类账户本期发生额和余额对照表，除可验算全部总分类账户发生额及期末余额是否平衡外,还可一般地了解该期间经济活动和预算执行的概况。另外,该表提供的数据通过必要的计算和调整,也可作为编制会计报表的重要依据。

二、试算平衡表的基本公式

试算平衡表的实质是反映资金运动的平衡关系,其基本公式是:

- 全部账户的借方期初余额合计数等于全部账户的贷方期初余额合计数。
- 全部账户的借方发生额合计等于全部账户的贷方发生额合计。
- 全部账户的借方期末余额合计等于全部账户的贷方期末余额合计。

通过试算平衡表来检查账簿记录是否正确并不是绝对的。如果借贷不平衡,可以肯定账户的记录是计算有错误。但是如果借贷平衡,我们也不能肯定账户记录没有错误,因为有些错误并不影响借贷双方的平衡关系。如果在有关账户中重记或漏记某项经济业务,或者将经济业务的借贷方向记反,我们就不能通过试算平衡发现错误。

【任务描述】

制作基于“项目 6 任务 2_1. xlsx”工作簿相关工作表的“试算平衡表”。

【任务分析】

该任务包括格式设计和数据生成两个方面。

首先,在格式设计中,要列示所有一级科目及“期初余额”“本期发生额”和“期末余额”等数据项,各数据项又细分为“借方”和“贷方”。

其次,确定数据来源。试算平衡表的“期初余额”数据来自“会计科目期初余额”工作表,“本期发生额”数据可直接取自“科目汇总表”,也可通过对“记账凭证表”的数据进行加工后取得;而期末余额的数据则由本表的“期初余额”和“本期发生额”通过计算后得出。

最后,对各数据项的数据进行加总,检查是否符合基本公式,如果不符合,说明计算或记录有误,要及时更正。

【任务实施】

子任务一:格式设计

步骤 1:复制“项目 6 任务 2_1. xlsx”工作簿文件,将其副本更名为“项目 6 任务 3_1. xlsx”。

步骤 2:打开“项目 6 任务 3_1. xlsx”工作簿。

步骤 3:新建“试算平衡表”工作表。单击工作表标签区的“新工作表”按钮,并将新工作表命名为“试算平衡表”。

步骤 4:输入表头与标题文本并进行格式设置。

步骤 4. 1:在 B1 单元格输入文本:试算平衡表。

步骤 4. 2:合并 B1~H1 单元格,并将字体设置为“宋体”加粗,字号设置为“16”,字体颜色设置为“绿色”,“垂直对齐方式”和“水平对齐方式”均设为“居中”。

步骤 4. 3:在 B2 单元格输入文本:科目名称。

步骤 4. 4:合并 B2~B3 单元格,并将字体设置为“宋体”加粗,字号设置为“12”,字体颜色设置为“绿色”,“垂直对齐方式”和“水平对齐方式”均设为“居中”。

步骤4.5:在C2单元格输入文本:期初余额。

步骤4.6:合并C2~D2单元格,并将字体设置为“宋体”加粗,字号设置为“12”,字体颜色设置为“绿色”,“垂直对齐方式”和“水平对齐方式”均设为“居中”。

步骤4.7:在E2单元格输入文本:本期发生额。

步骤4.8:合并E2~F2单元格,并将字体设置为“宋体”加粗,字号设置为“12”、

步骤4.9:在G2单元格输入文本:期末余额。

步骤4.10:合并G2~H2单元格,并将字体设置为“宋体”加粗,字号设置为“12”,字体颜色设置为“绿色”,“垂直对齐方式”和“水平对齐方式”均设为“居中”。

步骤4.11:在C3~D3、E3~F3、G3~H3单元格中分别输入文本:借方、贷方。

步骤4.12:将C3~H3单元格区域的字体设置为“宋体”加粗,字号设置为12号,字体颜色设置为“绿色”,“垂直对齐方式”和“水平对齐方式”均设为“居中”。

步骤5:输入“科目编码”与“科目名称”的格式文本。从“科目汇总表”工作表中复制得到。

步骤5.1:选择“科目汇总表”工作表。单击工作表标签区域的“科目汇总表”标签。

步骤5.2:复制“科目汇总表”工作表的“科目编码”与“科目名称”文本。单击A6单元格|按住【Shift】键|单击B44单元格|释放【Shift】键,选择A6~B44单元格区域,在选中区域单击鼠标右键,在弹出的快捷菜单中单击“复制”。

步骤5.3:选择“试算平衡表”工作表。单击工作表标签区域的“试算平衡表”标签。

步骤5.4:粘贴“科目汇总表”工作表的“科目编码”与“科目名称”文本。在A4单元格鼠标右键单击,在弹出的快捷菜单的“粘贴选项”列表单击“值”。

步骤6:在B43单元格中输入文本“合计”并将对齐方式设置为“居中”,字体设置为“宋体”,字号设置为“12”,字体颜色设置为“绿色”。

步骤7:将B4~B42单元格的字体设置为“宋体”,字号设置为“12”,字体颜色设置为“绿色”。

步骤8:添加绿色表格线。

步骤8.1:选择B2~H43单元格区域。

步骤8.2:在选中区域中单击鼠标右键,在弹出的快捷菜单中单击“设置单元格格式”,打开“设置单元格格式”对话框。

步骤8.3:单击“边框”选项卡,“线条”设置区的“样式”列表中单击“线实线”,在“颜色”列表中单击“绿色”,在“边框”设置区逐一单击所有外框线和内框线。

步骤8.4:单击“确定”按钮。

步骤9:页面设置。

步骤9.1:纸张大小的设置。单击“页面布局”|“页面设置”|“纸张大小”列表的“A4”,将纸张设置为A4。

步骤9.2:纸张方向的设置。单击“页面布局”|“页面设置”|“纸张方向”列表的“横向”,将纸张设置为横向打印。

步骤9.3:打印区域的设置。选择B1~H43单元格区域,单击“页面布局”|“页面设置”|

“打印区域”列表的“设置打印区域”,将 B1~H43 单元格区域设置为打印区域。

步骤 9.4:打印标题的设置。单击“页面布局”|“页面设置”|“打印标题”,打开“页面设置”对话框的“工作表”设置区,再单击“顶端标题行”编辑栏右侧的参照输入按钮,在弹出的“试算平衡表”中选择第 2 行和第 3 行作为打印标题行,最后单击“确定”按钮。

子任务二:构造数据生成公式

步骤 1:构造期初余额数据的计算公式。

步骤 1.1:构造借方余额的计算公式。在 C4 单元格中输入公式:=IF(VLOOKUP(A4,科目信息,6,0)="借",VLOOKUP(A4,科目信息,7,0),"")。

步骤 1.2:构造贷方余额的计算公式。在 D4 单元格中输入公式:=IF(VLOOKUP(A4,科目信息,6,0)="贷",VLOOKUP(A4,科目信息,7,0),"")。

公式解析:

期初借(贷)方余额来自“会计科目期初余额”工作表,该表的 A2~G86 区域已被命名为“科目信息”,该区域中,科目余额方向位于第 6 列,余额位于第 7 列,因此期初借(贷)方余额需先检测第 6 列的数据是否为“借”(“贷”),若是,将第 7 列的数据(余额)返回到公式单元格,否则,在公式单元格返回空。表达式:IF(VLOOKUP(A4,科目信息,6,0)="借",VLOOKUP(A4,科目信息,7,0),"")。

步骤 2:构造本期发生额数据的计算公式。

步骤 2.1:构造借方发生额的计算公式。在 E4 单元格中输入公式:=VLOOKUP(A4,科目汇总表!$A$6:$D$44,3,0)。

公式解析:

本期借方发生额可从“科目汇总表”中直接取得,也可从“记账凭证表”中通过计算取得。“科目汇总表”工作表 A6:D44 单元格区域的第一列为科目编码,第三列即为本期借方发生额,表达式:VLOOKUP(A4,科目汇总表!$A$6:$D$44,3,0。如果从“记账凭证表”中通过计算取得,则公式为:=SUMIF(记账凭证表!$E$3:$E$38,A4&"*",记账凭证表!$G$3:$G$38)。

步骤 2.2:构造贷方发生额的计算公式。在 F4 单元格中输入公式:=SUMIF(记账凭证表!$E$3:$E$38,A4&"*",记账凭证表!$H$3:$H$38)。

公式解析:

本期贷方发生额可从“科目汇总表”中直接取得,也可从“记账凭证表”中通过计算取得。“记账凭证表”工作表的 E3:E38 区域是“科目编码”,H3:H38 单元格区域为“贷方金额”。将“记账凭证表”工作表中“科目编码”前 4 位与指定科目编码相同的,对应于 H3:H38 单元格区域的金额相加即为指定科目的本期贷方发生额,表达式:SUMIF(记账凭证表!$E$3:$E$38,A4&"*",记账凭证表!$H$3:$H$38)。如果从“科目汇总表”中直接取得,则公式为:=VLOOKUP(A4,科目汇总表!$A$6:$D$44,4,0。

步骤 3:构造期末余额数据的计算公式。

步骤 3.1:构造借方余额的计算公式。在 G4 单元格中输入公式:=IF((SUM(C4,E4)-SUM(D4,F4))>=0,SUM(C4,E4)-SUM(D4,F4),"")。

步骤 3.2:构造贷方余额的计算公式。在 H4 单元格中输入公式:=IF((SUM(D4,F4)-

SUM(C4,E4))>=0,SUM(D4,F4)-SUM(C4,E4),"")。

公式解析：

如果期初借方余额和本期借方发生额合计大于期初贷方余额和本期贷方发生额合计，表示期末余额在借方，其余额等于“期初借方余额和本期借方发生额合计”减去“期初贷方余额和本期贷方发生额合计”，表达式：IF((SUM(C4,E4)-SUM(D4,F4))>=0,SUM(C4,E4)-SUM(D4,F4))。

如果期初贷方余额和本期贷方发生额合计大于期初借方余额和本期借方发生额合计，表示期末余额在贷方，其余额等于“期初贷方余额和本期贷方发生额合计”减去“期初借方余额和本期借方发生额合计”，表达式：IF((SUM(D4,F4)-SUM(C4,E4))>=0,SUM(D4,F4)-SUM(C4,E4))。

步骤4：完成其他科目期初余额、本期发生额和期末余额计算公式的构造。

步骤4.1：选择C4~H4单元格区域。

步骤4.2：将C4:H4单元格公式向下复制到其他单元格。双击C4:H4单元格区域右下角的填充控制柄。

步骤5：合计栏计算公式的构造。

步骤5.1：在C43单元格中输入公式：=SUM(C4:C42)，计算期初借方余额的合计数。

步骤5.2：水平拖曳C43单元格的填充控制柄至H43单元格，将公式依次复制到其他单元格，分别计算出期初贷方余额、本期借方发生额、本期贷方发生额、期末借方余额、期末贷方余额的合计数。

步骤6：将工作表的零值设为“不显示”（参照任务二“任务实施”步骤10）。

完成格式设计和数据计算的“试算平衡表”如图6-10（部分）所示。

	A	B	C	D	E	F	G	H
1		试算平衡表						
2	科目编码	科目名称	期初余额		本期发生额		期末余额	
3			借方	贷方	借方	贷方	借方	贷方
29	2241	其他应付款						
30	4001	实收资本		2 220 000.00				2 220 000.00
31	4101	盈余公积		75 000.00				75 000.00
32	4103	本年利润		170 000.00				170 000.00
33	4104	利润分配		159 910.50				159 910.50
34	5001	生产成本			103 356.00	164 919.31		61 563.31
35	5101	制造费用						
36	6001	主营业务收入				182 500.00		182 500.00
37	6401	主营业务成本						
38	6405	营业税金及附加						
39	6601	销售费用						
40	6602	管理费用						
41	6711	营业外支出			1 602.00		1 602.00	
42	6801	所得税费用						
43		合计	3 358 766.25	3 358 766.25	857 944.31	857 944.31	3 653 844.56	3 653 844.56
44								

… 科目汇总表　试算平衡表

图6-10　试算平衡表

【巩固技能】

请依据“会计科目期初余额”“记账凭证表”和“科目汇总表”3 个工作表，进行“试算平衡表”的格式设计并构造数据生成公式。

任务四　总分类账生成

【知识准备】

一、总分类账的基本知识

总分类账简称总账。是指按照总分类科目设置，公允货币计量单位进行登记，用来登记全部经济业务，进行总分类核算，提供总括核算资料的分类账簿。总分类账的账页格式，一般采用“借方”“贷方”“余额”三栏式。常见格式如图 6-11 所示。

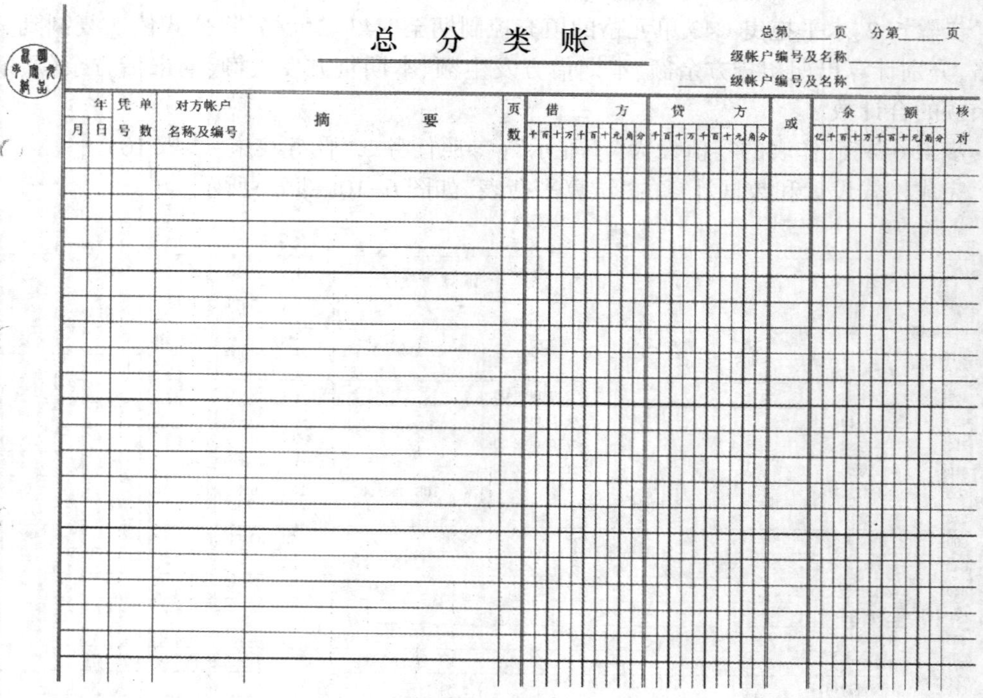

图 6-11　总分类账样式

二、总分类账的登记方法

总分类账的登记方法由企业所采用的账务处理程序决定。在不同的账务处理程序下，总分类账的登记依据和方法也有所不同。总分类账可以依据记账凭证、汇总记账凭证、科目汇总表、多栏式现金日记账、多栏式银行存款日记账、通用日记账等进行登记。

三、ABS 函数

ABS 返回数字的绝对值。一个数字的绝对值是该数字不带其符号的形式。

ABS 函数的语法:

ABS(number)

ABS 函数语法具有以下参数:

number:必需。需要计算其绝对值的实数。

如果在一个单元格中输入公式:=ABS(-89),则这个单元格返回的结果将是 89。

【任务描述】

请分别采用科目汇总表账务处理程序和汇总记账凭证账务处理程序登记总分类账。

【任务分析】

科目汇总表账务处理程序和汇总记账凭证账务处理程序登记总分类账的区别在于:前者总分类账的数据来源于科目汇总表,后者总分类账的数据来源于记账凭证。

➢ 采用科目汇总表账务处理程序登记总分类账,就是将科目汇总表相关项目数据,如借(贷)方余额、凭证起讫编号等写入总分类账,实现工作表之间的引用技术。

➢ 采用汇总记账凭证账务处理程序登记总分类账,需要将指定记账凭证范围内相关数据加工处理后记入总分类账,相对于科目汇总表账务处理程序登记总分类账,操作略嫌烦琐。

【任务实施】

子任务一:总分类账格式设计

步骤 1:复制“项目 6 任务 3_1. xlsx”工作簿文件,将其副件更名为“项目 6 任务 4_1. xlsx”。

步骤 2:打开“项目 6 任务 4_1. xlsx”工作簿。

步骤 3:单击工作表标签区域的“新工作表”按钮。

步骤 4:将新建工作表标签修改为“总分类账(科目汇总表)”。

步骤 5:设置生成总分类账文字提示区。

步骤 5. 1:合并 A1~C1 单元格区域。选择 A1:C1 区域,单击“开始”|“对齐方式”|“合并后居中”按钮。

步骤 5. 2:在合并区域中输入提示文本:“请选择总分账账户:”。

步骤 6:设置总分类账科目参照列表。

总分类账的账户名称及编码来自“会计科目期初余额”工作表。需将一级科目筛选出来后复制到一个专用的“总分类账科目”工作表,在此表中生成包含“科目编码”与“科目名称”的科目参照列表,以便在总分类账中引用该列表。

步骤 6. 1:单击工作表标签区的“新工作表”按钮。

步骤 6. 2:将新建工作表标签修改为“总分类账科目”。

步骤 6.3:单击“会计科目期初余额”工作表标签。

步骤 6.4:将光标定位在数据清单的任一位置,单击“开始”|“编辑”|“排序和筛选”列表的“筛选”。

步骤 6.5:单击“级次”(D1 单元格)右侧的筛选按钮,在弹出的列表中勾选“一”,再单击“确定”,将一级科目筛选出来。

步骤 6.6:选择 A2~B86 区域。

步骤 6.7:在选中区域的任一位置单击鼠标右键,在弹出的快捷菜单中单击“复制”。

步骤 6.8:切换当前工作表为“总分类账科目”。单击“总分类账科目”标签。

步骤 6.9:在 A1 单元格中鼠标右键单击,在弹出的快捷菜单中单击“粘贴选项”的“值”按钮。

步骤 6.10:创建科目参照列表。在 E1 单元格输入公式:=A1&" "&B1,然后鼠标拖曳 E1 单元格的填充控制柄到 E39 单元格,释放鼠标按键后,在 E1:E39 单元格区域就生成了科目参照列表。

步骤 6.11:将 E1:E39 单元格区域命名为“总分类账科目”。选中 E1:E39 单元格区域,在名称框中输入“总分类账科目”,按【Enter】键。

步骤 6.12:取消“会计科目期初余额”表的筛选状态。单击“会计科目期初余额”工作表标签,单击“开始”|“编辑”|“排序和筛选”列表的“筛选”。

步骤 6.13:切换当前工作表为“总分类账(科目汇总表)”。单击“总分类账(科目汇总表)”标签。

步骤 6.14:为 D1 单元格创建科目参照列表。选中 D1 单元格,单击“数据”|“数据工具”|“数据验证”,打开“数据验证”对话框,单击“设置”选项卡,在“验证条件”设置区的“允许”列表中选择“序列”,勾选“忽略空值”和“提供下拉列表”复选框,在“来源”编辑框中输入公式:=总分类账科目,最后单击“确定”按钮。

步骤 6.15:隐藏“总分类账科目”工作表。鼠标右键单击“总分类账科目”工作表标签,在弹出的快捷菜单中单击“隐藏”。

步骤 7:设置标题和表头。

步骤 7.1:单击“总分类账(科目汇总表)”标签,选择 A3~H3 单元格。

步骤 7.2:单击“开始”|“对齐方式”|“合并后居中”按钮。

步骤 7.3:输入标题文本:“总 分 类 账”,将字体设置为“宋体”,字号为“20”,字体颜色为“绿色”,下划线样式为“双下划线”。

步骤 7.4:合并 G4 和 H4 单元格。用于显示科目编码。

步骤 7.5:合并 G5 和 H5 单元格。用于显示账户名称。

步骤 7.6:分别在 B6、C6、D6、E6、F6、G6、H6、A7、B7 单元格中输入标题文本:年、凭证起讫编号、摘要、借方、贷方、余额方向、余额、月、日。

步骤 7.7:合并 C6:C7、D6:D7、E6:E7、F6:F7、G6:G7、H6:H7 单元格,将对齐方式设为“合并后居中”。

步骤 7.8:为 A6 单元格设置年份数据列表。选择 A6 单元格,单击“数据”|“数据工具”|“数据验证”,打开“数据验证”对话框,单击“设置”选项卡,在“验证条件”设置区的“允许”

列表中选择“序列”,勾选“忽略空值”和“提供下拉列表”复选框,在“来源”编辑框中输入年份数据列表:2016,2017,2018,2019,2020,2021,2022,2023,2024,2025。单击“确定”按钮。

步骤 7.9:为 A8 单元格设置月份数据列表。选择 A8 单元格,单击“数据”|“数据工具”|“数据验证”,打开“数据验证”对话框,单击“设置”选项卡,在“验证条件”设置区的“允许”列表中选择“序列”,勾选“忽略空值”和“提供下拉列表”复选框,在“来源”编辑框中输入月份数据列表:1,2,3,4,5,6,7,8,9,10,11,12。单击“确定”按钮。

步骤 7.10:为 B8 单元格设置“日”的“数据验证”条件。选择 B8 单元格,单击“数据”|“数据工具”|“数据验证”,打开“数据验证”对话框,单击“设置”选项卡,在“验证条件”设置区的“允许”列表中选择“自定义”,在“公式”编辑框中输入:=OR(AND(MOD($A$6,4)=0,A8=2,B8<=29),AND(A8<=7,A8<>2,ISEVEN(A8),B8<=30),AND(A8=2,B8<=28),AND(A8<=7,ISODD(A8),B8<=31),AND(AND(A8>=8,A8<=12),ISEVEN(A8),B8<=31),AND(AND(A8>=8,A8<=12),ISODD(A8),B8<=30))。单击“确定”按钮。

公式解析:

如果年份能被 4 整除,说明是闰年,此时 2 月有 29 天。表达式:AND(MOD($A$6,4)=0,A8=2,B8<=29)。

7、8 两个月是大月,每月 31 天,其他各月除 2 月外,7 月前单数月和 8 月后双数月都是大月,每月 31 天;7 月前双数月和 8 月后单数月都是小月,每月 30 天,2 月份除闰年外,每月 28 天。表达式:AND(A8<=7,A8<>2,ISEVEN(A8),B8<=30),AND(A8=2,B8<=28),AND(A8<=7,ISODD(A8),B8<=31),AND(AND(A8>=8,A8<=12),ISEVEN(A8),B8<=31),AND(AND(A8>=8,A8<=12),ISODD(A8),B8<=30)。

步骤 7.11:将格式文本的字体设为“宋体”,字号设为“12”,颜色设为“绿色”,对齐方式设为“居中”。

步骤 7.12:页面设置。根据实际需要设置纸张(大小、方向、打印区域)。本例中:纸张大小设为“A4”、方向设为“横向”、将 A3:H23 设置为“打印区域”。

步骤 7.13:添加表格线。为 A5:H23 单元格区域添加表格线,线的颜色设为“绿色”,样式为“细实线”。

步骤 7.14:根据需要调整行高和列宽。

子任务二:基于科目汇总表的总分类账数据生成

步骤 1:选择生成总分类账的科目。单击 D1 单元格,在科目参照列表中选择生成总分类账的科目。

步骤 2:表头部分“科目编码”及“账户名称”数据生成。

步骤 2.1:在 G4 单元格中输入公式:=IF($D$1="","","科目编码:"&LEFT($D$1,4))。

公式解析:

如果未选择生成总分类账的科目,则返回空白,表达式:IF($D$1="","");否则返回提示文本“科目编码:”+总分类账的科目编码,表达式:"科目编码:"&LEFT($D$1,4)。

步骤 2.2:在 G5 单元格中输入公式:=IF($D$1="","","账户名称:"&VLOOKUP(LEFT($D$1,4),科目信息,2,0))。

公式解析:

如果未选择生成总分类账的科目,则返回空白,表达式:IF($D$1="","");否则返回提示文本“账户名称:”+总分类账科目的名称,总分类账科目名称位于区域名称为“科目信息”的第2列,表达式:VLOOKUP(LEFT($D$1,4),科目信息,2,0)。

步骤3:年份数据录入。单击A6单元格,在右侧数据列表中选择“2016”。

步骤4:月份数据录入。单击A8单元格,在右侧数据列表中选择“1”。

步骤5:日期数据录入。在B8单元输入日期数据。

步骤6:上期结余数据录入。在D8单元格输入摘要文本:期初结余。

步骤7:期初借方余额数据生成。在E8单元格输入公式:=IF($D$1="","",IF(VLOOKUP(LEFT(D1,4),科目信息,6,0)="借",VLOOKUP(LEFT(D1,4),科目信息,7,0),""))。

公式解析:

如果选择的总分类账科目编码在“科目信息”区域对应的第6列是“借”,则返回科目编码在“科目信息”区域对应的第7列的值,否则返回空白,表达式:IF(VLOOKUP(LEFT(D1,4),科目信息,6,0)="借",VLOOKUP(LEFT(D1,4),科目信息,7,0),"")。

步骤8:期初贷方余额数据生成。在F8单元格输入公式:=IF($D$1="","",IF(VLOOKUP(LEFT(D1,4),科目信息,6,0)="贷",VLOOKUP(LEFT(D1,4),科目信息,7,0),""))。

公式解析参看步骤7(略)。

步骤9:期初余额方向的生成。在G8单元格输入公式:=IF($D$1="","",VLOOKUP(LEFT(D1,4),科目信息,6,0))。

公式解析:

返回D1单元格前四位在“科目信息”区域对应于第6列的数据就是期初余额方向,表达式:VLOOKUP(LEFT(D1,4),科目信息,6,0)。

步骤10:期初余额数据的生成。在H8单元格中输入公式:=IF($D$1="","",VLOOKUP(LEFT($D$1,4),科目信息,7))。

公式解析:

返回D1单元格前四位在“科目信息”区域对应于第7列的数据就是该科目的期初余额,表达式:VLOOKUP(LEFT(D1,4),科目信息,7,0)。

步骤11:凭证起讫编号的确定。在C9单元格输入公式:=科目汇总表! D3,直接引用“科目汇总表”工作表的凭证起讫编号的数据。

步骤12:摘要数据。在D9单元格输入公式:="汇总"&C9&"记账凭证"。

步骤13:本次记账的借方金额。在E9单元格输入公式:=IF($D$1="","",VLOOKUP(LEFT($D$1,4),科目汇总表! $A$6:$D$44,3,0))。

公式解析:

返回D1单元格前四位在“科目汇总表”A6:D44单元格区域对应于第3列的数据,该区域的第3列是本期借方发生额。

步骤14:本次记账的贷方金额:在F9单元格输入公式:=IF($D$1="","",VLOOKUP

(LEFT($D$1,4),科目汇总表! $A$6:$D$44,4,0))。

公式解析参看步骤13(略)。

步骤15:本次记账余额方向的确定。在G9单元格中输入公式:=IF($D$1="","",IF(SUM($E$8:E9)>SUM($F$8:F9),"借",IF(SUM($E$8:E9)=SUM($F$8:F9), $G$8,"贷")))。

公式解析:

➢　如果期初借方余额与本次记账的借方余额合计大于期初贷方余额与本次记账的贷方余额合计,则方向应为“借”。

➢　如果期初借方余额与本次记账的借方余额合计等于期初贷方余额与本次记账的贷方余额合计,则方向应与期初余额的方向一致。

➢　如果不是上述两种情况,则方向应为“贷”。

综合表达式:IF(SUM($E$8:E9)>SUM($F$8:F9),"借",IF(SUM($E$8:E9)=SUM($F$8:F9), $G$8,"贷"))。

步骤16:本次记账的余额数据生成。在H9单元格输入公式:=ABS(SUM($E$8:E9)-SUM($F$8:F9))。

公式解析:

返回期初借方余额与本次记账的借方余额合计减去期初贷方余额与本次记账的贷方余额合计,为使余额在贷方时不显示负数,对计算结果求其绝对值。

完成格式设置和数据生成后的总分类账如图6-12所示。

	A	B	C	D	E	F	G	H
1	请选择总分类账户：			1002　银行存款				
2								
3				总　分　类　账				
4							科目编码：1002	
5							账户名称：银行存款	
6	2016	年	凭证起讫编号	摘要	借方	贷方	余额方向	余额
7	月	日						
8	1	1		期初结余	457 090.00		借	457 090.00
9	1	10	0001号-0013号	汇总0001号-0013号记账凭证	198 900.00	84 677.00	借	571 313.00
10								
11								
12								

图6-12　总分类账生成(一)

在D1单元格选择总分类账科目后,在相应的单元格中即自动生成总分类账数据,既可用于总分类账的快速查询,也可用于打印输出,形成纸质会计档案。

子任务三:基于汇总记账凭证的总分类账数据生成

基于科目汇总表的总分类账数据生成与基于汇总记账凭证的总分类账数据生成不同之处在于:前者直接引用科目汇总表相关数据,不需进行加工处理;而后者则需要对记账凭证表的数据进行加工后得到。

由于格式以及多数项目数据处理方式相同,所以只需在基于科目汇总表的总分类账基础上,对本次记账数据生成公式进行修改即可生成基于汇总记账凭证的总分类账。

步骤1:复制“总分类账(科目汇总表)”工作表,等级复件名改为“总分类账(汇总记账凭证)”工作表。

步骤 1.1:鼠标右键单击“总分类账(科目汇总表)”标签,在弹出的菜单中单击“移动或复制”,打开“移动或复制工作表”对话框。

步骤 1.2:在“下列选定工作表之前”列表中选择“(移至最后)”,勾选“建立副本”复选框,单击“确定”按钮。

步骤 1.3:将新工作表“总分类账(科目汇总表)(2)”标签修改为“总分类账(汇总记账凭证)”。

分两次汇总记账凭证,第一次为“0001-0005”号记账凭证,第二次为“0006-0013”号记账凭证。

步骤 2:生成第一次记账“凭证起讫编号”数据。在 C9 单元格中输入公式:=TEXT(MIN(VALUE(记账凭证表! $C$3:$C$17)),"0000")&"-"&TEXT(MAX(VALUE(记账凭证表! $C$3:$C$17)),"0000"),按【Ctrl】+【Shift】+【Enter】组合键。

步骤 3:生成第一次记账“摘要”数据。在 D9 单元格中输入公式:="汇总"&TEXT(MIN(VALUE(记账凭证表! $C$3:$C$17)),"0000")&"-"&TEXT(MAX(VALUE(记账凭证表! $C$3:$C$17)),"0000")&"号记账凭证",按【Ctrl】+【Shift】+【Enter】组合键。

步骤 4:生成第一次记账“借方”数据。在 E9 单元格中输入公式:=IF($D$1="","",SUMIF(记账凭证表! $E$3:$E$17,LEFT($D$1,4)&"*",记账凭证表! $G$3:$G$17)),按【Ctrl】+【Shift】+【Enter】组合键。

步骤 5:生成第一次记账“贷方”数据。在 F9 单元格中输入公式:=IF($D$1="","",SUMIF(记账凭证表! $E$3:$E$17,LEFT($D$1,4)&"*",记账凭证表! $H$3:$H$17)),按【Ctrl】+【Shift】+【Enter】组合键。

步骤 6:第二次记账数据的生成。

步骤 6.1:分别将 C9、D9、E9、F9 单元格中的数组公式复制到 C10、D10、E10、F10 单元格。

步骤 6.2:将 C10、D10、E10、F10 单元公式中的数据范围的行次修改为 18:38 行,按【Ctrl】+【Shift】+【Enter】组合键。

步骤 7:将 G9 和 H9 单元格的公式通过拖曳填充控制柄的方式复制到 G10 和 H10 单元格。

操作结果如图 6-13 所示。

	A	B	C	D	E	F	G	H
1		请选择总分类账户：	1001	库存现金				
2								
3				总 分 类 账				
4							科目编码：1001	
5							账户名称：库存现金	
6	2016	年	凭证起讫编号	摘要	借方	贷方	余额方向	余额
7	月	日						
8	1	1		期初结转	50 000.00		借	50 000.00
9	1	10	0001-0005	汇总0001-0005号记账凭证		500.00	借	49 500.00
10	1	20	0006-0013	汇总0006-0013号记账凭证	5 000.00		借	54 500.00

图 6-13　总分类账生成(二)

【巩固技能】

请分别用汇总记账凭证账务处理流程和科目汇总表账务处理流程设计并生成总分类账。

任务五　明细分类账生成

【知识准备】

一、明细分类账的基本知识

明细分类账，是指按照明细分类账户进行分类登记的账簿，是根据单位开展经济管理的需要，对经济业务的详细内容进行的核算，是对总分类账进行的补充反映。明细分类账有三栏式、数量金额式、多栏式等多种账页格式。三栏式明细分类账设有借方、贷方和余额三个栏目，用以分类核算各项经济业务，提供详细核算资料的账簿，其格式与三栏式总账格式相同，适用于只进行金额核算的账户。常见的三栏式明细分类账账页格式如图 6-14 所示。

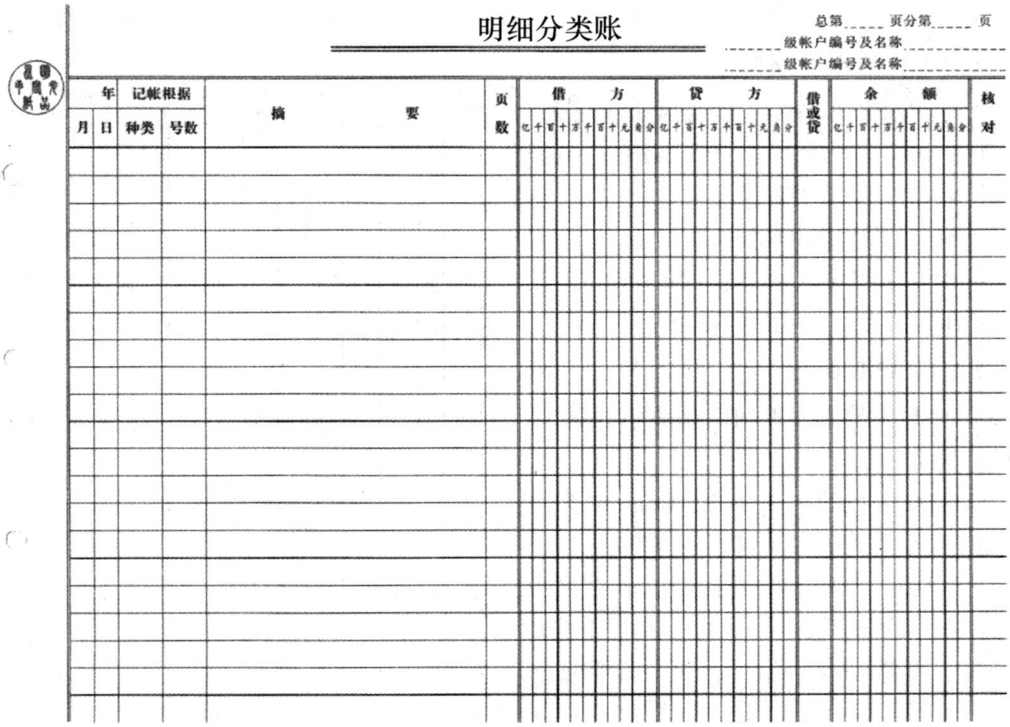

明细分类账

总第_____页分第_____页

______级帐户编号及名称____________

______级帐户编号及名称____________

年		记帐根据		摘要	页数	借方	贷方	借或贷	余额	核对
月	日	种类	号数			亿千百十万千百十元角分	亿千百十万千百十元角分		亿千百十万千百十元角分	

图 6-14　明细分类账样式

二、明细分类账的登记方法

明细分类账按照记账凭证逐日逐笔进行登记。

三、FIND 函数

FIND 函数用于在第二个文本串中定位第一个文本串，并返回第一个文本串的起始位置的值，该值从第二个文本串的第一个字符算起。

FIND 函数的语法：FIND(find_text, within_text, [start_num])

FIND 函数语法具有下列参数：

➢ find_text：必需。要查找的文本。

➢ within_text：必需。包含要查找文本的文本。

➢ start_num：可选。指定开始进行查找的字符。within_text 中的首字符是编号为 1 的字符。如果省略 start_num，则假定其值为 1。

FIND 函数的参数区分大小写，并且不允许使用通配符。如果不希望执行区分大小写的搜索或使用通配符，则可以使用 SEARCH 函数。

find_text 不能包含任何通配符。

➢ 如果 within_text 中没有 find_text，则 FIND 返回错误值 #VALUE!。

➢ 如果 start_num 不大于 0，则 FIND 错误值 #VALUE!。

➢ 如果 start_num 大于 within_text 的长度，则 FIND 返回错误值 #VALUE!。

如果在单元格中输入公式：=FIND("会计","Excel 在会计中的应用")，公式将返回 7。

四、ISNUMBER 函数

ISNUMBER 函数用于检查某个值是否为数字，如果是，返回 TRUE，否则返回 FALSE。

ISNUMBER 函数语法：ISNUMBER (value)

ISNUMBER 函数有以下参数：

value：必需。要测试的值。

若单元格中输入公式：=ISNUMBER(25)，将返回：TRUE；若单元格中输入公式：=ISNUMBER("25")，将返回：FALSE。

五、SMALL 函数

SMALL 函数用于返回数据集中的第 k 个最小值。使用此函数以返回在数据集内特定相对位置上的值。

SMALL 函数的语法：SMALL(array, k)

SMALL 函数语法具有下列参数：

➢ Array：必需。需要找到第 k 个最小值的数组或数值数据区域。

➢ k：必需。要返回的数据在数组或数据区域里的位置(从小到大)。

- 如果 array 为空，则 SMALL 返回错误值#NUM!。
- 如果 k≤0 或 k 超过了数据点个数，则 SMALL 返回错误值 #NUM!。
- 如果 n 为数组中的数据点个数，则 SMALL(array, 1) 等于最小值，SMALL(array, n) 等于最大值。

六、TRIM 函数

TRIM 函数用于移除文本中单词之间单个空格之外的所有空格。如果单词之间有多个空格,TRIM 将留下一个空格,用于分隔单词。

TRIM 函数的语法:TRIM(text)

TRIM 函数语法具有下列参数:

text:必需。要从中移除空格的文本。

若在单元格中输入公式:=TRIM(" 会 计 学 "),则公式将返回:"会 计 学"。

【任务描述】

登记明细分类账。

【任务分析】

格式设计:由于三栏式明细分类账的账页格式与三栏式总分类账的账页格式相同,所以只需复制总分类账为明细分类账,不需要重新进行格式设计。

数据生成:明细分类科目是“会计科目期初余额”工作表中“是否末级”项中“是”所对应的“科目名称”。为便于输入,需要在“会计科目期初余额”工作表中将末级科目筛选出来,将这些记录中的科目编码和科目名称录入到专用的工作表中,生成明细科目列表,便于明细账引用。

【任务实施】

步骤 1:复制“项目 6 任务 4_1. xlsx”工作簿文件,将其副本更名为“项目 6 任务 5_1. xlsx”。

步骤 2:打开“项目 6 任务 5_1. xlsx”工作簿。

步骤 3:鼠标右键单击“总分类账(科目汇总表)”工作表标签,在弹出的快捷菜单中单击“移动或复制”,打开“移动或复制工作表”对话框。

步骤 4:单击“下列选定工作表之前”列表中的“(移至最后)”,勾选“建立副本”,单击“确定”按钮。

步骤 5:将复制的工作表标签修改为“明细分类账”。

步骤 6:设置明细分类账科目参照列表。

步骤 6. 1:单击工作表标签区的“新工作表”按钮。

步骤 6. 2:将新建工作表标签修改为“明细科目”。

步骤 6. 3:单击“会计科目期初余额”工作表标签。

步骤 6. 4:将光标定位在数据清单的任一位置,单击“开始”|“编辑”|“排序和筛选”列表的“筛选”。

步骤 6. 5:单击“是否末级”(E1 单元格)右侧的筛选按钮,在弹出的列表中勾选“是”,再单击“确定”,将末级科目筛选出来。

步骤 6. 6:选择 A2~B86 区域。

步骤 6. 7:在选中区域的任一位置单击鼠标右键,在弹出的快捷菜单中单击“复制”。

步骤 6. 8:单击“明细分类账”标签。

步骤 6.9：在 A1 单元格中鼠标右键单击，在弹出的快捷菜单中单击“粘贴选项”的“值”按钮。

步骤 6.10：创建科目参照列表。在 E1 单元格输入公式：=A1&"   "&B1(空格数为 6)，然后鼠标拖曳 E1 单元格的填充控制柄到 E71 单元格，释放鼠标按键后，在 E1:E71 单元格区域就生成了科目参照列表。

科目编码规则是：4222，科目编码的最大长度是 10 位，而有效科目编码最少是 4 位(一级科目编码)，因此，科目编码参照列表中“科目编码”与“科目名称”之间应留至少 6(10-4)个空格。

步骤 6.11：将 E1:E71 单元格区域命名为“明细分类账科目”。选中 E1:E71 单元格区域，在名称框中输入“明细分类账科目”，按【Enter】键。

步骤 6.12：取消“会计科目期初余额”表的筛选状态。单击“会计科目期初余额”工作表标签，单击“开始”|“编辑”|“排序和筛选”列表的“筛选”。

步骤 6.13：单击“明细分类账”标签。

步骤 6.14：为 D1 单元格创建科目参照列表。选中 D1 单元格，单击“数据”|“数据工具”|“数据验证”，打开“数据验证”对话框，单击“设置”选项卡，在“验证条件”设置区的“允许”列表中选择“序列”，勾选“忽略空值”和“提供下拉列表”复选框，在“来源”编辑框中输入公式：=明细分类账科目，最后单击“确定”按钮。

步骤 6.15：隐藏“明细科目”工作表。鼠标右键单击“明细科目”工作表标签，在弹出的快捷菜单中单击“隐藏”。

步骤 7：将 A1~C1 合并单元格的文字修改为：“请选择明细分类账户：”。

步骤 8：将标题文字改为“ 明 细 分 类 账 ”。

步骤 9：科目编码数据生成。

步骤 9.1：合并 F4~H4 单元格。

步骤 9.2：在合并的单元格中输入公式：="科目编码："&TRIM(LEFT($D$1,10))。

公式解析：

首先，取出明细科目参照列表的编码部分，表达式：LEFT($D$1,10)。

然后，移除科目编码的空格，表达式：TRIM(LEFT($D$1,10))。

最后，用文本连接运算符“&”将提示文字“科目编码：”与取出的科目编码连接起来，表达式："科目编码："&TRIM(LEFT($D$1,10))。

步骤 10：账户名称数据生成。

步骤 10.1：合并 F5~H5 单元格。

步骤 10.2：在合并的单元格中输入公式：="账户名称："&IF($D$1="","",IF(LEN(TRIM(LEFT($D$1,10)))=4,VLOOKUP(TRIM(LEFT($D$1,10)),科目信息,2,0),IF(LEN(TRIM(LEFT($D$1,10)))=6,VLOOKUP(LEFT(TRIM(LEFT($D$1,10)),4),科目信息,2,0)&"/"&VLOOKUP(TRIM(LEFT($D$1,10)),科目信息,2,0),IF(LEN(TRIM(LEFT($D$1,10)))=8,VLOOKUP(LEFT(TRIM(LEFT($D$1,10)),4),科目信息,2,0)&"/"&VLOOKUP(LEFT(TRIM(LEFT($D$1,10)),6),科目信息,2,0)&"/"&VLOOKUP(TRIM(LEFT($D$1,10)),科目信息,2,0),VLOOKUP(LEFT(TRIM(LEFT($D$1,10)),4),科目信息,2,0)&"/"&VLOOKUP(LEFT(TRIM(LEFT($D$1,10)),

6),科目信息,2,0)&"/"&"/"&VLOOKUP(LEFT(TRIM(LEFT($D$1,10)),8),科目信息,2,0)&"/"&VLOOKUP(TRIM(LEFT($D$1,10)),科目信息,2,0)))))。

公式解析：

用文本连接运算符“&”将提示文字“账户名称：”与科目名称连接起来。

科目名称参见项目五任务三步骤 6：会计科目自动生成公式。

步骤 11：清除 A9：B23 区域的数据验证设置。

步骤 11.1：选择 A9：B23 区域。

步骤 11.2：单击“数据”|“数据工具”|“数据验证”，在弹出的如图 6-15 所示对话框中单击“确定”按钮，打开“数据验证”对话框。

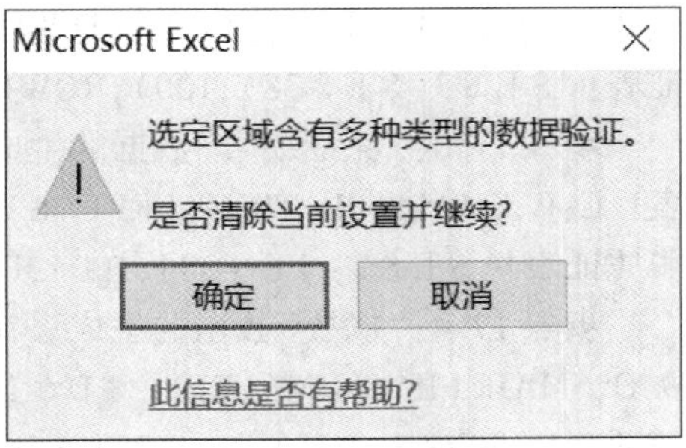

图 6-15　数据验证设置警示对话框

步骤 11.3：单击“设置”选项卡，单击“全部清除”按钮。

步骤 12：在 D8 单元格中输入摘要文字“上期转入”。

步骤 13：在 E8 单元格中输入公式：=IF($D$1="","",IF(VLOOKUP(TRIM(LEFT($D$1,10)),科目信息,6,0)="借",VLOOKUP(TRIM(LEFT($D$1,10)),科目信息,7,0),""))。

步骤 14：在 F8 单元格中输入公式：=IF($D$1="","",IF(VLOOKUP(TRIM(LEFT($D$1,10)),科目信息,6,0)="贷",VLOOKUP(TRIM(LEFT($D$1,10)),科目信息,7,0),""))。

步骤 15：在 G8 单元格中输入公式：=IF($D$1="","",VLOOKUP(TRIM(LEFT($D$1,10)),科目信息,6,0))。

步骤 16：在 H8 单元格中输入公式：=IF($D$1="","",VLOOKUP(TRIM(LEFT($D$1,10)),科目信息,7,0))。

步骤 13～步骤 16 的公式解析请参看项目六任务四子任务二的步骤 7～步骤 10。

步骤 17：明细账主体数据的生成。

步骤 17.1：“月”数据的生成。在 A9 单元格中输入数组公式：=INDEX(记账凭证表!A:A,SMALL(IF(TRIM(LEFT($D$1,10))=记账凭证表!$E$3:$E$38,ROW(记账凭证表!$E$3:$E$38),100),ROW()-8)),按【Ctrl】+【Shift】+【Enter】。

公式解析：

在“记账凭证表”工作表的$E$3:$E$38 区域查找与 D1 单元格中科目编码相同的记录，表达式：TRIM(LEFT($D$1,10))=记账凭证表!$E$3:$E$38,ROW(记账凭证表!$E$3:$E$38)。

如果查找到，返回匹配记录的行号，否则返回一个空行行号，该例选 100，表达式：IF(TRIM(LEFT($D$1,10))=记账凭证表!$E$3:$E$38,ROW(记账凭证表!$E$3:$E$38),100)。

将查找到的所有记录的行号按从小到大的顺序排列起来，表达式：SMALL(IF(TRIM(LEFT($D$1,10))=记账凭证表!$E$3:$E$38,ROW(记账凭证表!$E$3:$E

$38),100),ROW()-8)。

由于公式单元在第 9 行,所以用表达式 ROW()-8 可以依次得到 SMALL 函数的第二个参数 1,2,3…。即第一个、第二个、第三个……最小值。

返回记账凭证表中相应行次的“月份”数据,表达式:INDEX(记账凭证表! A:A,SMALL(IF(TRIM(LEFT($D$1,10))=记账凭证表! $E$3:$E$38,ROW(记账凭证表! $E$3:$E$38),100),ROW()-8))。

步骤 17.2:“日”数据的生成。在 B9 单元格中输入数组公式:=INDEX(记账凭证表! B:B,SMALL(IF(TRIM(LEFT($D$1,10))=记账凭证表! $E$3:$E$38,ROW(记账凭证表! $E$3:$E$38),100),ROW()-8)),按【Ctrl】+【Shift】+【Enter】。

步骤 17.3:“凭证编号”数据的生成。在 C9 单元格中输入数组公式:=INDEX(记账凭证表! C:C,SMALL(IF(TRIM(LEFT($D$1,10))=记账凭证表! $E$3:$E$38,ROW(记账凭证表! $E$3:$E$38),100),ROW()-8)),按【Ctrl】+【Shift】+【Enter】。

步骤 17.4:“摘要”数据的生成。在 D9 单元格中输入数组公式:=INDEX(记账凭证表! D:D,SMALL(IF(TRIM(LEFT($D$1,10))=记账凭证表! $E$3:$E$38,ROW(记账凭证表! $E$3:$E$38),100),ROW()-8)),按【Ctrl】+【Shift】+【Enter】。

步骤 17.5:“借方”数据的生成。在 E9 单元格中输入数组公式:=INDEX(记账凭证表! G:G,SMALL(IF(TRIM(LEFT($D$1,10))=记账凭证表! $E$3:$E$38,ROW(记账凭证表! $E$3:$E$38),100),ROW()-8)),按【Ctrl】+【Shift】+【Enter】。

步骤 17.6:“贷方”数据的生成。在 F9 单元格中输入数组公式:=INDEX(记账凭证表! H:H,SMALL(IF(TRIM(LEFT($D$1,10))=记账凭证表! $E$3:$E$38,ROW(记账凭证表! $E$3:$E$38),100),ROW()-8)),按【Ctrl】+【Shift】+【Enter】。

步骤 17.2~步骤 17.6,也可通过复制 A9 单元格公式的方式得到。具体的操作方法是:水平拖曳 A9 单元格的填充控制柄到 F9 单元格,然后依次将 B9、C9、D9、E9、F9 公式中 INDEX 的第一个参数修改为:记账凭证表! B:B、记账凭证表! C:C、记账凭证表! D:D、记账凭证表! G:G、记账凭证表! H:H。

步骤 17.2~步骤 17.6 公式解析请参看步骤 17.1。

步骤 18:“余额方向”数据的生成。在 G9 单元格中输入公式:=IF(OR($D$1="",LEN(C9)<=1),"",IF(SUM($E$8:E9)>SUM($F$8:F9),"借",IF(SUM($E$8:E9)=SUM($F$8:F9),$G$8,"贷")))。

公式解析:

如果 D1 单元格为空,或者对应的“凭证编号”单元格的长度少于或者等于 1(公式单元格若无数据,则单元格的长度为 1),则返回空,表达式:IF(OR($D$1="",LEN(C9)<=1),"")。

如果借方合计大于贷方合计,余额方向为“借”,如果借方合计与贷方合计相等,余额方向与上期转入的方向相同,否则余额方向为“贷”。

步骤 19:“余额”数据的生成。在 H9 单元格中输入公式:=IF(LEN(C9)<=1,"",ABS(SUM($E$8:E9)-SUM($F$8:F9)))。

公式解析：

如果对应的“凭证编号”无数据，则返回空，否则余额为借方合计与贷方合计的绝对值。

步骤 20：A10：H23 区域单元格数据的生成。

步骤 20.1：选择 A9～H9 单元格区域。

步骤 20.2：向下拖曳 H9 单元格的填充控制柄到 H23 单元格，完成区域内所有单元格计算公式的构造结果。

如图 6-16 所示。

	A	B	C	D	E	F	G	H
1	请选择明细分类账户：		100201	工商银行（基本户）				
2								
3				明　细　分　类　账				
4						科目编码：100201		
5						账户名称：银行存款/工商银行（基本户）		
6	2016	年	凭证编号	摘要	借方	贷方	余额方向	余额
7	月	日						
8	1	1		上期转入	419 990.00		借	419 990.00
9	1	8	0004	核销应付账款		70 200.00	借	349 790.00
10	1	10	0006	核销应收账款	93 600.00		借	443 390.00
11	1	12	0009	购入固定资产		9 477.00	借	433 913.00
12	1	14	0012	提取备用金		5 000.00	借	428 913.00
13	1	15	0013	销售商品	105 300.00		借	534 213.00
14								

图 6-16　明细分类账生成（一）

【任务拓展】

明细分类账主体数据单元格的另外一个计算公式。

步骤 1：鼠标右键单击“明细分类账”，在弹出的快捷菜单中单击“移动或复制”，打开“移动或复制工作表”对话框。

步骤 2：单击“下列选定工作表之前”列表中的“（移至最后）”，勾选“建立副本”，单击“确定”按钮。

步骤 3：将复制的工作表标签修改为“明细分类账（参考）”。

步骤 4：清除 A9：F23 区域的单元格公式。

步骤 4.1：选择 A9：F23 区域。

步骤 4.2：在选中区域的任一位置单击鼠标右键，在弹出的快捷菜单中单击“清除内容”。或者：

敲键盘上的【Delete】或【Del】键。

步骤 5：构造计算公式。

步骤 5.1：“月”数据生成。在 A9 单元格中输入数组公式：=INDEX（记账凭证表！A：A，SMALL（IF（ISNUMBER（FIND（TRIM（LEFT（$D$1，10）），记账凭证表！$E$3：$E$38）），ROW（记账凭证表！$E$3：$E$38），100），ROW（）-8）），按【Ctrl】+【Shift】+【Enter】。

公式解析：

在“记账凭证表”工作表的 E3:E38 区域（记账凭证的科目编码）中查找 D1 单元格中的科目编码，表达式：FIND(TRIM(LEFT($D$1,10))。

检测查找的结果是否为数值，若为数值说明在“记账凭证表”工作表的 E3:E38 区域中找到了指定的科目编码，否则说明在“记账凭证表”工作表的 E3:E38 区域中未找到指定的科目编码，表达式：ISNUMBER(FIND(TRIM(LEFT($D$1,10))。

如果在“记账凭证表”工作表的 E3:E38 区域中找到 D1 单元格中的科目编码，则返回对应记录的行号，否则返回一个空行的行号（此例为 100），表达式：IF(ISNUMBER(FIND(TRIM(LEFT($D$1,10)),记账凭证表！$E$3:$E$38)),ROW(记账凭证表！$E$3:$E$38),100)。

将返回的行号升序排列，表达式：SMALL(IF(ISNUMBER(FIND(TRIM(LEFT($D$1,10)),记账凭证表！$E$3:$E$38)),ROW(记账凭证表！$E$3:$E$38),100),ROW()-8)。

返回对应行号在“记账凭证表”工作表 A 列（月）的值，表达式：INDEX(记账凭证表！A:A,SMALL(IF(ISNUMBER(FIND(TRIM(LEFT($D$1,10))。

步骤 5.2：第 9 行其他主体数据单元计算公式的构造。

向右拖曳 A9 单元格的填充控制柄到 F9 单元格，然后依次将 B9、C9、D9、E9、F9 单元格公式的 INDEX 函数的第一个参数修改为：记账凭证表！B:B、记账凭证表！C:C、记账凭证表！D:D、记账凭证表！G:G、记账凭证表！H:H。

步骤 5.3：工作表内其他主体数据单元计算公式的构造。

选择 A9:F9 单元格区域，然后向下拖曳 F9 单元格的填充控制柄到 F23 单元格，完成区域内所有单元格计算公式的构造。

结果如图 6-17 所示。

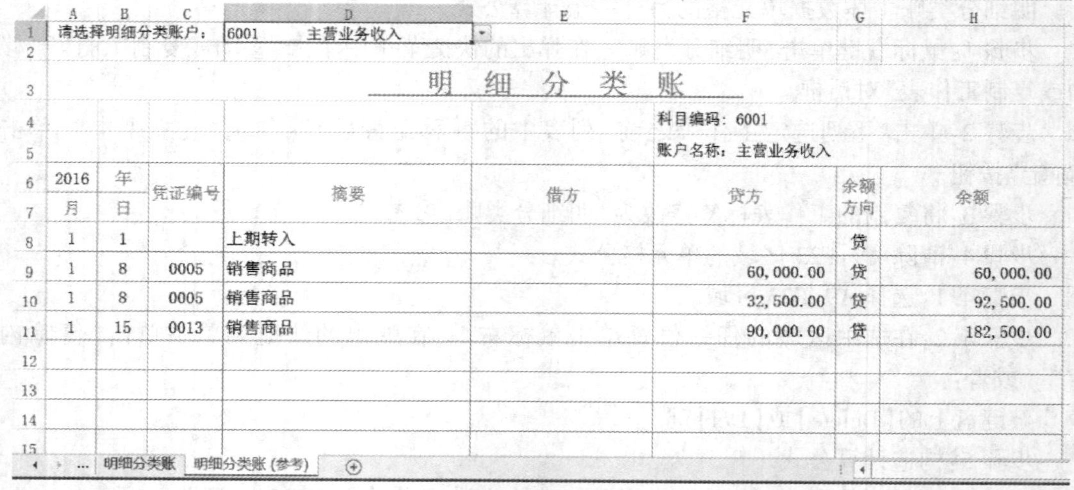
请选择明细分类账户： 6001 主营业务收入

明细分类账

科目编码：6001

账户名称：主营业务收入

2016 年		凭证编号	摘要	借方	贷方	余额方向	余额
月	日						
1	1		上期转入			贷	
1	8	0005	销售商品		60,000.00	贷	60,000.00
1	8	0005	销售商品		32,500.00	贷	92,500.00
1	15	0013	销售商品		90,000.00	贷	182,500.00

明细分类账　明细分类账（参考）

图 6-17　明细分类账生成（二）

【巩固技能】

请设计明细分类账账页格式并依据记账凭证表构造单元计算公式，生成明细分类账。

7

项目七 财务报表

财务报表是根据日常会计核算资料定期编制的,综合反映企业某一特定日期财务状况和某一会计期间经营成果的总结性书面文件,是对企业财务状况、经营成果和现金流量的结构性描述。财务报表是企业财务报告的主要部分,是企业向外传递会计信息的主要手段。

企业会计报表的使用者,可通过会计报表反映的财务会计信息,依据一定的分析原理和指标的标准值,来剖析和判断企业的经营财务状况,掌握企业的生存和发展能力。

会计报表的编制主要由报表格式设计和数据处理两个部分构成。格式依据《企业会计准则》有关财务报表列报要求,结合企业实际情况设计;数据主要从会计账簿、试算平衡表和会计凭证等会计数据文件中取得。

通过该项目的实施,企业能根据“会计科目期初余额表”“科目汇总表”“试算平衡表”和“记账凭证表”等会计账簿,生成“资产负债表”“利润表”“现金流量表”等财务报表数据。

【知识目标】

- 财务报表的基本知识
- 三大财务报表的数据来源
- 报表数据生成的相关技术

【技能目标】

- 三大财务报表的格式设计
- 从相关账簿文件中获取报表数据
- 工作表引用技术的应用
- DATE()、TODAY()、YEAR()、MONTH()等时间函数的应用

任务一 资产负债表的制作

【知识准备】

一、基本概念及结构

资产负债表也叫财务状况表，是反映企业在某一特定日期（月末、季末、年末）全部资产、负债、所有者权益情况的报表。该表的基本结构是以“资产=负债+所有者权益”这一会计恒等式为理论基础的。基本形式有报告式和账户式。我国采用的是左右平衡的账户式结构，即报表左边反映企业的资产，右边反映负债和所有者权益，它由表头和基本内容两部分构成。

➢ 表头。表头部分包括报表名称、编制单位、报表编号、编报日期和货币计量单位等内容。

➢ 基本内容。这部分是资产负债表的核心，它包括资产、负债和所有者权益。

资产负债表基本格式如图 7-1 所示。

资 产 负 债 表

会企01表

编制单位: 年 月 日 单位：元

资产	行次	年初数	期末数	负债和所有者权益（或股东权益）	行次	年初数	期末数
滚动资产:				流动负债			
货币资金	1			短期借款	68		
短期投资	2			应付票据	69		
应收票据	3			应付账款	70		
应收股利	4			预收账款	71		
应收利息	5			应付工资	72		
应收帐款	6			应付福利费	73		
其他应收款	7			应付股利	74		
预付账款	8			应交税金	75		
应收补贴款	9			其他应交款	80		
存货	10			其他应付款	81		
待摊费用	11			预提费用	82		
一年内到期的长期债券投资	21			预计负债	83		
其他流动资产	24			一年内到期的长期负债	86		
流动资产合计	31			其他流动负债	90		
长期资产:							
长期股权投资	32			流动负债合计	100		
长期债权投资	34			长期负债:			
长期投资合计	38			长期借款	101		

固定资产				应付债券	102		
固定资产原价	39			长期应付款	103		
减：累计折旧	40			专项应付款	106		
固定资产净值	41			其他长期负债	108		
减：固定资产减值准备	42			长期负债合计	110		
固定资产净额	43			递延税项			
工程物资	44			递延税款贷项	111		
在建工程	45			负债合计	114		
固定资产清理	46						
固定资产合计	50			所有者权益(或股东权益)			
无形资产及其他资产				实收资本(或股本)	115		
无形资产	51			减:已归还投资	116		
长期待摊费用	52			实收资本(或股本)净额	117		
其他长期资产	53			资本公积	118		
无形资产及其他资产合计	60			盈余公积	119		
				其中：法定公益金	120		
递延税款				未分配利润	121		
递延税款借项	61			所有者权益(或股东权益)合计	122		
资产合计	67			负债和所有者权益(或股东权益)总计	135		

图 7-1　资产负债表样式

二、数据来源及填制方法

为了便于正确编制资产负债表，通常在编表前先根据有关账户期末余额进行分析整理，编制试算平衡表，经试算平衡后再编制资产负债表。

资产负债表“年初数”栏内各项数字，应根据上年末资产负债表“期末数”栏内所列数字填列，“期末数”栏内各项数字，应根据资产、负债和所有者权益期末情况填列。概括起来，资产负债表的各栏数据填制方法有以下几种。

（一）根据总账有关账户的期（初）末余额直接填列

如资产类的应收票据、应收股利、应收利息、其他应收款、固定资产、固定资产清理、在建工程等项目；负债类的短期借款、应付票据、应付账款、应付职工薪酬、应交税费、长期借款等项目；所有者权益类的实收资本、资本公积、盈余公积等。对于这部分栏目数字的填列，可从相关工作表（本例为“会计科目期初”和“试算平衡表”，下同）中的单元格直接取数，也可用查找函数从相关工作表中取得。

建议采用查找函数实现在“会计科目期初余额”或“试算平衡表”中取数，这样通过复制公式后修改相应的科目编码就可完成其他栏目数字的填列。

（二）根据同类总账科目期（初）末余额合并计算填列

如资产类的货币资金项目，根据“库存现金”“银行存款”“其他货币资金”等账户的期末余额合并填列；存货项目，根据“材料采购”“原材料”“材料成本差异”“库存商品”“周转材料”等账户的期末余额合并填列。对于这部分栏目数字的填列，用求和函数实现。

（三）根据总账科目余额减去其备抵项目后的净额填列

如固定资产项目,根据"固定资产"账户余额减去"累计折旧"账户余额后填列;应收账款项目,根据"应收账款"账户减去相应的"坏账准备"账户余额后填列。对于这部分栏目数字,通过从其他工作表单元取数进行相减运算后填列。

(四)根据科目余额分析计算填列

在资产负债表中,有些项目并不能直接由试算平衡表的相关科目余额计算得到,需要对有关科目的明细进行查阅,将符合一定条件的数据合计起来,填列在项目的期末处。

如"长期借款"项目的填列,应根据"长期借款"总账科目的期末余额,扣除"长期借款"科目所属明细科目中反映的、将于一年内到期的长期借款部分,分析计算填列,并将扣除部分填列在"短期借款"项目中。

(五)根据表内数据计算填列

资产负债表中所有合计项目均通过表内数据计算填列。如"流动资产合计"由表内流动资产所有项目加总得到。

三、DATE 函数

DATE 函数用于返回表示特定日期的连续序列号。例如,公式=DATE(2008,7,8)将返回 39637,该序列号表示 2008-7-8。

如果在输入该函数之前单元格格式为"常规",则结果将使用日期格式,而不是数字格式。若要显示序列号或要更改日期格式,请在"开始"选项卡的"数字"组中选择数字格式。

DATE 函数的语法:DATE(year,month,day)

DATE 函数语法具有下列参数:

➢ year:必需。year 参数的值可以包含一到四位数字。

➢ month:必需。一个正整数或负整数,表示一年中从 1 月至 12 月(1 月到 12 月)的各个月。

如果 month 大于 12,则 month 会将该月份数与指定年中的第一个月相加。例如,DATE(2008,14,2) 返回代表 2009 年 2 月 2 日的序列数。

如果 month 小于 1,month 则从指定年份的一月份开始递减该月份数,然后再加上 1 个月。例如,DATE(2008,-3,2) 返回代表 2007 年 9 月 2 日的序列号。

➢ day:必需。一个正整数或负整数,表示一月中从 1 日到 31 日的各天。

如果 day 大于月中指定的天数,则 day 会将天数与该月中的第一天相加。例如,DATE(2008,1,35) 返回代表 2008 年 2 月 4 日的序列数。

如果 day 小于 1,则 day 从指定月份的第一天开始递减该天数,然后再加上 1 天。例如,DATE(2008,1,-15) 返回代表 2007 年 12 月 16 日的序列号。

1900 年 1 月 1 日的序列号为 1,2008 年 1 月 1 日的序列号为 39448,这是因为它距 1900 年 1 月 1 日有 39,447 天。

注意:day 为 0 时取参数 month 的最后一天;month 为 0 会取上年最后一个月,即 12。

四、TODAY 函数

TODAY 函数用于返回当前日期的序列号。如果在输入该函数之前单元格格式为"常规",Excel 会将单元格格式更改为"日期"。若要显示序列号,必须将单元格格式更改为"常规”或“数字”。

TODAY 函数的语法:TODAY( )。

TODAY 函数语法没有参数。

若希望在某个单元格中返回一个 1969 年出生的人的年龄,只需要在该单元格中输入公式:=YEAR(TODAY( ))-1969。

五、YEAR 函数

YEAR 函数返回对应于某个日期的年份。Year 作为 1900~9999 之间的整数返回。

YEAR 函数的语法:YEAR(serial_number)。

YEAR 函数语法具有下列参数:

serial_number:必需。要查找的年份的日期。应使用 DATE 函数输入日期,或者将日期作为其他公式或函数的结果输入。若要在某个单元格中返回当前的年份,则应在该单元格输入公式:=YEAR(TODAY( ))或=YEAR(NOW( ))。

六、MONTH 函数

MONTH 函数用于返回日期(以序列数表示)中的月份。月份是介于 1(一月)到 12(十二月)之间的整数。

MONTH 函数的语法:MONTH(serial_number)。

MONTH 函数语法具有下列参数:

serial_number:必需。正在尝试查找该月份的日期。通过使用 DATE 函数,或作为其他公式或函数的结果,则应输入日期。若要在某个单元格中返回当前的月份,则应在该单元格中输入公式:=MONTH(TODAY( ))或= MONTH(NOW( ))。

【任务描述】

编制资产负债表。

因为表中数据生成方法是相同的,为节约篇幅,以流动资产项目的数据生成为例。

【任务分析】

该任务由格式设计和数据处理两部分构成。格式设计可以从网上下载模板,然后根据企业实际情况进行修改完成,也可以自主设计完成;数据的采集可用 VLOOKUP 函数从“会计科目期初余额”工作表中获取“年初数”,从“试算平衡表”中取“期末数”,也可以统一从“试算平衡表”中获取“年初数”和“期末数”。本例以“试算平衡表”为数据源。

【任务实施】

步骤 1:复制“项目 6 任务 5_1. xlsx”工作簿文件,将其副本更名为“项目 7 任务 1_1. xlsx”。

步骤 2:打开“项目 7 任务 1_1. xlsx”工作簿。

步骤 3:新建“资产负债表”工作表。单击工作表标签区的“新工作表” 按钮,并将新工作表标签名称修改为“资产负债表”。

步骤 4:根据企业实际输入资产负债表项目名称并进行格式设计,包括字体设置、对齐方式设置、添加表格线、页面布局等操作。

步骤 4 的操作略。

步骤 5：编制日期数据的生成。在 E3 单元格中输入公式：=TEXT(DATE(YEAR(TODAY()),MONTH(TODAY())+1,0),"e 年 mm 月 dd 日")。

公式解析：

由于“资产负债表”的填制日期通常为月末，所以用公式“=DATE(YEAR(TODAY()),MONTH(TODAY())+1,0)”返回填表月份最后一天的日期。因为第二个参数：表达式 MONTH(TODAY())+1 是当前月份的下一个月，所以第三个参数用 0 就可以得到填表月份最后一天的日期了。

将填表日期用“××××年××月××日”格式显示。表达式：TEXT(DATE(YEAR(TODAY()),MONTH(TODAY())+1,0),"e 年 mm 月 dd 日")。

步骤 6：将“试算平衡表”相关区域命名为“试算平衡表”。

步骤 6.1：单击“试算平衡表”工作表标签。

步骤 6.2：选择“试算平衡表”的 A4~H42 区域。

步骤 6.3：在名称框中输入“试算平衡表”，敲【Enter】键完成区域的命名。

步骤 7：“货币资金”年初数的生成。根据“1001 库存现金”“1002 银行存款”和“1012 其他货币资金”年初数加总填列。

步骤 7.1：单击“资产负债表”标签。

步骤 7.2：在 C6 单元格中输入“货币资金”年初数的生成公式：=SUM(VLOOKUP("1001",试算平衡表,3,0),VLOOKUP("1002",试算平衡表,3,0),VLOOKUP("1012",试算平衡表,3,0))。

公式解析：

“货币资金”年初数是“1001 库存现金”“1002 银行存款”“1012 其他货币资金”这三个科目年初借方余额之和，位于“试算平衡表”第三列。因此用 VLOOKUP 函数依次从“试算平衡表”第三列取出这三个科目的年初数，然后求和就得到“货币资金”年初数，表达式：SUM(VLOOKUP("1001",试算平衡表,3,0),VLOOKUP("1002",试算平衡表,3,0),VLOOKUP("1012",试算平衡表,3,0))。

步骤 8：“应收账款”年初数的生成。根据“应收账款”净额填列，即“应收账款”的借方余额减去“坏账准备”的贷方余额。在 C11 单元格输入公式：=VLOOKUP("1122",试算平衡表,3,0)-VLOOKUP("1231",试算平衡表,4,0)。

公式解析：

“应收账款”年初数是“1122 应收账款”年初借方余额减去“1231 坏账准备”贷方年初余额的差额，因此从“试算平衡表”第三列取出“1122 应收账款”的借方余额，减去从“试算平衡表”第四列取出“1231 坏账准备”的贷方余额就得到“应收账款”的年初数，表达式：VLOOKUP("1122",试算平衡表,3,0)-VLOOKUP("1231",试算平衡表,4,0)。

步骤 9：“其他应收款”年初数的生成。根据“1221 其他应收款”科目余额填列。在 C12 单元格中输入公式：=VLOOKUP("1221",试算平衡表,3,0)。

步骤 10：“预收账款”年初数的生成。根据“1123 预收账款”科目余额填列。在 C13 单元格中输入公式：=VLOOKUP("1123",试算平衡表,3,0)。

步骤 11:“存货”年初数的生成。根据存货类科目余额减去“存货跌价准备”后填列(本例无“存货跌价准备”)。在 C15 单元格中输入公式:=SUM(VLOOKUP("1402",试算平衡表,3,0),VLOOKUP("1403",试算平衡表,3,0),VLOOKUP("1405",试算平衡表,3,0),VLOOKUP("1408",试算平衡表,3,0),VLOOKUP("1411",试算平衡表,3,0))。

公式解析:

由于没有“存货跌价准备”,所以本例资产负债表中的“存货”年初数应填列“1402 在途物资”“1403 原材料”“1405 库存商品”“1408 委托加工物资”“1411 周转材料”之和,表达式:SUM(VLOOKUP("1402",试算平衡表,3,0),VLOOKUP("1403",试算平衡表,3,0),VLOOKUP("1405",试算平衡表,3,0),VLOOKUP("1408",试算平衡表,3,0),VLOOKUP("1411",试算平衡表,3,0))。

步骤 12:“流动资产合计”年初数的生成。根据所有流动资产年初余额之合填列。在 C19 单元格中输入公式:=SUM(C6:C18)。

步骤 13:所有流动资产项目“期末数”的生成。因为流动资产项目的“期末数”在“试算平衡表”中位于第 7、8 列,与“年初数”的数据源相同,所不同的是“年初数”位于第三、第四列,所以可以通过复制相应项目的“年初数”生成公式,然后将 VLOOKUP 函数的第三个参数“3”或“4”相应地修改为“7”或“8”,如将 C6 单元格的公式复制到 D6 单元格后,再将相应的 VLOOKUP 的第三个参数“3”改为“7”即可。

步骤 12.1:选择 C6~C19 单元格区域。

步骤 12.2:向右拖曳 C19 单元格的填充控制柄到 D19 单元格,释放鼠标左键,此时 D6~D19 单元格已经对应地复制了 C6~C19 的数据生成公式。

步骤 12.3:将 D6、D11、D12、D13、D15 单元格的公式中 VLOOKUP 函数的第三个参数“3”修改为“7”(第 3 个参数若为“4”,则修改为“8”)。

完成“流动资产”项目数据生成的资产负债表如图 7-2 所示。

	A	B	C	D	E	F	G	H
1			资	产	负 债 表			
2								会企01表
3	编制单位:A企业			编制日期:	2016年03月31日			单位:元
4	资产	行次	年初数	期末数	负债和所有者权益(或股东权益)	行次	年初数	期末数
5	流动资产:				流动负债:			
6	货币资金	1	607,090.00	725,813.00	短期借款	68		
7	短期投资	2			应付票据	69		
8	应收票据	3			应付帐款	70		
9	应收股利	4			预收账款	71		
10	应收利息	5			应付工资	72		
11	应收账款	6	249,385.50	264,010.50	应付福利费	73		
12	其他应收款	7	600.00	600.00	应付股利	74		
13	预付账款	8	7,971.25	7,971.25	应交税金	75		
14	应收补贴款	9			其他应交款	80		
15	存 货	10	854,480.00	1,006,508.31	其他应付款	81		
16	待摊费用	11			预提费用	82		
17	一年内到期的长期债券投资	21			预计负债	83		
18	其他流动资产	24			一年内到期的长期负债	86		
19	流动资产合计	31	1,719,526.75	2,004,903.06	其他流动负债	90		

... 试算平衡表 | 科目汇总表 | 资产负债表

图 7-2 资产负债表

【巩固技能】

请你接着完成“资产负债表”其他数据项目的填列。

任务二　利润表的制作

【知识准备】

一、基本概念及结构

利润表也称为损益表,是反映企业一定会计期间(如月度、季度、半年度或年度)生产经营成果的会计报表。企业一定会计期间的经营成果既可能表现为盈利,也可能表现为亏损,因此,利润表也被称为损益表。它全面揭示了企业在某一特定时期实现的各种收入、发生的各种费用、成本或支出,以及企业实现的利润或发生的亏损情况。

利润表是根据“收入-费用=利润”的基本关系来编制的,其具体内容取决于收入、费用、利润等会计要素及其内容,利润表项目是收入、费用和利润要素内容的具体体现。常见的利润表如图 7-3 所示。

图 7-3 可以看出,利润表由表头、正表两部分组成。

利　润　表

会企 02 表

编制单位:　　　　单位:元

项　　目	本期金额	上期金额
一、营业收入		
减:营业成本		
营业税金及附加		
销售费用		
管理费用		
财务费用		
资产减值损失		
加:公允价值变动收益(损失以“-”号填列)		
投资收益(损失以“-”号填列)		
其中:对联营企业和合营企业的投资收益		
二、营业利润(亏损以“-”号填列)		
加:营业外收入		

（续表）

项　　目	本期金额	上期金额
减：营业外支出		
其中：非流动资产处置损失		
三、利润总额（亏损总额以“-”号填列）		
减：所得税费用		
四、净利润（净亏损以“-”号填列）		
五、每股收益：		
（一）基本每股收益		
（二）稀释每股收益		

图 7-3　利润表样式

➢ 表头。表头部分包括报表名称、编制单位、编制日期、报表编号、货币名称、计量单位等。

➢ 正表。是利润表的主体，反映形成经营成果的各个项目和计算过程。

二、利润表正表格式

利润表正表的格式一般有两种：单步式利润表和多步式利润表。单步式利润表是将当期所有的收入列在一起然后将所有的费用列在一起两者相减得出当期净损益。多步式利润表是通过对当期的收入、费用、支出项目按性质加以归类，按利润形成的主要环节列示一些中间性利润指标，如营业利润、利润总额、净利润，分步计算当期净损益。

在我国，利润表采用多步式，图 7-3 就是一张多步式利润表。

三、利润表的填列方法及数据来源（以“本期金额”为例）

利润表“本期金额”栏反映各项目的本月实际发生数。一般根据账户的本期发生额分析填列，“营业利润”“利润总额”“净利润”等项目，根据表内有关项目数据计算填列。

利润表的数据可以从以下三个数据源表中得到：

➢ “记账凭证表”工作表。根据该表损益类账户的发生额分析计算填列。

➢ “科目汇总表”工作表。根据该表损益类账户的发生额合计填列。

➢ “试算平衡表”工作表。根据该表损益类账户本期发生额合计填列。

【任务描述】

编制利润表。

因为表中数据生成方法是相同的，为节约篇幅，以“本期金额”数据生成为例。

【任务分析】

该任务由格式设计和数据处理两部分构成。格式设计可以从网上下载模板，然后根据企业实际情况进行修改完成，也可以自主设计完成；数据的采集可用 VLOOKUP 函数从“记账凭证表”工作表或“科目汇总表”工作表中获取，也可以从“试算平衡表”中获取。本例以

“试算平衡表”为数据源。

【任务实施】

步骤 1:复制“项目 7 任务 1_1. xlsx”工作簿文件,将其副本更名为“项目 7 任务 2_1. xlsx”。

步骤 2:打开“项目 7 任务 2_1. xlsx”工作簿。

步骤 3:新建“利润表”工作表。单击工作表标签区的“新工作表”按钮,并将新工作表标签名称修改为“利润表”。

步骤 4:根据企业实际输入利润表项目名称并进行格式设计,包括字体设置、对齐方式设置、添加表格线、页面布局等操作。

步骤 4. 1:A6、A12、A16、A17、A20、A23、A24 单元格文本缩进设置。

步骤 4. 1. 1:选择 A6、A12、A16、A17、A20、A23、A24 单元格区域。单击 A6 单元格,按下【Ctrl】键,依次单击 A12、A16、A17、A20、A23、A24,释放【Ctrl】键。

步骤 4. 1. 2:单击“开始”|“单元格”|“格式”按钮,在弹出的菜单中单击“设置单元格格式”,打开“设置单元格格式”对话框。

步骤 4. 1. 3:单击“对齐”选项卡,在“文本对齐方式”设置区“水平对齐”下拉列表中选择“靠左(缩进)”,在“缩进”微调控制区,单击控制按钮,将缩进量设置为“1”,如图 7-4 所示。

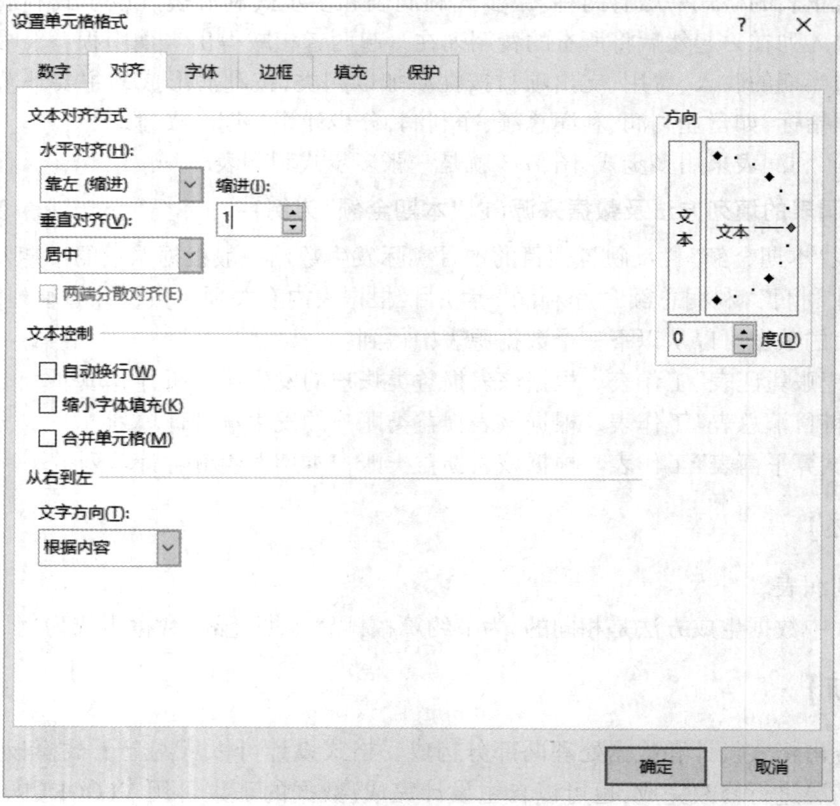

图 7-4 “对齐”设置

步骤 4.1.3：单击“确定”按钮。

步骤 4.2：设置 A7～A11、A13～A14、A18 单元格的文本缩进。

参照步骤 4.1，将上述单元格的文本缩进量设置为 2。字体设置、对齐方式设置、添加表格线、页面布局等操作略。

步骤 5：编制日期数据的生成。在 B3 单元格中输入公式：=TEXT(TODAY()，"ee 年 mm 月")。

公式解析：

获取编制报表日期，表达式：TODAY()或 NOW()。

按“××××年××月”的格式返回编制报表日期，表达式：TEXT(TODAY()，"ee 年 mm 月")。

步骤 6：“营业收入”本期数据的生成。在 B5 单元格输入公式：=VLOOKUP("6001"，试算平衡表，6，0)。

公式解析：

“营业收入”项目应根据“主营业务收入”和“其他业务收入”科目的发生额填列，“主营业务收入”的科目编码为“6001”，本期贷方发生额数据位于“试算平衡表”区域第 6 列，因本例不涉及“其他业务收入”账户，所以只需返回“主营业务收入”的本期贷方发生额就可以了，表达式：VLOOKUP("6001"，试算平衡表，6，0)。

如果数据源为“记账凭证表”工作表，则表达式为：SUMIF(记账凭证表！$E$3：$E$38，"6001"&"*"，记账凭证表！$H$3：$H$38)。

如果数据源为“科目汇总表”工作表，则表达式为：VLOOKUP("6001"，科目汇总表！A6：D44，4，0)。

步骤 7：参照步骤 6，完成 B6～B9 单元格“营业成本”“营业税金及附加”“销售费用”“管理费用”项目数据的生成。

“营业成本”(B6)项目数据的生成公式：=VLOOKUP("6401"，试算平衡表，5，0)。

“税金及附加”(B7)项目数据的生成公式：=VLOOKUP("6403"，试算平衡表，5，0)。

“销售费用”(B8)项目数据的生成公式：=VLOOKUP("6601"，试算平衡表，5，0)。

“管理费用”(B9)项目数据的生成公式：=VLOOKUP("6602"，试算平衡表，5，0)。

本例不涉及 A10～A14 项目，所以 B10～B14 不需定义数据生成公式。

步骤 8：“营业利润”项目数据的生成。在 B15 单元格输入公式：=B5-SUM(B6：B11)+B12+B13。

公式解析：

“营业利润”数据由“营业收入”减去“营业成本”“营业税金及附加”“销售费用”“管理费用”“财务费用”“资产减值损失”，再加上“公允价值变动收益”和“投资收益”，表达式：B5-SUM(B6：B11)+B12+B13。

步骤 9：其他项目数据的生成。在：

B17 单元格中输入公式：=VLOOKUP("6711"，试算平衡表，5，0)。

B19 单元格中输入公式：=B15+B16-B17。

B20 单元格中输入公式：=VLOOKUP("6801"，试算平衡表，5，0)。

B21 单元格中输入公式：=B19-B20。

公式解析(略)。

完成“本期金额”项目数据生成的利润表如图 7-5 所示。

	A	B	C
1	利 润 表		
2			会企02表
3	编制单位：A企业	2016年03月	单位：元
4	项目	本期金额	上期金额
5	一、营业收入	182,500.00	
6	减：营业成本		
7	营业税金及附加		
8	销售费用		
9	管理费用		
10	财务费用		
11	资产减值损失		
12	加：公允价值变动收益（损失以“-”号填列）		
13	投资收益（损失以“-”填列）		
14	其中：对联营企业和合营的投资收益		
15	二、营业利润（亏损以“-”号填列）	182,500.00	
16	加：营业外收入		
17	减：营业外支出	1,602.00	
18	其中：非流动资产处置损失		
19	三、利润总额（亏损总额以“-”号填列）	180,898.00	
20	减：所得税费用		
21	四、净利润（净亏损以“-”号填列）	180,898.00	
22	五、每股收益：		
23	（一）基本每股收益		
24	（二）稀释每股收益		

... 记账凭证打印模板 | 科目汇总表 | 资产负债表 | 利润表

图 7-5 利润表

【巩固技能】

请你以“科目汇总表”工作表为数据源，完成“利润表”的设计与项目数据生成。

任务三　现金流量表的制作

【知识准备】

一、基本概念

现金流量表是指以现金为基础所编制的现金来源和运用的会计报表，编制现金流量表的目的是为了给会计报表使用者提供企业在一定会计期间内现金和现金等价物流入和流出的信息，以便于报表使用者了解和评价企业获取现金和现金等价物的能力，并据以预测企业未来现金流量。

现金流量表中的“现金”是指库存现金、可随时用于支付的存款、其他货币资金以及现金等价物。库存现金是指企业持有可随时用于支付的现金限额；银行存款是指企业存在金融机构随时用于支付的存款；其他货币资金是指企业存在金融机构有特定用途的资金，如外埠存款、银行汇票存款、银行本票存款、信用证存款等；现金等价物是指企业持有的期限短、流动性强、易于转换为已知金额现金、价值变动风险很小的投资。

二、基本结构

目前，我国现金流量表的基本结构由表头、报表主体和补充资料三部分构成。

➢ 表头：包括报表名称、编制单位、报表编号、编报日期和金额单位等。

➢ 报表主体：包括三个方面的内容：一是经营活动所产生的现金流量；二是投资活动产生的现金流量；三是筹资活动产生的现金流量。

➢ 补充资料：包括三个方面的内容：一是以净利润为起算点，将净利润调节为经营活动的现金流量；二是披露一定期间内影响资产和负债，但不形成该时期现金收支的所有投资和筹资活动的信息；三是从现金及现金等价物的期末余额与期初余额比较，得出“现金及现金等价物净增加额”，以核对是否与现金流量表主体内项目的金额相符。

三、现金流量的计算方法

分析现金流量时，计算经营活动现金流量的方法有两种，一种是直接法，另一种是间接法。所以，现金流量表的具体格式又有两种：直接法下的现金流量表格式与间接法下的现金流量格式。我国《企业会计准则——现金流量表》规定采用直接法编表，但同时要求在附注中披露用间接法来计算经营活动的现金流量，所以两者必须同时使用。

➢ 直接法。是指通过现金收入和支出的主要类别来反映来自企业经营活动的现金流量。一般以利润表的营业收入为起算点，调整与经营活动有关的项目的增减变动，从而计算出经营活动的现金流量。在确定企业经营活动现金流量时，可以直接找出企业经营活动的现金收入和现金支出的金额，两者对比的差额即为经营活动现金流量的净额。

➢ 间接法。是指以本期净利润为起算点，调整不涉及现金的收入、费用、营业外收支以及应收、应付项目等的增减变动，从而计算出经营活动的现金流量。

常见的现金流量表格式如图 7-6 所示。

现 金 流 量 表

会企 03 表

编制单位：　　　　　　　______年______月______日　　　　　　　单位：元

项　　目	行次	金　额	项　　目	行次	金　额	项　　目	行次	金　额
一、经营活动产生的现金流量：	1	×	支付的其他与投资活动有关的现金	26		以存货偿还债务	51	
销售商品、提供劳务收到的现金	2		现金流出小计	27		融资租赁固定资产	52	
收到的租金	3		投资活动产生的现金流量净额	28		2. 将净利润调节为经营活动的现金流量：	53	×
收到的税费返还	4		三、筹资活动产生的现金流量：	29	×	净利润	54	
收到的其他与经营流动有关的现金	5		吸收权益性投资所收到的现金	30		加：计提的坏账准备或转销的坏账	55	
现金流入小计	6		发行债券所收到的现金	31		固定资产折旧	56	
购买商品、接受劳务支付的现金	7		借款所收到的现金	32		无形资产摊销	57	
经营租赁所支付的现金	8		收到的其他与筹资活动有关的现金	33		处置固定资产、无形资产及其他长期资产损失（减：收益）	58	
支付给职工以及为职工支付的现金	9		现金流入小计	34		固定资产报废损失	59	
实际交纳的增值税款	10		偿还债务所支付的现金	35		财务费用	60	
支付的所得税款	11		发生筹资费用所支付的现金	36		投资损失（减：收益）	61	
支付的除增值税、所得税以外的其他税费	12		分配股利或利润所支付的现金	37		递延税款贷项（减：借项）	62	
支付的其他与经营流动有关的现金	13		偿付利息所支付的现金	38		存货的减少（减：增加）	63	
现金流出小计	14		融资租赁所支付的现金	39		经营性应收项目的减少（减：增加）	64	
经营活动产生的现金流量净额	15		减少注册资本所支付的现金	40		经营性应付项目的增加（减：减少）	65	
二、投资活动产生的现金流量：	16	×	支付的其他与筹资活动有关的现金	41		其他	66	
收回投资所收到的现金	17		现金流出小计	42		经营活动产生的现金流量净额	67	
分得股利或利润所收到的现金	18		筹资活动产生的现金流量净额	43		3. 现金及现金等价物净增加情况：	68	×
取得债券利息收入所收到的现金	19		四、汇率变动对现金的影响额	44		货币资金的期末余额	69	
处置固定资产、无形资产和其他长期资产收回的现金净额	20		五、现金及现金等价物净增加额	45		减：货币资金的期初余额	70	
收到的其他与投资活动有关的现金	21		附注：	46	×	现金等价物的期末余额	71	
现金流入小计	22		1. 不涉及现金收支的投资和筹资活动：	47	×	减：现金等价物的期初余额	72	
购建固定资产、无形资产和其他长期资产所支付的现金	23		以固定资产偿还债务	48		现金及现金等价物净增加额	73	
权益性投资所支付的现金	24		以投资偿还债务	49			74	
债权性投资所支付的现金	25		以固定资产进行长期投资	50			75	

图7-6　现金流量表样式

【任务描述】

用直接法编制现金流量表。

因为表中数据生成方法是相同的，为节约篇幅，以“经营活动产生的现金流量”的“本期金额”数据编制为例。

【任务分析】

该任务由格式设计和数据处理两部分构成。格式设计可以从网上下载模板，然后根据企业实际情况进行修改完成，也可以自主设计完成；数据的采集应在“记账凭证表”工作表中增加“现金流量表代码”项目，用以标识现金流量表项目，据以计算不同活动的现金流入和流出。

现金流量代码可采用层次顺序组合编码，编码规则 111。编码分三级：第一级表示活动类别，“1”表示经营活动，“2”表示投资活动，“3”表示酬资活动；第二级表示现金流的方向，“1”表示流入，“2”表示流出；第三级是 1 位的流水号。

如：编码“111”表示经营活动现金流流入的第 1 项内容，表示“销售商品、提供劳务收到的现金”；“122”表示经营活动现金流流出的第二项内容，表示“支付给职工以及为职工支付的现金”。

在“现金流量表”的相应位置，返回根据“记账凭证表”工作表中的现金流量项目代码汇总的各项目数据。

【任务实施】

步骤 1：复制“项目 7 任务 2_1. xlsx”，将其副本更名为“项目 7 任务 3_1. xlsx”。

步骤 2：打开“项目 7 任务 3_1. xlsx”工作簿。

步骤 3：在“记账凭证表”工作表中建立现金流量项目代码列表。

步骤 3. 1：选择“记账凭证表”工作表。单击“记账凭证表”工作表标签。

步骤 3. 2：在 M3～N9 单元格区域输入经营活动现金流量项目的代码及内容，如图 7-7 所示。

M	N
现金流量项目代码列表	
111	销售商品、提供劳务收到的现金
112	收到的税费返还
113	收到的其他与经营活动有关的现金
121	购买商品、接受劳务支付的现金
122	支付给职工以及为职工支付的现金
123	支付的各项税费
124	支付的与其他与经营活动有关的现金

图 7-7　现金流量项目代码

现金流量项目代码为数码组合的文本。

步骤 3. 3：命名代码区域。将 M3：M9 单元格区域命名为“现金流量项目代码”。选择 M3：M9 单元格区域，在名称框中输入：“现金流量项目代码”。

步骤 4：在“记账凭证表”工作表的末尾增加“现金流量代码”列，用于标识现金流量项目。

步骤 4.1:在“记账凭证表”工作表的 J2 单元格输入“现金流量代码”。

步骤 4.2:为“记账凭证表”工作表 J 列设置可供选择录入的现金流量代码。

步骤 4.2.1:选择 J3 单元格。

步骤 4.2.2:单击“数据”|“数据工具”|“数据验证”,打开“数据验证”对话框。

步骤 4.2.3:单击“设置”选项卡,在“允许”下拉列表中选择“序列”,勾选“提供下拉箭头”复选框,在“来源”编辑框中输入:=现金流量项目代码。

步骤 4.2.3:单击“确定”按钮。

步骤 4.2.4:鼠标左键拖曳 J3 单元格的填充控制柄到 J38 单元格,完成 J 列其他单元格的数据验证设置。

步骤 5:标记现金流量项目。在“0002”和“0004”号记账凭证的“库存现金”和“银行存款/工商银行(基本户)”对应的“现金流量代码”中,选择“121”;在“0006”和“0013”号记账凭证的“银行存款/工商银行(基本户)”对应的“现金流量代码”中,选择“111”。

在记账凭证表中标记好现金流量代码后,就可以编报“现金流量表”中“经营活动产生的现金流量”了。

步骤 6:新建“现金流量表”工作表。单击工作表标签区的“新工作表”按钮,并将新工作表标签名称修改为“现金流量表”。

步骤 7:根据企业实际输入现金流量表项目名称并进行格式设计,包括字体设置、对齐方式设置、添加表格线、页面布局、文本缩进等操作。

步骤 8:编制日期数据的生成。在 B3 单元格中输入公式:=TEXT(NOW(),"ee 年 mm 月")。

步骤 9:构造“经营活动产生的现金流量”项目公式。

步骤 9.1:“销售商品、提供劳务收到的现金”项目。在 B6 单元格中输入公式:=SUMIF(记账凭证表! $J$3:$J$38,"111",记账凭证表! $G$3:$G$38)。

步骤 9.2:“收到的税费返还”项目。在 B7 单元格中输入公式:=SUMIF(记账凭证表! $J$3:$J$38,"112",记账凭证表! $G$3:$G$38)。

步骤 9.3:“收到的其他与经营活动有关的现金”项目。在 B8 单元格中输入公式:=SUMIF(记账凭证表! $J$3:$J$38,"113",记账凭证表! $G$3:$G$38)。

步骤 9.4:“经营活动现金流入小计”项目。在 B9 单元格中输入公式:=SUM(B6:B8)。

步骤 9.5:“购买商品、接受劳务支付的现金”项目。在 B10 单元格中输入公式:=SUMIF(记账凭证表! $J$3:$J$38,"121",记账凭证表! $H$3:$H$38)。

步骤 9.6:“支付给职工以及为职工支付的现金”项目。在 B11 单元格中输入公式:=SUMIF(记账凭证表! $J$3:$J$38,"122",记账凭证表! $H$3:$H$38)。

步骤 9.7:“支付的各项税费”项目。在 B12 单元格中输入公式:=SUMIF(记账凭证表! $J$3:$J$38,"123",记账凭证表! $H$3:$H$38)。

步骤 9.8:“支付的其他与经营活动有关的现金”项目。在 B13 中输入公式:=SUMIF(记账凭证表! $J$3:$J$38,"124",记账凭证表! $H$3:$H$38)。

步骤 9.9:“经营活动现金流出小计”项目。在 B14 单元格中输入公式:=SUM(B10:B13)。

步骤 9.10:“经营活动产生的现金流量净额”项目。在 B15 单元格中输入公式:=B9-B14。

由于业务较为简单,所以以上现金的流入、流出量的确定,是在记账凭证表中增加辅助列——现金流量代码,然后对记账凭证表中反映企业经营活动的现金流入和现金流出的项目进行标记,最后在现金流量表中返回相应项目金额合计的办法来实现。在实际工作中,可以在编制记账凭证的同时,对现金流量项目进行标记。

在较为复杂的会计实务中,一般是以利润表中的营业收入为起算点,调整与经营活动有关的项目的增减变动,然后计算出经营活动产生的现金流量。如项目"销售商品、提供劳务收到的现金"可根据"主营业务收入""其他业务收入""应收账款""应收票据""预收账款"及"库存现金""银行存款"等账户分析填列。该项目的金额,可以用本期营业收入净额+本期应收账款减少额(-应收账款增加额)+本期应收票据减少额(-应收票据增加额)+本期预收账款增加额(-预收账款减少额)计算得出。在这种方式下,报表的数据来源较为广泛,编制人员可以根据需要从"记账凭证表""试算平衡表"和"科目汇总表"中获取数据。

该例中,B6单元格"销售商品、提供劳务收到的现金"的计算公式也可以写为:

=SUMIF(记账凭证表! E3:E38,"6001",记账凭证表! H3:H38)+SUMIF(记账凭证表! E3:E38,"22210104",记账凭证表! H3:H38)+VLOOKUP("1122",试算平衡表,3,0)-VLOOKUP("1122",试算平衡表,7,0)。

或:

=SUMIF(记账凭证表! E3:E38,"6001",记账凭证表! H3:H38)*1.17+VLOOKUP("1122",试算平衡表,3,0)-VLOOKUP("1122",试算平衡表,7,0)。

结果与在记账凭证表中标识现金流量代码的计算结果是一致的,读者可以用不同的办法分别试一试。

完成"经营活动产生的现金流量"填列的现金流量表如图7-8所示。

	A	B	C
1	**现金流量表**		
2			会企03表
3	编制单位：A企业	编报日期：2016年04月	单位：元
4	项目名称	本期金额	上期金额
5	**一、经营活动产生的现金流量**		
6	销售商品、提供劳务收到的现金	198,900.00	
7	收到的税费返还		
8	收到的其他与经营活动有关的现金		
9	经营活动现金流入小计	198,900.00	
10	购买商品、接受劳务支付的现金	70,700.00	
11	支付给职工以及为职工支付的现金		
12	支付的各项税费		
13	支付的与其他与经营活动有关的现金		
14	经营活动现金流出小计	70,700.00	
15	经营活动产生的现金流量净额	128,200.00	
16	**二、投资活动产生的现金流量**		

图7-8　现金流量表

【巩固技能】

请你对"投资活动产生的现金流量"和"筹资活动产生的现金流量"的各项目进行编码,并对"记账凭证表"工作表中涉及的现金流进行标记,然后完成"投资活动产生的现金流量"和"筹资活动产生的现金流量"各项目数据的填列。

8 项目八 薪酬计算

【背景资料】

某公司是一家小型工业企业，主要有三个部门：厂部、一车间、二车间，人员类别主要有三种：管理人员、辅助管理人员、工人。工资表由基本工资、岗位工资、学历工资、工龄工资、交通补贴、奖金、事假扣款、病假扣款、旷工扣款、应发工资、养老保险、医疗保险、失业保险、住房公积金、个人所得税、实发工资等项目构成，除基本工资因人而异外(要求必须一一输入)，其他项目将根据职工的学历、职务类别、部门、入职时间等情况以及有关规定决定。

各个工资项目发放规定如下：

➢ 基本工资：按与职工签订的合同发放。

➢ 岗位工资：按人员类别发放，管理人员 2000 元，辅助管理人员 1500 元，工人 1200 元。

➢ 学历工资：根据学历发放，博士 200 元，硕士 150 元，本科 100 元，专科 80 元，中专及高中为 50 元，初中及以下没有学历工资。

➢ 工龄工资：根据入职时间发放，发放标准为：1~5 年每月 10 元，6~10 年每月 20 元，11~15 年每月 30 元，16~20 年每月 40 元，21 年及以上每月 50 元。足年计算，按月发放。

➢ 交通补贴：按人员类别发放，管理人员 500 元，辅助管理人员 300 元，工人 150 元。

➢ 奖金：根据部门的效益决定，本月厂部的奖金为 1000 元，一车间的奖金为 800 元，二车间的奖金为 600 元。

➢ 事假扣款规定：如果事假少于 15 天，扣发每天的基本工资和岗位工资(每月按 22 天计算)；如果多于 15 天，扣发当月所有的基本工资和岗位工资。

➢ 病假扣款规定：如果病假少于 15 天，扣发每天的基本工资(每月按 22 天计算)，如果多于 15 天，扣发当月全部基本工资。

➢ 旷工扣款：每旷工 1 天，扣发当月基本工资和岗位工资的 1/5，超过 5 天，扣发当月全部工资。

➢ 社会保险及住房公积金：社会保险及住房公积金的个人缴纳比例为应发

工资的:养老保险 8%,医疗保险 2%,失业保险 1%,住房公积金 10%,医疗保险个人还需缴纳 6 元的大病统筹。

➢ 个人所得税:按月对员工工资、薪金综合所得的应纳税所得额征收个人所得税,起征点(正确叫法是个人所得税费用扣除标准或者免征额)为 5000 元,采用七级超额累进税率,税率为 3%~45%。

【知识目标】

➢ 工资项目的构成
➢ 相关数据表的设计

【技能目标】

➢ 工资表的制作
➢ 个人所得税的计算
➢ 工资条的制作
➢ 工资数据统计
➢ DATEDIF( )、COLUMN( )函数的应用

任务一 员工基本情况表的制作

一、基本结构及数据类型

进行工资核算前,须进行员工基本情况表的创建。员工基本情况表应记录与员工工资相关的基本信息,包括入职时间、学历、部门、人员类别等。

➢ 工号。记录员工的工号信息,文本型。
➢ 姓名。记录员工的姓名,文本型。
➢ 性别。记录员工的性别,文本型。
➢ 入职时间。此项内容记录员工进入该企业的时间,是计算工龄工资的依据,日期型。
➢ 学历。记录员工的学历层次信息,是计算学历工资的依据,文本型。
➢ 部门。记录员工的供职部门,是奖金的计算依据。
➢ 人员类别。记录员工的类别信息,是岗位工资和交通补贴的计算依据。

上述"工号""性别""入职时间""学历""部门""人员类别"等项目,应通过"数据验证"设置,控制数据录入的逻辑错误。

二、数据录入的数据验证要求

➢ 工号。由 4 位数码组成,应保证其唯一性。
➢ 性别。只能录入"男"或"女"。
➢ 入职时间。录入的日期只能在当前日期之前。

➢ 学历。只能录入“博士”“硕士”“本科”“专科”“中专或高中”“初中及以下”六项数据之一。

➢ 部门。只能录入该企业的部门，即只能录入“厂部”“一车间”“二车间”三个部门名称之一。

➢ 人员类别。只能录入“管理人员”“辅助管理人员”和“工人”三种人员分类之一。

【任务分析】

➢ 设计员工基本情况表

➢ 对员工基本情况表的相关项目设置数据验证

➢ 录入 10~12 条员工数据

【任务实施】

步骤 1：新建一名为“项目 8 任务 1_1. xlsx”的工作簿。

步骤 2：打开“项目 8 任务 1_1. xlsx”工作簿，并将“Sheet1”工作表标签更名为“员工基本情况”。

步骤 3：输入员工基本情况表的标题及项目文字。并将“工号”项目（A 列）设置为“文本”、将“入职时间”项目（D 列）设置为“日期”。

步骤 3. 1：在 A1 单元格输入标题文字：员工基本情况表。

步骤 3. 2：依次在 A2~G2 单元格中输入项目文字：工号、姓名、性别、入职时间、学历、部门、人员类别。

步骤 4：设置数据验证。

步骤 4. 1：设置“工号”的数据验证。

步骤 4. 1. 1：选择 A3 单元格。单击 A3 单元格。

步骤 4. 1. 2：单击“数据”|“数据工具”|“数据验证”，打开“数据验证”对话框。

步骤 4. 1. 3：单击“设置”选项卡，在“允许”控制列表中选择“自定义”，在“公式”编辑栏中输入数据验证公式：= AND（TYPE（VALUE（A3））= 1，LEN（A3）= 4，COUNTIF（$A$3：A3，A3）= 1）。

公式解析：

只能输入数字组合，表达式：TYPE（VALUE（A3））= 1。

输入的位数统一控制为四位，表达式：LEN（A3）= 4。

必须保证员工号唯一，表达式：COUNTIF（$A$3：A3，A3）= 1。

由于必须同时保证满足以上三个条件，所以用函数 AND 对三个表达式进行逻辑与运算。只有在返回 TRUE 时才能接受输入，表达式：AND（TYPE（VALUE（A3））= 1，LEN（A3）= 4，COUNTIF（$A$3：A3，A3）= 1）。

步骤 4. 1. 4：单击“出错警告”选项卡，勾选“输入无效数据时显示出错警告”复选，在“样式”控制列表中选择“停止”，在“标题”栏输入“错误”，在“错误信息”编辑框中输入错误提示信息：请输入正确的工号！

步骤 4. 1. 5：单击“确定”按钮。

步骤 4. 2：设置“性别”的数据验证。

步骤 4.2.1:选择 C3 单元格。单击 C3 单元格。

步骤 4.2.2:单击"数据"|"数据工具"|"数据验证",打开"数据验证"对话框。

步骤 4.2.3:单击"设置"选项卡,|"数据工具"|"数据验证",打开"数据验证"对话框。在"允许"控制列表中选择"序列",勾选"忽略空值"和"提供下拉箭头"复选框,在"来源"编辑框中输入:男,女。

步骤 4.2.4:单击"确定"按钮。

步骤 4.3:设置"入职时间"的数据验证。

步骤 4.3.1:选择 D3 单元格。单击 D3 单元格。

步骤 4.3.2:单击"数据"|"数据工具"|"数据验证",打开"数据验证"对话框。

步骤 4.3.3:单击"设置"选项卡,|"数据工具"|"数据验证",打开"数据验证"对话框。在"允许"控制列表中选择"自定义",勾选"忽略空值"复选框,在"公式"编辑框中输入:=D3<=TODAY()。

公式解析:

输入的日期只能在当前日期或当前日期之前,表达式:D3<=TODAY()。

步骤 4.3.4:单击"出错警告"选项卡,勾选"输入无效数据时显示出错警告"复选,在"样式"控制列表中选择"停止",在"标题"栏输入"错误",在"错误信息"编辑框中输入错误提示信息:日期输入有误,请检查!

步骤 4.3.5:单击"确定"按钮。

步骤 4.4:设置"学历"的数据验证。

步骤 4.4.1:选择 E3 单元格。单击 E3 单元格。

步骤 4.4.2:单击"数据"|"数据工具"|"数据验证",打开"数据验证"对话框。

步骤 4.4.3:单击"设置"选项卡,|"数据工具"|"数据验证",打开"数据验证"对话框。在"允许"控制列表中选择"序列",勾选"忽略空值"和"提供下拉箭头"复选框,在"来源"编辑框中输入:博士,硕士,本科,专科,中专或高中,初中及以下。

步骤 4.4.4:单击"确定"按钮。

步骤 4.5:设置"部门"的数据验证。

步骤 4.5.1:选择 F3 单元格。单击 F3 单元格。

步骤 4.5.2:单击"数据"|"数据工具"|"数据验证",打开"数据验证"对话框。

步骤 4.5.3:单击"设置"选项卡,|"数据工具"|"数据验证",打开"数据验证"对话框。在"允许"控制列表中选择"序列",勾选"忽略空值"和"提供下拉箭头"复选框,在"来源"编辑框中输入:厂部,一车间,二车间。

步骤 4.5.4:单击"确定"按钮。

步骤 4.6:设置"人员类别"的数据验证。

步骤 4.6.1:选择 G3 单元格。单击 G3 单元格。

步骤 4.6.2:单击"数据"|"数据工具"|"数据验证",打开"数据验证"对话框。

步骤 4.6.3:单击"设置"选项卡,|"数据工具"|"数据验证",打开"数据验证"对话框。在"允许"控制列表中选择"序列",勾选"忽略空值"和"提供下拉箭头"复选框,在"来源"编辑框中输入:管理人员,辅助管理人员,工人。

步骤 4.6.4:单击"确定"按钮。

步骤 5:将标题文本“员工基本情况表”的字体设置为宋体,字号设置为 18、粗体,跨列居中。

步骤 5.1:选择 A1~G1 单元格区域。

步骤 5.2:在选中区域的任一位置单击鼠标右键,在弹出的快捷菜单中单击“设置单元格格式”,打开“设置单元格格式”对话框。

步骤 5.3:单击“对齐”选项卡,在“水平对齐”控制列表中单击“跨列居中”。

步骤 5.4:单击“字体”选项卡,在“字体”列表中选择“宋体”,在“字形”列表中单击“加粗”,在“字号”列表中单击“18”。

步骤 5.5:单击“确定”按钮。

步骤 6:将 A3~G3 单元格区域的“数据验证”设置复制到 A4~G14 单元格区域。

步骤 6.1:选择 A3:G3 单元格区域。

步骤 6.2:向下拖曳 G3 单元格右下角的填充控制柄到 G14 单元格。

通过步骤 6.1~6.2 的操作,员工基本情况表 3~14 行的“工号”“性别”“入职时间”“学历”“部门”“人员类别”等项目的数据验证设置就完成了。

步骤 7:输入员工数据。

步骤 8:添加表格线。

步骤 8.1:选择 A2~G14 单元格区域。

步骤 8.2:单击“开始”|“字体”|“边框”,在边框线列表中单击“所有框线”。

完成“员工基本情况表”设计和数据录入结果如图 8-1 所示。

	A	B	C	D	E	F	G
1	**员工基本情况表**						
2	工号	姓 名	性别	入职时间	学历	部门	人员类别
3	0001	刘胜利	男	1995年6月3日	博士	一车间	工人
4	0002	张成功	女	1994年9月7日	初中及以下	二车间	工人
5	0003	李沉默	男	2000年3月1日	专科	厂部	管理人员
6	0004	高致远	男	2004年9月12日	硕士	厂部	辅助管理人员
7	0005	罗思源	女	2003年1月1日	本科	一车间	辅助管理人员
8	0006	钟启山	男	2010年7月1日	博士	厂部	管理人员
9	0007	刘得高	男	1999年9月9日	本科	二车间	工人
10	0008	鲁青松	女	1998年6月3日	专科	一车间	管理人员
11	0009	华中原	女	2005年10月1日	本科	二车间	管理人员
12	0010	周勤	男	2008年8月8日	专科	一车间	工人
13	0011	齐敏	男	2007年5月1日	专科	二车间	工人
14	0012	宋歌	女	2011年3月5日	中专或高中	二车间	工人

图 8-1　员工基本情况表

【巩固技能】

请设计员工基本信息表,员工信息由“员工 ID”“姓名”“出生日期”“学历”“员工类别”

等数据项构成。录入信息时应能保证：

- “员工 ID”统一为三位的数字文本，且唯一。
- “出生日期”只能输入当前年份的 16 年以前（包括 16 年）。
- “学历”只能输入“大学本科及以上”“专科”“中专及高中”“初中及以下”之一。
- “员工类别”只能输入“管理人员”“专业技术人员”和“工人”之一。

任务二 考勤统计与工资增项表

【知识准备】

一、考勤统计表结构及数据类型

考勤统计表是工资减项的重要内容，是计算病、事假和旷工扣款的依据，包括以下项目。

- 工号。记录员工的工号信息，文本型。
- 旷工天数。记录员工旷工的天数，数值型。
- 病假天数。记录员工病假天数，数值型。
- 事假天数。记录员工事假天数，数值型。

二、工资增项表结构

工资增项表用于计算工资增项，与员工的学历、入职时间、人员类别以及供职部门有关，包括以下项目。

- 岗位工资。记录员工的岗位工资，按人员类别发放。
- 学历工资。记录员工的学历工资，根据学历发放。
- 工龄工资。记录员工的工龄工资，根据入职时间计算发放。
- 交通补贴。记录员工的交通补贴，按人员类别发放。
- 奖金：记录员工的奖金，按供职部门发放。

三、DATEDIF 函数

DATEDIF 函数用于返回两个日期之间相差的整数。

DATEDIF 函数语法：DATEDIF(Start_date,End_date,Unit)。

DATEDIF 函数语法具有下列参数：

Start_date：必需。时间段的开始日期。

End_date：必需。时间段的结束日期。

Unit：必需。所需信息的返回类型，为“Y”“M”“D”或其组合之一。“Y”为时间段中的整年数，“M”为时间段中的整月数，“D”为时间段中的天数。“MD”为 Start_date 与 End_date 日期中天数的差，可忽略日期中的月和年。“YM”为 Start_date 与 End_date 日期中月数的差，可忽略日期中的日和年。“YD”为 Start_date 与 End_date 日期中天数的差，可忽略日期中的年。

若要计算一个 1989 年 12 月 28 日出生的人的周岁，则可以输入公式：=DATEDIF(DATE(1989,12,28),TODAY(),"Y")。

【任务描述】

设计计算薪酬所需的考勤统计表和工资增项表并生成数据。

【任务分析】

- 设计“考勤统计”和“工资增项”两个基础数据表。
- 在“考勤统计”中录入员工的考勤数据。
- 根据相关规定生成“工资增项”中的数据。

【任务实施】

复制“项目 8 任务 1_1. xlsx”的工作簿,将其副本更名为“项目 8 任务 2_1. xlsx”。

子任务一:考勤统计表设计

步骤 1:新建考勤统计工作表。打开“项目 8 任务 2_1. xlsx”工作簿,单击工作表标签区的“新工作表”,将新工作表标签名改为“考勤统计”。

步骤 2:“考勤统计”工作表设计。

步骤 2. 1:单击“考勤统计”工作表标签。

步骤 2. 2:在 A1 单元格中输入标题文字:考勤统计表。

步骤 2. 3:在 A2~D2 单元格中依次输入项目名称:工号、旷工天数、事假天数、病假天数。

步骤 3:输入工号。

步骤 3. 1:在 A3 单元格中输入公式:=员工基本情况! A3。

步骤 3. 2:向下拖曳 A3 单元格的填充控制柄至 A14 单元格。

步骤 4:添加表格线。选择 A2~D14 单元格区域,单击“开始”|“字体”|“边框”,在边框线列表中单击“所有框线”。

步骤 5:设置考勤数据区数据验证。

步骤 5. 1:选择数据录入区,即 B3~D14。

步骤 5. 2:单击“数据”|“数据工具”|“数据验证”,打开“数据验证”对话框。

步骤 5. 3:单击“设置”选项卡。在“允许”控制列表中选择“小数”,在“数据”列表中选择“介于”,在“最小值”编辑框中输入“0”,在“最大值”编辑框中输入“31”。以免考勤数据出现负数或超过 1 个月总天数的逻辑错误。

步骤 5. 4:单击“确定”按钮。

步骤 6:根据考勤原始记录录入考勤数据。

步骤 7:合并 A1~D1 单元格区域,并将字号设置为“18”,对齐方式为“居中”。

完成“考勤统计”工作表设计和数据录入结果如图 8-2 所示。

	A	B	C	D
1	考勤统计表			
2	工号	旷工天数	病假天数	事假天数
3	0001	2		1
4	0002			
5	0003			3
6	0004		2	
7	0005			
8	0006			
9	0007		3	
10	0008			2
11	0009	1		
12	0010			
13	0011			
14	0012			

图 8-2 考勤统计

子任务二:工资增项表设计

步骤 1:新建工资增项工作表。打开“项目 8 任务 2_1. xlsx”工作簿,单击工作表标签区的“新工作表”,将新工作表标签名改为“工资增项”。

步骤 2:“工资增项”工作表设计。

步骤 2. 1:单击“工资增项”工作表标签。

步骤 2. 2:在 A1 单元格中输入标题文字:工资增项表。

步骤 2. 3:在 A2~F2 单元格中依次输入项目名称:工号、岗位工资、学历工资、工龄工资、交通补贴、奖金。

步骤 3:输入工号。

步骤 3. 1:在 A3 单元格中输入公式:=员工基本情况! A3。

步骤 3. 2:向下拖曳 A3 单元格的填充控制柄至 A14 单元格。

步骤 4:添加表格线。选择 A2~F14 单元格区域,单击“开始”|“字体”|“边框”,在边框线列表中单击“所有框线”。

步骤 5:“岗位工资”数据的生成。

岗位工资由员工的人员类别决定,人员类别存储于“员工基本情况”工作表中,为便于正确生成岗位工资数据,将员工基本情况表的 A3:G14 单元格区域命名为“员工基本情况”。

步骤 5. 1:命名“员工基本情况”。选择“员工基本情况”表的 A3:G14 单元格区域,在“名称框”中输入区域名称:员工基本情况,按【Enter】键。

步骤 5. 2:建立岗位工资对应关系。在工作表标签区单击“新工作表”按钮,将新工作表命名为“标准对照”,在该表中输入岗位名称与岗位工资对应关系,并将对应关系区域命名为“岗位工资”,如图 8-3 所示。

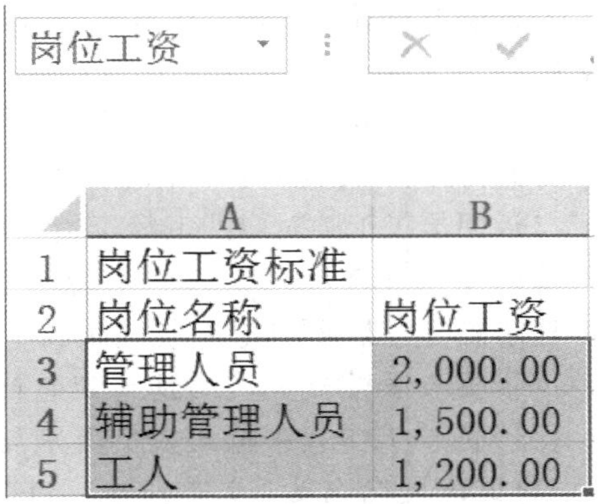

图 8-3　岗位工资标准

在“工资增项”工作表的 B3 单元格中输入公式:=VLOOKUP(VLOOKUP(A3,员工基本情况,7,0),岗位工资,2,0)。

公式解析:

查找指定“工号”的岗位名称。“工号”对应的岗位名称在“员工基本情况”区域的第七列,表达式:VLOOKUP(A3,员工基本情况,7,0)。

返回“岗位名称”对应的“岗位工资”的值。“岗位名称”对应的“岗位工资”的值位于“岗位工资”区域的第 2 列,表达式:=VLOOKUP(VLOOKUP(A3,员工基本情况,7,0),岗位工资,2,0)。

步骤 6:“学历工资”数据的生成。

步骤 6. 1:建立学历工资对应关系。在“标准对照”工作表中输入学历与学历工资的对应关系,并将该区域命名为“学历工资”。该例中,名称“学历工资”对应的区域是 C2:D7。如图 8-4 所示。

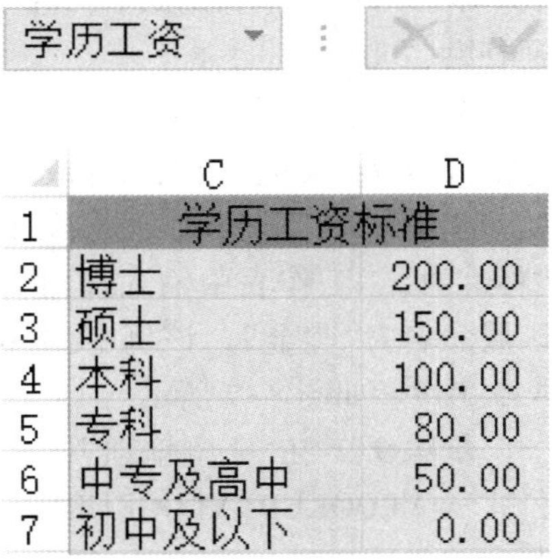

图 8-4　学历工资标准

步骤 6.2：在“工资增项”工作表的 C3 单元格中输入公式：= VLOOKUP（VLOOKUP（A3，员工基本情况，5，0），学历工资，2，0）。

公式解析参看步骤 5。

步骤 7：“工龄工资”数据的生成。

步骤 7.1：建立工龄与工龄工资之间的对应关系。在“标准对照”工作表中输入工龄与工龄工资的对应关系，并将工龄区域命名为“工龄”，工龄工资区域命名为“工龄工资”。该例中，名称“工龄”对应的区域是 A9：A13，名称“工龄工资”对应的区域是 B9：B13。如图 8-5 所示。

	A	B
8	工龄工资标准	
9	1	10.00
10	6	20.00
11	11	30.00
12	16	40.00
13	21	50.00

图 8-5 工龄工资标准

步骤 7.2：在“工资增项”工作表的 D3 单元格中输入公式：= LOOKUP（DATEDIF（VLOOKUP（A3，员工基本情况，4，0），TODAY（），"y"），工龄，工龄工资）。

公式解析：

入职时间位于“员工基本情况”区域的第四列，表达式：VLOOKUP（A3，员工基本情况，4，0）。

员工的工龄（以“年”为单位）由当前时间减去入职时间得到，表达式：DATEDIF（VLOOKUP（A3，员工基本情况，4，0），TODAY（），"y"）。

返回员工工龄对应的工龄工资，表达式：LOOKUP（DATEDIF（VLOOKUP（A3，员工基本情况，4，0），TODAY（），"y"），工龄，工龄工资）。

步骤 8：“交通补贴”数据的生成。

步骤 8.1：建立人员类别与交通补贴的对应关系。在“标准对照”工作表中输入人员类别与交通补贴的对应关系，将该区域命名为“交通补贴”。该例中，名称“交通补贴”对应的区域是 C9：D11。如图 8-6 所示。

交通补贴

	C	D
8	交通补贴标准	
9	管理人员	500.00
10	辅助管理人员	300.00
11	工人	150.00

图 8-6 交通补贴标准

步骤 8.2：在“工资增项”工作表的 E3 单元格中输入公式：=VLOOKUP（VLOOKUP（A3，员工基本情况，7，0），交通补贴，2，0）。

公式解析参看步骤 5。

步骤 9：“奖金”数据的生成。

步骤 9.1：建立员工所属部门与奖金的对应关系。在“标准对照”工作表中输入部门与奖金的对应关系，将该区域命名为“奖金”。该例中，名称“奖金”对应的区域是 A15：B17。如图 8-7 所示。

奖金

	A	B
14	奖金标准	
15	厂部	1,000.00
16	一车间	800.00
17	二车间	600.00

图 8-7 奖金标准

步骤 9.2：在“工资增项”工作表的 F3 单元格中输入公式：= VLOOKUP（VLOOKUP（A3，员工基本情况，6，0），奖金，2，0）。

公式解析参看步骤 5。

完成的“标准对照”工作表如图 8-8 所示。

	A	B	C	D
1	岗位工资标准		学历工资标准	
2	岗位名称	岗位工资	博士	200.00
3	管理人员	2,000.00	硕士	150.00
4	辅助管理人员	1,500.00	本科	100.00
5	工人	1,200.00	专科	80.00
6			中专及高中	50.00
7			初中及以下	0.00
8	工龄工资标准		交通补贴标准	
9	1	10.00	管理人员	500.00
10	6	20.00	辅助管理人员	300.00
11	11	30.00	工人	150.00
12	16	40.00		
13	21	50.00		
14	奖金标准			
15	厂部	1,000.00		
16	一车间	800.00		
17	二车间	600.00		
18				

标准对照　工 …

图 8-8　奖金标准

完成工资增项表项目数据生成结果如图 8-9 所示。

	A	B	C	D	E	F
1	工资增项表					
2	工号	岗位工资	学历工资	工龄工资	交通补贴	奖金
3	0001	1,200.00	200.00	40.00	150.00	800.00
4	0002	1,200.00	0.00	50.00	150.00	600.00
5	0003	2,000.00	80.00	40.00	500.00	1,000.00
6	0004	1,500.00	150.00	30.00	300.00	1,000.00
7	0005	1,500.00	100.00	30.00	300.00	800.00
8	0006	2,000.00	200.00	10.00	500.00	1,000.00
9	0007	1,200.00	100.00	40.00	150.00	600.00
10	0008	2,000.00	80.00	40.00	500.00	800.00
11	0009	2,000.00	100.00	20.00	500.00	600.00
12	0010	1,200.00	80.00	20.00	150.00	800.00
13	0011	1,200.00	80.00	20.00	150.00	600.00
14	0012	1,200.00	50.00	10.00	150.00	600.00

图 8-9　工资增项表

【巩固技能】

请设计员工考勤统计表和工资增项表,工资增项表的项目可任意,其数据应根据员工信息表的项目生成。

任务三　基本工资表与工资减项表

【知识准备】

一、基本工资表结构

基本工资表结构较为简单，只需包括以下两个项目。

➢ 工号。记录员工的工号信息，文本型。
➢ 基本工资。记录签订用工合同时双方商定的基本工资额。

二、工资减项表结构

工资减项表用于计算工资减项，主要内容为旷工扣款、病事假扣款（个人应承担的社会保险不包括在内），该表应包括以下项目。

➢ 工号。记录员工的工号信息，文本型。
➢ 旷工扣款。根据规定计算的因旷工而扣发的工资额。
➢ 病假扣款。根据规定计算的因请病假而扣发的工资额。
➢ 事假扣款。根据规定计算的因请事假而扣发的工资额。

【任务描述】

设计薪酬计算所需的基本工资表和工资减项表并生成数据。

【任务分析】

➢ 设计“基本工资”和“工资减项”两个基础数据表。
➢ 在“基本工资”中录入员工的基本工资数据。
➢ 根据相关规定生成“工资减项”表中的数据。

【任务实施】

复制“项目 8 任务 2_1. xlsx”的工作簿，将其副本更名为“项目 8 任务 3_1. xlsx”。

子任务一：基本工资表设计

步骤 1：新建基本工资工作表。打开“项目 8 任务 3_1. xlsx”工作簿，单击工作表标签区的“新工作表”，将新工作表标签名改为“基本工资”。

步骤 2：“基本工资”工作表设计。

步骤 2. 1：单击“基本工资”工作表标签。

步骤 2. 2：在 A1 单元格中输入标题文字：基本工资表。

步骤 2. 3：在 A2、B2 单元格中依次输入项目名称：工号、基本工资。

步骤 3：输入工号。

步骤 3.1:在 A3 单元格中输入公式:=员工基本情况! A3。

步骤 3.2:向下拖曳 A3 单元格的填充控制柄至 A14 单元格。

步骤 4:添加表格线。选择 A2~B14 单元格区域,单击“开始”|“字体”|“边框”,在边框线列表中单击“所有框线”。

步骤 5:设置基本工资数据区数据验证。

步骤 5.1:选择数据录入区,即 B3~B14。

步骤 5.2:单击“数据”|“数据工具”|“数据验证”,打开“数据验证”对话框。

步骤 5.3:单击“设置”选项卡。在“允许”控制列表中选择“自定义”,在“公式”编辑框中输入公式:=TYPE(B3)=1。

步骤 5.4:单击“出错警告”选项卡,勾选“输入无效数据时显示出错警告”复选框,在“样式”控制列表中选择“停止”,在“标题”编辑栏中输入出错警告对话框的标题文字:错误,在“错误信息”编辑框中输入:只能输入数值。

步骤 5.5:单击“确定”按钮。

步骤 6:录入基本工资数据。

步骤 7:合并 A1、B1 单元格区域,并将字号设置为“18”,对齐方式为“居中”。

子任务二:工资减项表设计

步骤 1:新建工资减项工作表。打开“项目 8 任务 3_1.xlsx”工作簿,单击工作表标签区的“新工作表”,将新工作表标签名改为“工资减项”。

步骤 2:“工资减项”工作表设计。

步骤 2.1:单击“工资减项”工作表标签。

步骤 2.2:在 A1 单元格中输入标题文字:工资减项表。

步骤 2.3:在 A2~D2 单元格中依次输入项目名称:工号、旷工扣款、事假扣款、病假扣款。

步骤 3:输入工号。

步骤 3.1:在 A3 单元格中输入公式:=员工基本情况! A3。

步骤 3.2:向下拖曳 A3 单元格的填充控制柄至 A14 单元格。

步骤 4:“旷工扣款”数据的生成。

为便于计算,需在“工资增项”表中计算出每一员工的工资增项合计。

步骤 4.1:选择“工资增项”表。单击“工资增项”工作表标签。

步骤 4.2:计算工资增项合计。

步骤 4.2.1:在 G2 单元格中输入项目名称:合计。

步骤 4.2.2:在 G3 单元格中输入公式:=SUM(B3:F3)。

步骤 4.2.3:向下拖曳 G3 单元格的填充控制柄到 G14 单元格,计算出所有员工的工资增项合计。

结果如图 8-10 所示。

	A	B	C	D	E	F	G
1	工资增项表						
2	工号	岗位工资	学历工资	工龄工资	交通补贴	奖金	合计
3	0001	1,200.00	200.00	40.00	150.00	800.00	2,390.00
4	0002	1,200.00	0.00	50.00	150.00	600.00	2,000.00
5	0003	2,000.00	80.00	40.00	500.00	1,000.00	3,620.00
6	0004	1,500.00	150.00	30.00	300.00	1,000.00	2,980.00
7	0005	1,500.00	100.00	30.00	300.00	800.00	2,730.00
8	0006	2,000.00	200.00	10.00	500.00	1,000.00	3,710.00
9	0007	1,200.00	100.00	40.00	150.00	600.00	2,090.00
10	0008	2,000.00	80.00	40.00	500.00	800.00	3,420.00
11	0009	2,000.00	100.00	20.00	500.00	600.00	3,220.00
12	0010	1,200.00	80.00	20.00	150.00	800.00	2,250.00
13	0011	1,200.00	80.00	20.00	150.00	600.00	2,050.00
14	0012	1,200.00	50.00	10.00	150.00	600.00	2,010.00

图 8-10　工资增项表计算结果

步骤 4.3：选择“工资减项”表。单击“工资减项”工作表标签。

步骤 4.4：“旷工扣款”数据的生成。在 B3 单元格中输入公式：=IF(VLOOKUP(A3,考勤统计！$A$3:$D$14,2,0)<=5,VLOOKUP(A3,考勤统计！$A$3:$D$14,2,0)*SUM(VLOOKUP(A3,基本工资！$A$3:$B$14,2,0),VLOOKUP(A3,工资增项！$A$3:$B$14,2,0))/5,SUM(VLOOKUP(A3,基本工资！$A$3:$B$14,2,0),VLOOKUP(A3,工资增项！$A$3:$G$14,7,0)))。

公式解析：

查找指定“工号”的旷工天数。“工号”对应的旷工天数记录在“考勤统计”工作表 A3:D14 区域的第二列，表达式：VLOOKUP(A3,考勤统计！$A$3:$D$14,2,0)。

若旷工天数少于 5 天(包括 5 天)，则每天扣发当月基本工资与岗位工资之和的 1/5。“工号”对应的“基本工资”记录在“基本工资”工作表 A3:B14 区域的第二列，表达式：VLOOKUP(A3,基本工资！$A$3:$B$14,2,0)；“工号”对应的“岗位工资”记录在“工资增项”工作表 A3:B14 区域的第二列，表达式：VLOOKUP(A3,工资增项！$A$3:$B$14,2,0)。两者合计的 1/5 的表达式为：SUM(VLOOKUP(A3,基本工资！$A$3:$B$14,2,0),VLOOKUP(A3,工资增项！$A$3:$B$14,2,0))/5。

若旷工天数多于 5 天，则扣发当月全部工资。员工的工资由基本工资和工资增项合计两部分组成，“工号”对应的基本工资记录在“基本工资”工作表 A3:B14 区域的第二列，表达式：VLOOKUP(A3,基本工资！$A$3:$B$14,2,0)；“工号”对应的工资增项合计记录在“工资增项”工作表 A3:G14 区域的第七列，表达式：VLOOKUP(A3,工资增项！$A$3:$G$14,7,0)。两者合计的表达式：SUM(VLOOKUP(A3,基本工资！$A$3:$B$14,2,0),VLOOKUP(A3,工资增项！$A$3:$G$14,7,0))。

步骤 5：“事假扣款”数据的生成。在“工资减项”工作表的 C3 单元格输入公式：=IF(VLOOKUP(A3,考勤统计！$A$3:$D$14,4,0)<=15,VLOOKUP(A3,考勤统计！$A$3:$D$14,4,0)*SUM(VLOOKUP(A3,基本工资！$A$3:$B$14,2,0),VLOOKUP(A3,工资增项！$A$3:$B$14,2,0))/22,SUM(VLOOKUP(A3,基本工资！$A$3:$B

$ 14,2,0),VLOOKUP(A3,工资增项！ $ A $ 3: $ B $ 14,2,0)))。

公式解析：

查找指定“工号”的事假天数。“工号”对应的事假天数记录在“考勤统计”工作表 A3:D14 区域的第四列，表达式：VLOOKUP(A3,考勤统计！ $ A $ 3: $ D $ 14,4,0)。

若事假天数少于 15 天(包括 15 天)，则每天扣发当月基本工资与岗位工资之和的 1/22。“工号”对应的“基本工资”记录在“基本工资”工作表 A3:B14 区域的第 2 列，表达式：VLOOKUP(A3,基本工资！ $ A $ 3: $ B $ 14,2,0)；“工号”对应的“岗位工资”记录在“工资增项”工作表 A3:B14 区域的第二列，表达式：VLOOKUP(A3,工资增项！ $ A $ 3: $ B $ 14,2,0)。两者合计的 1/22 的表达式为：SUM(VLOOKUP(A3,基本工资！ $ A $ 3: $ B $ 14,2,0),VLOOKUP(A3,工资增项！ $ A $ 3: $ B $ 14,2,0))/22。

若事假天数多于 15 天，则扣发当月全部基本工资和岗位工资，表达式：SUM(VLOOKUP(A3,基本工资！ $ A $ 3: $ B $ 14,2,0),VLOOKUP(A3,工资增项！ $ A $ 3: $ B $ 14,2,0))。

步骤 6：“病假扣款”数据的生成。在“工资减项”工作表的 D3 单元格输入公式：=IF(VLOOKUP(A3,考勤统计！ $ A $ 3: $ D $ 14,3,0)<=15,VLOOKUP(A3,考勤统计！ $ A $ 3: $ D $ 14,3,0) * VLOOKUP(A3,基本工资！ $ A $ 3: $ B $ 14,2,0)/22,VLOOKUP(A3,基本工资！ $ A $ 3: $ B $ 14,2,0))。

公式解析：

查找指定“工号”的病假天数。“工号”对应的事假天数记录在“考勤统计”工作表 A3:D14 区域的第三列，表达式：VLOOKUP(A3,考勤统计！ $ A $ 3: $ D $ 14,3,0)。

若病假天数少于 15 天(包括 15 天)，则每天扣发当月基本工资的 1/22。“工号”对应的“基本工资”记录在“基本工资”工作表 A3:B14 区域的第 2 列，表达式：VLOOKUP(A3,基本工资！ $ A $ 3: $ B $ 14,2,0)/22。

若病假天数多于 15 天，则扣发当月全部基本工资，表达式：VLOOKUP(A3,基本工资！ $ A $ 3: $ B $ 14,2,0)。

步骤 7：“减项合计”数据的生成。

步骤 7.1：在“工资减项”工作表的 E2 单元格输入“减项合计”。

步骤 7.2：在 E3 单元格输入公式：=SUM(B3:D3)。

步骤 8：生成“工资减项”工作表的相关数据。

步骤 8.1：选择 B3~E3 单元格区域。

步骤 8.2：向下拖曳 E3 单元格的填充控制柄到 E14 单元格。

通过步骤 8 的操作，完成了“工资减项”工作表各个项目的数据生成。

步骤 9：合并 A1~E1 单元格。将对齐方式设置为“居中”。

完成设置的“工资减项”工作表如图 8-11 所示。

【巩固技能】

设计基本工资表和工资减项表，并结合会计实务学习薪酬核算的实例，完成各个项目数据的生成设计。

	A	B	C	D	E
1	工资减项表				
2	工号	旷工扣款	事假扣款	病假扣款	减项合计
3	0001	640.00			640.00
4	0002				
5	0003		218.18		218.18
6	0004			236.36	236.36
7	0005				
8	0006				
9	0007			286.36	286.36
10	0008		454.55		454.55
11	0009	1,040.00			1,040.00
12	0010				
13	0011				
14	0012				

图 8-11　工资减项表

任务四　工资清单

【知识准备】

一、关于“五险一金”

“五险一金”,是指用人单位给予劳动者的几种保障性待遇的合称,包括养老保险、医疗保险、失业保险、工伤保险和生育保险,还有住房公积金。

二、“五险一金”的个人缴费比例

“五险一金”中,失业保险和工伤保险不需员工个人缴纳,在工资清单中只包括“三险一金”,即养老保险、医疗保险、失业保险和住房公积金。目前个人缴费比例分别是:养老保险8%,医疗保险 2%,失业保险:1%,住房公积金不超过 12%。

三、工资清单项目构成

工资清单用于记录所有员工的工资构成,应包括基本工资、工资增项、工资减项、应发工资、“三险一金”、实发工资等。本例的工资清单应包括以下项目:

工号、姓名、基本工资、岗位工资、学历工资、工龄工资、交通补贴、奖金、旷工扣款、病假扣款、事假扣款、应发工资、养老保险、医疗保险、失业保险、住房公积金、应纳税所得额、应纳个人所得税、实发工资。若该工资清单兼作工资发放表,则还应当包括签名。

四、个人所得税的计算

个人所得税是国家对本国公民、居住在本国境内的个人的所得和境外个人来源于本国的所得征收的一种所得税。个人所得税免征额(习惯上称作起征点)是 5000 元。对个人综合所得征收个人所得税,采用累计预扣预缴方式,适用七级超额累进税率。与工资相关的各项目计算方法如下：

➢ 累计预扣预缴应纳税所得额=累计收入-累计免征额-累计专项扣除-累计专项附加扣除-累计依法确定的其他扣除

其中：

免征额包括每年6万元(每月5000.00元)和符合《中华人民共和国个人所得税法》第四条规定的免纳个人所得税的个人所得。

专项扣除,包括居民个人按照国家规定的范围和标准缴纳的基本养老保险、基本医疗保险、失业保险等社会保险费和住房公积金等(简称“三险一金”)；

专项附加扣除,包括子女教育、继续教育、大病医疗、住房贷款利息或者住房租金、赡养老人等支出。

依法确定的其他扣除,如个人将其所得对教育、扶贫、济困等公益慈善事业捐赠,捐赠额未超过纳税人申报的应纳税所得额百分之三十的部分;国务院规定对公益慈善事业捐赠实行全额税前扣除等。

➢ 应纳个人所得税=应纳税所得额×税率-速算扣除数

➢ 实发工资=应发工资-三险一金-应纳个人所得税

【任务描述】

设计工资清单(兼作工资发放表),并生成项目数据。

【任务分析】

➢ 需设计两个辅助表:个人所得税税率表和三险一金个人缴费比例表,用于计算工资清单中涉及的“三险一金”及个人所得税等相关项目数据。

➢ 工资清单的设计应直观、清楚。

➢ 为便于计算,对相关区域进行命名。

【任务实施】

复制“项目8任务3_1. xlsx”的工作簿,将其副本更名为“项目8任务4_1. xlsx”。

子任务一:制作“三险一金”个人缴费比例表

步骤1:新建三险一金个人缴费比例工作表。打开“项目8任务4_1. xlsx”工作簿,单击工作表标签区的“新工作表”,将新工作表标签名改为“三险一金个人缴费比例”。

步骤2:“三险一金个人缴费比例”工作表设计。

步骤2. 1:单击“三险一金个人缴费比例”工作表标签。

步骤2. 2:依次在A1~A4单元格中输入:养老保险、医疗保险、失业保险、住房公积金。

步骤2. 3:依次在B1~B4单元格中输入相应个人缴费比例:8. 00%、2. 00%、1. 00%、10. 00%。

步骤2. 4:在C2单元格输入“大病统筹”,在D2单元格输入医疗保险中大病统筹的个人缴费金额。

用专门的“三险一金个人缴费比例”工作表记录相关数据,便于个人缴纳比例发生改变时,只需在该表中修改,相关工作表的单元格数据便能自动重算,免去了多表修改单元格公式的麻烦和易发生的错漏。完成“三险一金个人缴费比例”工作表设计的结果如图 8-12 所示。

	A	B	C	D
1	养老保险	8.00%		
2	医疗保险	2.00%	大病统筹	6.00
3	失业保险	1.00%		
4	住房公积金	10.00%		

图 8-12 “三险一金”计算标准

子任务二:制作个人所得税税率表

步骤 1:新建个人所得税税率工作表。打开“项目 8 任务 4_1. xlsx”工作簿,单击工作表标签区的“新工作表”,将新工作表标签名改为“个人所得税税率”。

步骤 2:“个人所得税税率”工作表设计。

步骤 2. 1:单击“个人所得税税率”工作表标签。

步骤 2. 2:在 A1 单元格中输入标题文字:个人所得税税率表。

步骤 2. 3:依次在 A2~E2 单元格中输入项目名称:级数、应纳税所得额、应纳税所得额下限、税率%、速算扣除数。

步骤 2. 4:将 C3:C9 单元格的数字分类设置为“小数位数”为 2,使用千位分隔符的数值型。

步骤 2. 5:将 D3:D9 单元格的数字分类设置为“百分比”,“小数位数”为 2。

步骤 2. 6:将 E3:E9 单元格的数字分类设置为“小数位数”为 2,使用千位分隔符的数值型。

步骤 2. 7:根据现行规定,录入表中数据。

步骤 2. 8:合并 A1~E1 单元格,对齐方式为“居中”,字号为“18”。

步骤 2. 9:添加表格线。选择 A2~E9 单元格,单击“开始”|“字体”|“边框”列表的“所有框线”按钮。

完成“个人所得税税率表”设计及数据录入的结果如图 8-13。

	A	B	C	D	E
1	个人所得税税率表				
2	级数	应纳税所得额	应纳税所得额下限	税率%	速算扣除数
3	1	不超过36000元	0.00	3.00%	0.00
4	2	超过36000元至144000元	36,000.00	10.00%	2,520.00
5	3	超过144000元至300000元	144,000.00	20.00%	16,920.00
6	4	超过300000元至420000元	300,000.00	25.00%	31,920.00
7	5	超过420000元至660000元	420,000.00	30.00%	52,920.00
8	6	超过660000元至960000元	660,000.00	35.00%	85,920.00
9	7	超过960000元	960,000.00	45.00%	181,920.00

个人所得税税率 | 三险一金个人缴费比例 ...

图 8-13 个人所得税税率表

子任务三:制作“个税专项附加及其他扣除”工作表

步骤 1:新建“个税专项附加及其他扣除”工作表。打开“项目 8 任务 4_1.xlsx”工作簿,单击工作表标签区的“新工作表”,将新工作表标签名改为“个税专项附加及其他扣除率”。

步骤 2:“个税专项附加及其他扣除”工作表设计。

步骤 2.1:单击“个税专项附加及其他扣除”工作表标签,依次在该工作表的 A1~I1 单元格输入项目名称:工号、姓名、子女教育、继续教育、大病医疗、住房贷款利息或住房租金、赡养老人、其他、合计。

步骤 2.2:生成“工号”和“姓名”。在 A2 单元格中输入公式“=员工基本情况! A3”,回车确认后生成第一个工号“0001”;使用填充操作将该公式填充复制到 B2 单元,生成对应的姓名“刘胜利”;选择 A2:B2 区域,再次使用填充操作将 A2:B2 的单元格公式向下填充复制到 A13:B13。这样,A2:B13 区域便生成了员工的工号和姓名。

步骤 2.3:输入数据。根据员工的实际情况,输入“个税专项附加及其他扣除”工作表的相应项目数据。

步骤 2.4:计算员工“个税专项附加及其他扣除”合计数。在 I2 单元输入公式“=SUM(C2:H2)”,计算出第一个员工的“个税专项附加及其他扣除”合计数;使用填充操作计算其他员工的合计数。

完成“个税专项附加及其他扣除”工作表设计及数据录入结果如图 8-14 所示。

	A	B	C	D	E	F	G	H	I
1	工号	姓名	子女教育	继续教育	大病医疗	住房贷款利息或住房租金	赡养老人	其他	合计
2	0001	刘胜利	1,000.00					300.00	1,300.00
3	0002	张成功		400.00					400.00
4	0003	李沉默	1,000.00						1,000.00
5	0004	高致远				1,000.00		200.00	1,200.00
6	0005	罗思源					1,000.00		1,000.00
7	0006	钟启山		400.00					400.00
8	0007	刘得高	1,000.00					200.00	1,200.00
9	0008	鲁青松				1,000.00			1,000.00
10	0009	华中原	1,000.00						1,000.00
11	0010	周勤				1,100.00			1,100.00
12	0011	齐敏				1,000.00			1,000.00
13	0012	宋歌		400.00			2,000.00		2,400.00

... | 工资减项 | 个人所得税税率 | 个税专项附加及其他扣除 | ...

图 8-14 个税专项附加及其他扣除

子任务四:制作工资清单

步骤 1:命名与工资清单数据有关的数据区域。

步骤 1.1:将“工资增项”工作表 A3:F14 区域命名为“工资增项”。

步骤 1.2:将“工资减项”工作表 A3:D14 区域命名为“工资减项”。

步骤 2:新建“工资清单”工作表。打开“项目 8 任务 4_1. xlsx”工作簿,单击工作表标签区的“新工作表”,将新工作表标签名改为“工资清单”。

步骤 3:“工资清单”工作表设计。

步骤 3.1:单击“工资清单”工作表标签。

步骤 3.2:在 A1 单元格中输入标题文字:工 资 清 单。

步骤 3. 3:输入表头文字。

完成格式设计的结果如图 8-15 所示。

1	工　资　清　单																			
2	工号	姓名	基本工资	增　项					减　项			应发工资	三险一金				应纳税所得额	个人所得税	实发工资	签　名
3				岗位工资	学历工资	工龄工资	交通补贴	奖金	旷工扣款	事假扣款	病假扣款		养老保险	医疗保险	失业保险	住房公积金				

图 8-15　“工资清单”表头

步骤 4:“工号”数据的生成。在“工资清单”工作表的 A4 单元格输入公式:=员工基本情况! A3。

步骤 5:“姓名”数据的生成:在“工资清单”工作表的 B4 单元格输入公式:=VLOOKUP(A4,员工基本情况,2,0)。

公式解析:

返回 A4(“工号”)在“员工基本情况”区域中对应的第二列(姓名)的数据,表达式:VLOOKUP(A4,员工基本情况,2,0)。

步骤 6:“基本工资”数据的生成:在“工资清单”工作表的 C4 单元格输入公式:=VLOOKUP(A4,基本工资,2,0)。

公式解析:

返回 A4(“工号”)在“基本工资”区域中对应的第二列(基本工资)的数据,表达式:VLOOKUP(A4,基本工资,2,0)。

步骤 7:“岗位工资”数据的生成。在“工资清单”工作表的 D4 单元格输入公式:=VLOOKUP(A4,工资增项,2,0)。

公式解析:

返回 A4(“工号”)在“工资增项”区域中对应的第二列(岗位工资)的数据,表达式:VLOOKUP(A4,工资增项,2,0)。

步骤 8:“学历工资”数据的生成。在“工资清单”工作表的 E4 单元格输入公式:=VLOOKUP(A4,工资增项,3,0)。

公式解析:

返回 A4(“工号”)在“工资增项”区域中对应的第三列(学历工资)的数据,表达式:VLOOKUP(A4,工资增项,3,0)。

步骤 9:“工龄工资”数据的生成。在“工资清单”工作表的 F4 单元格输入公式:=VLOOKUP(A4,工资增项,4,0)。

公式解析:

返回 A4(“工号”)在“工资增项”区域中对应的第四列(工龄工资)的数据,表达式:VLOOKUP(A4,工资增项,4,0)。

步骤 10:“交通补贴”数据的生成。在“工资清单”工作表的 G4 单元格输入公式:=VLOOKUP(A4,工资增项,5,0)。

公式解析:

返回 A4(“工号”)在“工资增项”区域中对应的第五列(交通补贴)的数据,表达式:VLOOKUP(A4,工资增项,5,0)。

步骤 11:“奖金”数据的生成。在“工资清单”工作表的 H4 单元格输入公式:=VLOOKUP(A4,工资增项,6,0)。

公式解析:

返回 A4(“工号”)在“工资增项”区域中对应的第六列(奖金)的数据,表达式:VLOOKUP(A4,工资增项,6,0)。

特别地:步骤 7~步骤 11 公式的第三个参数 2,3,4,5,6 可以用一个统一的参数 COLUMN()-2 表示。这种方式下,在 D4 单元格中输入的公式为:=VLOOKUP($A$4,工资增项,COLUMN(),0),然后向右拖曳 D4 单元格的填充控制柄到 H4 单元格即可完成相关单元格的公式设置。有关 COLUMN 函数的用法,后面有详细介绍。

步骤 12:“旷工扣款”数据的生成。在“工资清单”工作表的 I4 单元格输入公式:=VLOOKUP(A4,工资减项,2,0)。

公式解析:

返回 A4(“工号”)在“工资减项”区域中对应的第二列(旷工扣款)的数据,表达式:VLOOKUP(A4,工资减项,2,0)。

步骤 13:“事假扣款”数据的生成。在“工资清单”工作表的 J4 单元格输入公式:=VLOOKUP(A4,工资减项,3,0)。

公式解析:

返回 A4(“工号”)在“工资减项”区域中对应的第三列(事假扣款)的数据,表达式:VLOOKUP(A4,工资减项,3,0)。

步骤 14:“病假扣款”数据的生成。在“工资清单”工作表的 K4 单元格输入公式:=VLOOKUP(A4,工资减项,4,0)。

公式解析:

返回 A4(“工号”)在“工资减项”区域中对应的第四列(病假扣款)的数据,表达式:VLOOKUP(A4,工资减项,4,0)。

同样地:步骤 12~步骤 14 公式的第三个参数 2,3,4,可以用统一的参数 COLUMN()-7 表示。

步骤 15:“应发工资”数据的生成。在“工资清单”工作表的 L4 单元格输入公式:=SUM(C4:H4)-SUM(I4:K4)。

公式解析:

C4~H4 为基本工资及工资增项,I4~K4 是工资减项,应发工资=基本工资+工资增项-工资减项,表达式:SUM(C4:H4)-SUM(I4:K4)。

步骤 16:“养老保险”数据的生成。在“工资清单”工作表的 M4 单元格输入公式:=L4*三险一金个人缴费比例!$B$1。

公式解析:

养老保险的个人缴费比例数据记录在“三险一金个人缴费比例”工作表的 B1 单元格,个人应缴纳的养老保险金额=应发工资×养老保险个人缴费比例,表达式:L4*三险一金个人缴费比例!$B$1。考虑到复制公式的需要,以绝对引用方式引用养老保险个人缴费比例单元格“三险一金个人缴费比例!$B$1”。

步骤 17:“医疗保险”数据的生成。在“工资清单”工作表的 N4 单元格输入公式:=L4 * 三险一金个人缴费比例! $B$2+三险一金个人缴费比例! $D$2。

公式解析:

医疗保险的个人缴费比例数据记录在“三险一金个人缴费比例”工作表的 B2 单元格,个人应缴纳的大病统筹金额记录在“三险一金个人缴费比例”工作表的 D2 单元格。个人应缴纳的医疗保险金额=应发工资×医疗保险个人缴费比例+个人应缴纳的大病统筹金额,表达式:L4 * 三险一金个人缴费比例! $B$2+三险一金个人缴费比例! $D$2。考虑到复制公式的需要,以绝对引用方式引用医疗保险个人缴费比例单元格“三险一金个人缴费比例! $B$2”和个人应缴纳的大病统筹金额单元格“三险一金个人缴费比例! $D$2”。

步骤 18:“失业保险”数据的生成。在“工资清单”工作表的 O4 单元格输入公式:=L4 * 三险一金个人缴费比例! $B$3。

公式解析:

失业保险的个人缴费比例数据记录在“三险一金个人缴费比例”工作表的 B3 单元格,个人应缴纳的失业保险金额=应发工资×失业保险个人缴费比例,表达式:L4 * 三险一金个人缴费比例! $B$3。考虑到复制公式的需要,以绝对引用方式引用失业保险个人缴费比例单元格“三险一金个人缴费比例! $B$3”。

步骤 19:“住房公积金”数据的生成。在“工资清单”工作表的 P4 单元格输入公式:=L4 * 三险一金个人缴费比例! $B$4。

公式解析:

住房公积金的个人缴费比例数据记录在“三险一金个人缴费比例”工作表的 B4 单元格,个人应缴纳的住房公积金金额=应发工资×住房公积金个人缴费比例,表达式:L4 * 三险一金个人缴费比例! $B$4。考虑到复制公式的需要,以绝对引用方式引用住房公积金个人缴费比例单元格“三险一金个人缴费比例! $B$4”。

步骤 20:“应纳税所得额”数据的生成。

步骤 20.1:将“个税专项附加及其他扣除”工作表的数据区域(A2:I23)命名为“专项附加扣除”。

步骤 20.2:在“工资清单”工作表的 Q4 单元格输入公式:=IF(L4-5000-SUM(M4:P4)-VLOOKUP(A4,专项附加扣除,9,0)>0,L4-5000-SUM(M4:P4)-VLOOKUP(A4,专项附加扣除,9,0),0)。

式中:

- L4:应发工资;
- 5000:免征额;
- SUM(M4:P4):“三险一金”合计数;
- VLOOKUP(A4,专项附加扣除,9,0):专项附加扣除与其他扣除的合计数。

公式解析:

若“应发工资-免征额-累计专项扣除(三险一金)-专项附加扣除与其他扣除”的结果大于 0,该计算结果即为应纳税所得额,即:L4-5000-SUM(M4:P4)-VLOOKUP(A4,专项附加扣除,9,0);否则应纳税所得额为 0。表达式:IF(L4-5000-SUM(M4:P4)-VLOOKUP(A4,

专项附加扣除,9,0)>0,L4-5000-SUM(M4:P4)-VLOOKUP(A4,专项附加扣除,9,0),0)。

步骤 21:“个人所得税”数据的生成。在“工资清单”工作表的 R4 单元格输入公式:=IF(Q4=0,0,Q4 * LOOKUP(Q4,个人所得税税率! $C$3:$C$9,个人所得税税率! $D$3:$D$9)-LOOKUP(Q4,个人所得税税率! $C$3:$C$9,个人所得税税率! $E$3:$E$9))。

公式解析:

若应纳税所得额为 0,则个人所得税也应为 0,表达式:IF(Q4=0,0)。

否则,个人所得税=应纳税所得额×税率-速算扣除数。其中:

应纳税所得额:Q4。

应纳税所得额 Q4 对应的下限区域是:个人所得税税率! $C$3:$C$9。

应纳税所得额 Q4 对应的税率区域是:个人所得税税率! $D$3:$D$9。

应纳税所得额 Q4 对应的速算扣除数区域是:个人所得税税率! $E$3:$E$9。

因此:

应纳税所得额 Q4 应缴纳的个人所得税的计算表达式为:Q4 * LOOKUP(Q4,个人所得税税率! $C$3:$C$9,个人所得税税率! $D$3:$D$9)-LOOKUP(Q4,个人所得税税率! $C$3:$C$9,个人所得税税率! $E$3:$E$9)。

特别说明:

个人所得税的计算,采用累计预扣预缴方式。本例中只涉及第一个月的数据,从第二个月开始,应用公式:

累计预扣预缴应纳税所得额=累计收入(累计应发工资)-累计免征额-累计专项扣除-累计专项附加及其他扣除

据以计算累计应纳个人所得税,再从累计应纳个人所得税中减去本年已累计缴纳的个人所得税,才是本月的应纳个人所得税。

更多关于个人所得税知识请参阅相关专业书籍。

步骤 22:“实发工资”数据的生成。在“工资清单”工作表的 S4 单元格输入公式:=L4-SUM(M4:P4,R4)。

公式解析:

实发工资=应发工资-(“三险一金”+个人所得税),表达式:L4-SUM(M4:P4,R4)。或:

实发工资=应发工资-“三险一金”-个人所得税,表达式:L4-SUM(M4:P4)-R4。

步骤 23:复制工号为“0001”所有工资清单项目的数据生成公式到其他所有工号。

步骤 23.1:选择 A4~T4 区域。

步骤 23.2:向下拖曳 T4 单元格的填充控制柄至 T15 单元格,完成其他所有工号工资清单项目数据的生成。

步骤 24:各工资项目合计数的计算。

步骤 24.1:在 C16 单元格中输入公式:=SUM(C4:C15)。

步骤 24,2:向右拖曳 C16 单元格的填充控制柄至 S16 单元格,完成所有工资清单项目合计数的生成。

步骤 25:添加表格线。

步骤 25. 1:选择画线区域。单击 A2 单元格,按下【Shift】键,单击 T16 单元格,选择 A2:T16 为画线区域。

步骤 25. 2:单击“开始”|“字体”|“边框”列表中的“所有框线”,完成表格线的绘制。

完成工资清单格式设计和数据生成的结果如图 8-16 所示。

工号	姓名	基本工资	增项					减项			应发工资	三险一金				应纳税所得额	个人所得税	实发工资	签名
			岗位工资	学历工资	工龄工资	交通补贴	奖金	旷工扣款	事假扣款	病假扣款		养老保险	医疗保险	失业保险	住房公积金				
0001	刘胜利	5,000.00	1,200.00	200.00	50.00	150.00	800.00	1,240.00			6,160.00	492.80	129.20	61.60	616.00			4,860.40	
0002	张成功	5,200.00	1,200.00		50.00	150.00	600.00				7,200.00	576.00	150.00	72.00	720.00	282.00	8.46	5,673.54	
0003	李沉默	5,800.00	2,000.00	80.00	40.00	500.00	1,000.00		354.55		9,065.45	725.24	187.31	90.65	906.55	1,155.71	34.67	7,121.04	
0004	高致远	5,600.00	1,500.00	150.00	30.00	300.00	1,000.00			509.09	8,070.91	645.67	167.42	80.71	807.09	170.02	5.10	6,364.92	
0005	罗思源	4,100.00	1,500.00	100.00	40.00	300.00	800.00				6,840.00	547.20	142.80	68.40	684.00			5,397.60	
0006	钟启山	4,900.00	2,000.00	200.00	20.00	500.00	1,000.00				8,620.00	689.60	178.40	86.20	862.00	1,403.80	42.11	6,761.69	
0007	刘得高	4,200.00	1,200.00	100.00	40.00	150.00	600.00			572.73	5,717.27	457.38	120.35	57.17	571.73			4,510.65	
0008	鲁青松	5,200.00	2,000.00	80.00	50.00	500.00	800.00		654.55		7,975.45	638.04	165.51	79.75	797.55	294.61	8.84	6,285.77	
0009	华中原	5,200.00	2,000.00	100.00	30.00	500.00	600.00	1,440.00			6,990.00	559.20	145.80	69.90	699.00			5,516.10	
0010	周勤	4,500.00	1,200.00	80.00	30.00	150.00	800.00				6,760.00	540.80	141.20	67.60	676.00			5,334.40	
0011	齐敏	4,200.00	1,200.00	80.00	30.00	150.00	600.00				6,260.00	500.80	131.20	62.60	626.00			4,939.40	
0012	宋歌	4,000.00	1,200.00	50.00	20.00	150.00	600.00				6,020.00	481.60	126.40	60.20	602.00			4,749.80	
合计		57,900.00	18,200.00	1,220.00	430.00	3,500.00	9,200.00	2,680.00	1,009.09	1,081.82	85,679.09	6,854.33	1,785.58	856.79	8,567.91	3,306.14	99.18	67,515.30	

工资减项 | 三险一金个人缴费比例 | 个人所得税税率 | 个税专项附加及其他扣除 | 工资清单

图 8-16　工资清单

【巩固技能】

结合会计实务学习中薪酬核算实例,完成工资清单表的格式设计与制作,并完成数据生成公式的构造。

任务五　工资条打印设计

【知识准备】

一、关于工资条

这里所说的工资条是员工所在单位定期给员工反映其工资构成的纸条,工资条也可以是电子的。

二、工资条项目

工资条应使员工清楚地知道本人的工资构成,切实维护员工的知情权。因此工资条的项目应尽可能全面、详细。本例中,工资条项目与工资清单项目相同。

三、条件格式功能

条件格式就是对符合指定条件的单元格采用的单元格格式。条件格式功能允许以单元格的内容为基础,选择性地或自动地应用单元格格式。

四、COLUMN 函数

COLUMN 函数用于返回指定单元格引用的列号。

COLUMN 函数的语法：COLUMN([reference])。

COLUMN 函数语法具有以下参数：

reference：可选。要返回其列号的单元格或单元格范围。

如果省略参数 reference，则假定该参数为对 COLUMN 函数所在单元格的引用。

若在 E5 单元格输入公式：=COLUMN()，该公式将返回 5，因为 E 是第五列。

【任务描述】

设计打印工资条。

【任务分析】

➢ 因为工资条项目与工资清单项目相同，所以工资条数据工作表的设计只需复制工资清单工作表后进行简单修改得到。

➢ 不同工号的员工工资条之间应有一空行，以便于裁剪。

【任务实施】

步骤 1：复制“项目 8 任务 4_1. xlsx”的工作簿，将其副本更名为“项目 8 任务 5_1. xlsx”。

步骤 2：打开“项目 8 任务 5_1. xlsx”工作簿，鼠标右键“工资清单”工作表标签，在弹出的快捷菜单中单击“移动或复制”。

步骤 3：在“下列选定工作表之前”列表中单击“(移动最后)”，勾选“建立副本”复选框。

步骤 4：单击“确定”按钮。

步骤 5：将副本“工资清单(2)”工作表更名为“工资条数据”。双击“工资清单(2)”工作表标签，将标签名改为：工资条数据。

步骤 6：删除“工资条数据”工作表的第一行、第二行、第十六行。选择“工资条数据”工作表的第一行、第二行、第十六行，鼠标右键单击选中区域，在弹出的快捷菜单中单击“删除”。

步骤 7：删除 T 列。选中 T 列(签名)，鼠标右键单击选中区域，在弹出的快捷菜单中单击“删除”。

步骤 8：在 A1、B1、C1、L1、Q1、R1、S1 单元格中依次输入被删除的项目名称：工号、姓名、基本工资、应发工资、应纳税所得额、个人所得税、实发工资。

完成修改后的“工资条数据”工作表如图 8-17 所示。

步骤 9：新建“打印工资条”工作表。单击工作表标签区的“新工作表”按钮，将新工作表标签更名为“打印工资条”。

步骤 10：生成打印工资条。在“打印工资条”工作表的 A1 单元格输入公式：=IF(MOD(ROW(),3)=0,"",IF(MOD(ROW(),3)=1,工资条数据! A $1,INDEX(工资条数据! $A:$S,((ROW()+4)/3),COLUMN())))。

公式解析：

每个员工的工资条需用 3 行，除第一行、第二行用于显示工资信息外，需另加 1 空行(第三行)分隔员工之间的工资条，以便于裁剪，因此每个员工工资条的第三行应为空行。确定

	A	B	C	D	E	F	G	H	I	J	K	L	M	N	O	P	Q	R	S
1	工号	姓名	基本工资	岗位工资	学历工资	工龄工资	交通补贴	奖金	旷工扣款	事假扣款	病假扣款	应发工资	养老保险	医疗保险	失业保险	住房公积金	应纳税所得额	个人所得税	实发工资
2	0001	刘胜利	5,000.00	1,200.00	200.00	50.00	150.00	800.00	1,240.00			6,160.00	492.80	129.20	61.60	616.00			4,860.40
3	0002	张成功	5,200.00	1,200.00		50.00	150.00	600.00				7,200.00	576.00	150.00	72.00	720.00	282.00	8.46	5,673.54
4	0003	李沉默	5,800.00	2,000.00	80.00	40.00	500.00	1,000.00		354.55		9,065.45	725.24	187.31	90.65	906.55	1,155.71	34.67	7,121.04
5	0004	高致远	5,600.00	1,500.00	150.00	30.00	300.00	1,000.00			509.09	8,070.91	645.67	167.42	80.71	807.09	170.02	5.10	6,364.92
6	0005	罗思源	4,100.00	1,500.00	100.00	40.00	300.00	800.00				6,840.00	547.20	142.80	68.40	684.00			5,397.60
7	0006	钟启山	4,900.00	2,000.00	200.00	20.00	500.00	1,000.00				8,620.00	689.60	178.40	86.20	862.00	1,403.80	42.11	6,761.69
8	0007	刘得高	4,200.00	1,200.00	100.00	40.00	150.00	600.00			572.73	5,717.27	457.38	120.35	57.17	571.73			4,510.65
9	0008	鲁青松	5,200.00	2,000.00	80.00	50.00	500.00	800.00		654.55		7,975.45	638.04	165.51	79.75	797.55	294.61	8.84	6,285.77
10	0009	华中原	5,200.00	2,000.00	100.00	30.00	500.00	600.00	1,440.00			6,990.00	559.20	145.80	69.90	699.00			5,516.10
11	0010	周勤	4,500.00	1,200.00	80.00	30.00	150.00	800.00				6,760.00	540.80	141.20	67.60	676.00			5,334.40
12	0011	齐敏	4,200.00	1,200.00	80.00	30.00	150.00	600.00				6,260.00	500.80	131.20	62.60	626.00			4,939.40
13	0012	宋歌	4,000.00	1,200.00	50.00	20.00	150.00	600.00				6,020.00	481.60	126.40	60.20	602.00			4,749.80
14																			

… 个人所得税税率 | 个税专项附加及其他扣除 | 工资清单 | 工资条数据 | 打印工资…

图 8-17　工资条数据表

是否为某一员工工资条第三行的办法是：用当前行的行次值（可用 ROW( ) 函数得到）与 3 相除的余数是否为 0，若余数为 0，则为某一员工工资条的第三行，值应为空，表达式：IF(MOD(ROW( ),3)=0,"")。该表达式确保了每个员工工资条的最后一行为空。

若当前行的行次值与 3 相除的余数为 1，则返回"工资条数据"的第一行数据，作为每一个员工工资条的项目名称，表达式：IF(MOD(ROW( ),3)=1,工资条数据！A $1。该表达式确保了每一员工工资条的第一行是工资项目名称。

若当前行的行次值与 3 相除的余数既不为 0，也不是 1，则返回"工资条数据"工作表中对应单元格的数据。对应的单元格是这样确定的：行号为当前行次与 4 的和除以 3 的商，列号与当前公式单元格的列号相同，表达式：INDEX(工资条数据！ $A：$S,(ROW( )+4)/3,COLUMN( ))。表达式(ROW( )+4)/3 确保了员工工资数据每隔 3 行从"工资条数据"工作表返回下一个员工的工资数据。

如：A1 单元格应返回的数据。因条件表达式 MOD(ROW( ),3)=1(MOD(1,3)=1)，对应的返回数据的表达式为：工资条数据！A $1，所以 A1 单元格应返回"工资条数据"工作表 A1 单元格的数据："工号"。

A2 单元格应返回的数据：因条件表达式 MOD(ROW( ),3)=2(MOD(2,3)=2)，既不是 0，也不是 1，所以对应的返回数据的表达式为：INDEX(工资条数据！ $A：$S,(ROW( )+4)/3,COLUMN( ))。此时行号(ROW( )+4)/3=2，即(2+4)÷3=2；列号为：A。所以 A2 单元格返回的数据就是"工资条数据"工作表 A2 单元格的内容"0001"。

A3 单元格应返回的数据。因条件表达式 MOD(ROW( ),3)=0(MOD(3,3)=0)，对应的返回数据的表达式为：""，所以 A3 单元格应返回空值。

A4 单元格应返回的数据。因条件表达式 MOD(ROW( ),3)=1(MOD(4,3)=1)，对应的返回数据的表达式为：工资条数据！A $1，所以 A4 单元格应返回"工资条数据"工作表 A1 单元格的数据："工号"。

A5 单元格应返回的数据：因条件表达式 MOD(ROW( ),3)=2(MOD(5,3)=2)，既不是 0，也不是 1，所以对应的返回数据的表达式为：INDEX(工资条数据！ $A：$S,(ROW( )+4)/3,COLUMN( ))。此时行号(ROW( )+4)/3=3，即(5+4)÷3=3；列号为：A。所以 A5 单元格返回的数据就是"工资条数据"工作表 A3 单元格的内容"0002"。

A6 单元格应返回的数据。因条件表达式 MOD(ROW( ),3)=0(MOD(6,3)=0)，对应的返回数据的表达式为:"",所以 A6 单元格应返回空值。

以此类推……。

步骤 11:将 A1 单元格的公式复制到位于第一行的其他单元格。向右拖曳鼠标到 S1 单元格,完成 A1~S1 所有单元格公式的构造。

ROW()+4)/3 可确保依次从“工资条数据”工作表取出相应“工号”的工资项目数据。

步骤 12:生成“打印工资条”工作表第一行其他列的数据。向右拖曳 A1 单元格的填充控制柄到 S 列。

步骤 13:生成“打印工资条”工作表其他单元格的数据。

步骤 13.1:选择 A1~S1 单元格区域。

步骤 13.2:向下拖曳 S1 单元格的填充控制柄到 S36 单元格。

步骤 14:为“打印工资条”工作表数据区域添加表格线。

由于用空行分隔员工之间的工资条,因此空行不需要添加表格线。也就是:单元格如果为空则不需要添加表格线,用“条件格式”功能可批量、快速地在数据区域的非空单元格添加表格线。

步骤 14.1:选择“打印工资条”工作表的 A1~S36 单元格区域。

步骤 14.2:单击“开始”|“样式”|“条件格式”列表的“新建规则”,打开“新建格式规则”对话框,如图 8-18 所示。

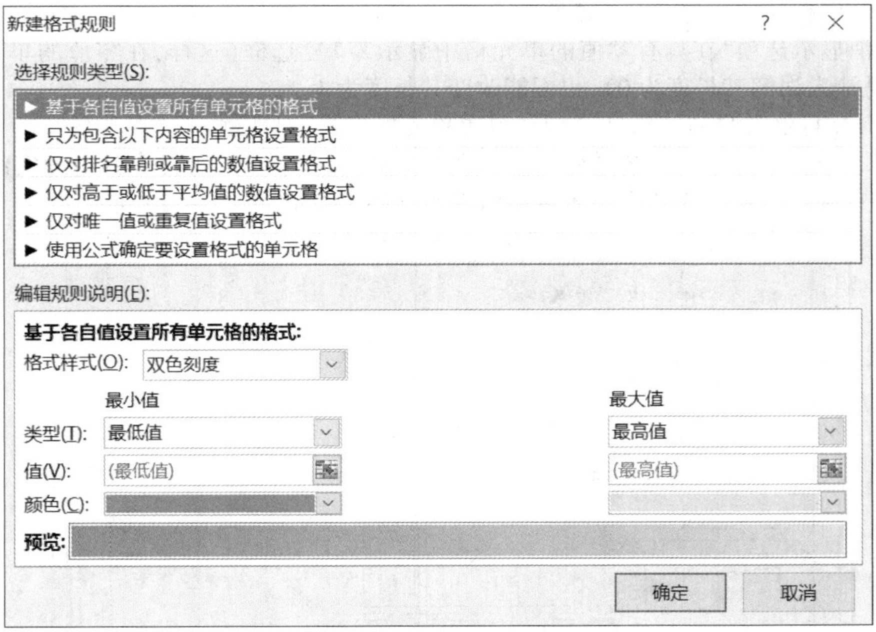

图 8-18　“新建格式规则”对话框

步骤 14.3:在“选择规则类型”列表中单击“使用公式确定要设置格式的单元格”。在打开对话框的“为符合此公式的值设置格式”编辑栏中输入公式:=LEN(A1)>=1,如图 8-19 所示。

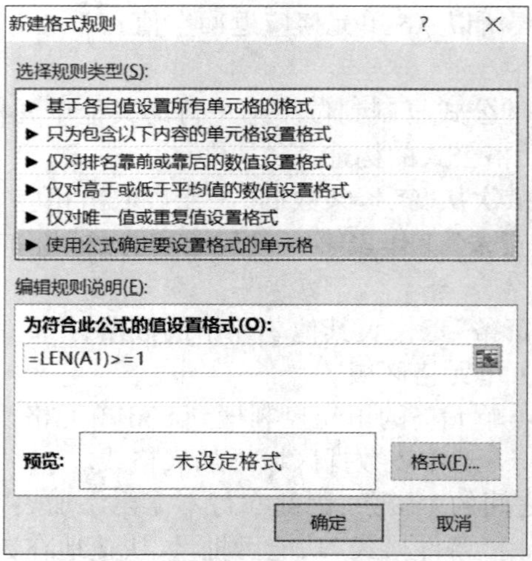

图 8-19　规则公式

公式解析：

LEN(A1)>=1 表示选中区域中,单元格长度如果是 1 个或 1 个字符以上,则应用设定的格式。由于 A1 是该区域的第一个单元格且采用相对引用方式,所以其他单元格的条件格式公式也会作相应的变化。需要说明的是:如果区域中有数值为“0”的单元格,则其长度为 1,即使勾消显示选项“在具有零值的单元格中显示零”复选框(这样,在零值的单元格显示为空,容易让人误解其长度为 0),也不能改变其长度为 1。

步骤 14.4:单击“格式”按钮,打开“设置单元格格式”对话框。

步骤 14.5:单击“边框”选项卡,在“线条”控制区的“样式”列表中单击细实线,在“颜色”列表中选择“自动”;在边框设置区中依次单击四个边框,如图 8-20 所示。

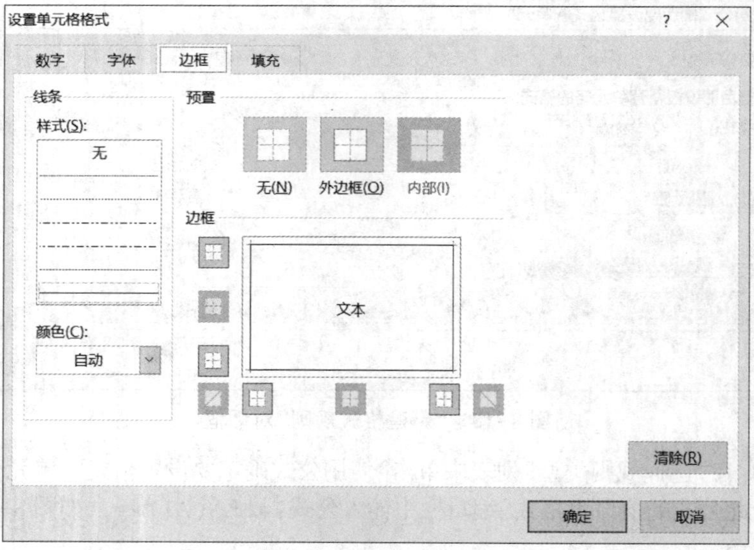

图 8-20　格式设置对话框

步骤 14.6:单击“确定”按钮,返回到图 8-19 所示的对话框,此时“预览”区域显示的文本已由“未设定格式”变成了加了边框的“微软卓越 AaBbCc”。

步骤 14.7:单击“确定”按钮。

通过步骤 14.1~步骤 14.7 操作,“打印工资条”的边框线就添加好了。

可以看到:员工工资条数据的每一个单元格都加了边框线,但作为分隔员工工资条的空行的每个单元格左右两条线都没有被添加表格线。

步骤 15:根据打印机和纸张进行“页面设置”。

完成设置后打印预览效果如图 8-21 所示。

工号	姓名	基本工资	岗位工资	学历工资	工龄工资	交通补贴	奖金	旷工扣款	事假扣款	病假扣款	应发工资	养老保险	医疗保险	失业保险	住房公积金	应纳税所得额	个人所得税	实发工资
0001	刘胜利	5,000.00	1,200.00	200.00	50.00	150.00	800.00	1,240.00			6,160.00	492.80	129.20	61.60	616.00			4,860.40

工号	姓名	基本工资	岗位工资	学历工资	工龄工资	交通补贴	奖金	旷工扣款	事假扣款	病假扣款	应发工资	养老保险	医疗保险	失业保险	住房公积金	应纳税所得额	个人所得税	实发工资
0002	张成功	5,200.00	1,200.00		50.00	150.00	600.00				7,200.00	576.00	150.00	72.00	720.00	282.00	8.46	5,673.54

工号	姓名	基本工资	岗位工资	学历工资	工龄工资	交通补贴	奖金	旷工扣款	事假扣款	病假扣款	应发工资	养老保险	医疗保险	失业保险	住房公积金	应纳税所得额	个人所得税	实发工资
0003	李沉默	5,800.00	2,000.00	80.00	40.00	500.00	1,000.00		354.55		9,065.45	725.24	187.31	90.65	906.55	1,155.71	34.67	7,121.04

工号	姓名	基本工资	岗位工资	学历工资	工龄工资	交通补贴	奖金	旷工扣款	事假扣款	病假扣款	应发工资	养老保险	医疗保险	失业保险	住房公积金	应纳税所得额	个人所得税	实发工资
0004	高歌进	5,600.00	1,500.00	150.00	30.00	300.00	1,000.00			509.09	8,070.91	645.67	167.42	80.71	807.09	170.02	5.10	6,364.92

工号	姓名	基本工资	岗位工资	学历工资	工龄工资	交通补贴	奖金	旷工扣款	事假扣款	病假扣款	应发工资	养老保险	医疗保险	失业保险	住房公积金	应纳税所得额	个人所得税	实发工资
0005	罗是德	4,100.00	1,500.00	100.00	40.00	300.00	800.00				6,840.00	547.20	142.80	68.40	684.00			5,397.60

工号	姓名	基本工资	岗位工资	学历工资	工龄工资	交通补贴	奖金	旷工扣款	事假扣款	病假扣款	应发工资	养老保险	医疗保险	失业保险	住房公积金	应纳税所得额	个人所得税	实发工资
0006	钟泰山	4,900.00	2,000.00	200.00	20.00	500.00	1,000.00				8,620.00	689.60	178.40	86.20	862.00	1,403.80	42.11	6,761.69

工号	姓名	基本工资	岗位工资	学历工资	工龄工资	交通补贴	奖金	旷工扣款	事假扣款	病假扣款	应发工资	养老保险	医疗保险	失业保险	住房公积金	应纳税所得额	个人所得税	实发工资
0007	刘得高	4,200.00	1,200.00	100.00	40.00	150.00	600.00			572.73	5,717.27	457.38	120.35	57.17	571.72			4,510.65

工号	姓名	基本工资	岗位工资	学历工资	工龄工资	交通补贴	奖金	旷工扣款	事假扣款	病假扣款	应发工资	养老保险	医疗保险	失业保险	住房公积金	应纳税所得额	个人所得税	实发工资
0008	鲁青松	5,200.00	2,000.00	80.00	50.00	500.00	800.00		654.55		7,975.45	638.04	165.51	79.75	797.55	294.61	8.84	6,285.77

工号	姓名	基本工资	岗位工资	学历工资	工龄工资	交通补贴	奖金	旷工扣款	事假扣款	病假扣款	应发工资	养老保险	医疗保险	失业保险	住房公积金	应纳税所得额	个人所得税	实发工资
0009	华中原	5,200.00	2,000.00	100.00	30.00	500.00	600.00	1,440.00			6,990.00	559.20	145.80	69.90	699.00			5,516.10

工号	姓名	基本工资	岗位工资	学历工资	工龄工资	交通补贴	奖金	旷工扣款	事假扣款	病假扣款	应发工资	养老保险	医疗保险	失业保险	住房公积金	应纳税所得额	个人所得税	实发工资
0010	周勤	4,500.00	1,200.00	80.00	30.00	150.00	800.00				6,760.00	540.80	141.20	67.60	676.00			5,334.40

工号	姓名	基本工资	岗位工资	学历工资	工龄工资	交通补贴	奖金	旷工扣款	事假扣款	病假扣款	应发工资	养老保险	医疗保险	失业保险	住房公积金	应纳税所得额	个人所得税	实发工资
0011	齐敬	4,200.00	1,200.00	80.00	30.00	150.00	600.00				6,260.00	500.80	131.20	62.60	626.00			4,939.40

工号	姓名	基本工资	岗位工资	学历工资	工龄工资	交通补贴	奖金	旷工扣款	事假扣款	病假扣款	应发工资	养老保险	医疗保险	失业保险	住房公积金	应纳税所得额	个人所得税	实发工资
0012	宋歌	4,000.00	1,200.00	50.00	20.00	150.00	600.00				6,020.00	481.60	126.40	60.20	602.00			4,749.80

图 8-21　工资条

【巩固技能】

结合会计实务学习薪酬核算实例,完成打印工资条的格式设计与制作,并完成数据生成公式的构造和页面设置。

9 项目九 综合练习

为便于数据的使用，增加公式的直观性和可读性，建议在各题中对相关数据表的单元格或单元格区域定义名称，并在构造公式时使用它。

一、基础数据处理练习

某小型零售企业×月零售商品情况见素材文件："综合练习.xlsx"工作簿的"零售情况"工作表。请根据素材文件完成下列操作：

1. 在"零售情况"工作表E列的对应单元设置公式，以给出业绩评价。具体标准是：如果销售业绩大于等于30000元，则为四颗实心五星"★★★★"，大于等于25000元，小于30000元，则为三颗实心五星"★★★"，大于等于20000元，小于25000元，为二颗实心五星"★★"，大于16000元，小于20000元，为一颗实心五星"★"，如里达不到16000元，则为一空心五星"☆"。

2. 分别在"零售情况"工作表的H2、H3、H4、H5单元设置公式，分别统计或计算出彝族员工数、回族男员工数、汉族员工的销售业绩总和、彝族女员工的销售业绩总和。

3. 分别在I4、I5单元格设置公式，将H4、H5单元格的小写金额转换为大写。

二、账务处理练习

某企业应用Excel 2013进行会计核算，该企业会计科目编码方案为4-2-2，请你根据以下资料完成会计业务处理。（资料引用：会计电算化学习与应试指南，中国财政经济出版社，2012年2月第1版，第158~第163页。有修正）

1. 某企业会计科目的基本信息及期初余额如表9-1所示。

表9-1

科目编码	科目名称	借方余额	贷方余额
1001	库存现金	8000	
1002	银行存款	1245000	
1101	交易性金额资产	17000	
1121	应收票据	3200	
1122	应收账款	18000	
1123	预付账款		
1131	应收股利		
1132	应收利息		

（续表）

科目编码	科目名称	借方余额	贷方余额
1221	其他应收款	4000	
1231	坏账准备		
1401	材料采购	229840	
1403	原材料	2365000	
140301	甲材料	9000	
140302	乙材料	2356000	
1405	库存商品	1120459.6	
140501	A 产品	603671.2	
140502	B 产品	516788.4	
1511	长期股权投资	50000	
1601	固定资产	1294715.4	
1602	累计折旧		324000
1604	在建工程		
1701	无形资产	27600	
1702	累计摊销		
1801	长期待摊费用		
2001	短期借款		22000
2201	应付票据		
2202	应付账款		306000
2203	预收账款		36000
2211	应付职工薪酬		50000
221101	应付工资		
221102	应付福利费		50000
2221	应交税费		
222101	应交增值税		
22210101	进项税额		
22210105	销项税额		
22210106	转出未交增值税		
222102	未交增值税		
222106	应交所得税		
222107	应交城建税		
222108	应交教育费附加		
2231	应付利息		
2232	应付股利		
2501	长期借款		1600000
2502	应付债券		158000
4001	实收资本		3621815
4002	资本公积		265000

（续表）

科目编码	科目名称	借方余额	贷方余额
4101	盈余公积		
410101	法定盈余公积		
410103	法定公益金		
4103	本年利润		
4104	利润分配		
410402	提取法定盈余公积		
410403	提取法定公益金		
410410	应付普通股股利		
410415	未分配利润		
5001	生产成本		
5101	制造费用		
6001	主营业务收入		
6051	其他业务收入		
6301	营业外收入		
6401	主营业务成本		
6402	其他业务成本		
6403	税金及附加		
6601	销售费用		
6602	管理费用		
6603	财务费用		
6711	营业外支出		
6801	所得税费用		

1）根据以上基本数据，设计适合 Excel 2013 处理的会计科目及期初余额表并进行相应的数据验证并录入初始数据。数据验证内容应包括：

- 会计科目编码位数只能是 4、6、8 位。
- 会计科目编码只能是阿拉伯数字的组合。
- 会计科目编码的第一位只能是“1,2,3,4,5,6”的其中之一。
- 会计科目编码必须唯一。
- 上级会计科目未定义，不能定义下级会计科目。
- 方向（如果有）只能输入“借”或“贷”。
- 同一科目不能既输入借方余额又输入贷方余额。

2）进行会计科目期初余额试算平衡检查，包括两方面内容：

- 借方余额合计=贷方余额合计。
- 资产余额合计=负债余额合计+所有者权益余额合计。

3）根据会计科目编码自动生成：

- 科目类型。
- 科目级次。
- 是否末级的判断。

2. 设计用于记录记账凭证数据的工作表

应包括以下内容:

- 凭证填制日期:用于记录编制记账凭证的合法日期。
- 凭证编号:应使用统一的编号,比如统一为三位。
- 摘要:经济业务的概要说明。
- 会计科目编码:为自动生成会计科目名称而设计的辅助项目。
- 会计科目名称:应能根据会计科目编码自动生成已经定义的名称。
- 借方金额:记录借方发生额,小数位数为二位。
- 贷方金额:记录贷方发生额,小数位数为二位。

在录入记账凭证数据时,应进行以下数据验证:

- 只能录入末级科目。
- 摘要不能为空,摘要为空时不能录入金额。
- 在同一行次中不能同时输入借方金额和贷方金额。
- 不能出现凭证跳号。
- 当前凭证编号若为空,不能录入金额。
- 必须严格遵守记账规则:有借必有贷,借贷必相等。若有不符合记账规则要求的,不能编制下一张记账凭证。
- 日期的录入不能出现逻辑性错误。

应提供会计科目编码与会计科目对应的科目录入参照列表。

3. 该企业×月发生以下经济业务:

1)1 日,企业销售 B 产品一批,价税合计 678000 元,款项已送存银行。

借:银行存款 678000
　　贷:主营业务收入 600000
　　　　应交税费——应交增值税——销项税额 78000

2)1 日,上月购入的乙材料货到验收入库,价款 229840 元。

借:原材料——乙材料 229840
　　贷:材料采购 229840

3)5 日,收到某发电厂本月拖欠货款 586450 元,款项已存入银行。

借:银行存款 586450
　　贷:应收账款 586450

4)5 日,用银行存款偿还上月购料款 306000 元。

借:应付账款 306000
　　贷:银行存款 306000

5)5 日,开出转账支票一张,支付保险费 1900 元。

借:销售费用 1900
　　贷:银行存款 1900

6)15 日,收到职工罚款 1000 元。

借:库存现金 1000

贷:营业外收入　　　　1900

7)16 日,以银行存款 50000 元捐赠给市福利院。

借:营业外支出　　　　50000

贷:银行存款　　　　50000

8)20 日,暂欠本月借款利息 5000 元,固定资产修理费 6000 元,其中基本生产车间 4500 元,企业管理部门 1500 元。

借:制造费用　　　　4500

管理费用　　　　1500

财务费用　　　　5000

贷:应付账款　　　　11000

9)20 日,支付本月财产保险费和报刊杂志费,其中基本生产车间 3100 元,行政管理部门 2075 元。

借:制造费用　　　　3100

管理费用　　　　2075

贷:银行存款　　　　5175

10)20 日,企业出售 A 产品,价税合计 566450 元,货款尚未收到,开出转账支票一张,垫付运杂费 1450 元。

借:应收账款　　　　566450

贷:主营业务收入　　　　500000

应交税费——应交增值税——销项税额　　　　65000

银行存款　　　　1450

11)24 日,从银行提取现金 805520 元,以备发工资。

借:库存现金　　　　805520

贷:银行存款　　　　805520

12)24 日,以现金发放工资 805520 元。

借:应付职工薪酬——应付工资　　　　805520

贷:库存现金　　　　805520

13)28 日,采购员张明报销差旅费 3850 元,原借款 4000 元,余额退回现金。

借:管理费用　　　　3850

库存现金　　　　150

贷:其他应收款　　　　4000

14)30 日,出售甲材料一批,开出增值税专用发票,售价 10000 元,增值税 1300 元,款项存入银行,该批材料的成本为 9000 元。

借:银行存款　　　　11300

贷:其他业务收入　　　　10000

应交税费——应交增值税——销项税额　　　　1300

借:其他业务成本　　　　9000

贷:原材料——甲材料　　　　9000

15)31 日,办公室购买办公用品价款计 300 元,以现金付讫。

借:管理费用　　　　300

贷:库存现金　　　　300

16)31 日,提现备用 4800 元。

借:库存现金　　4800

　贷:银行存款　　4800

17)31 日,企业向银行借入短期借款 500000 元,存入银行。

借:银行存款　　500000

　贷:短期借款　　500000

18)31 日,收到银行转来的结算凭证,承付购料款及运费等合计 367128 元。其中买价 324000 元,运杂费 1008 元,增值税为 42120 元。

借:材料采购　　325008

　应交税费——应交增值税——进项税额　　42120

　贷:银行存款　　367128

19)31 日,收到星光电机厂投资款 600000 元,存入银行。

借:银行存款　　600000

　贷:实收资本　　600000

20)31 日,分配本月发出材料的实际成本,其中 A 产品耗用 735000 元,B 产品耗用 825000 元,车间一般耗用 70000 元,行政部门耗用 20000 元。

借:生产成本　　1560000

　制造费用　　70000

　管理费用　　20000

　贷:原材料——甲材料　　650000

　　　　——乙材料　　1000000

21)31 日,分配结转本月工资费用,其中 A 产品 428324 元,B 产品 277202 元,车间管理人员工资 39887 元,行政管理人员工资 60107 元。

借:生产成本　　705526

　制造费用　　39887

　管理费用　　60107

　贷:应付职工薪酬——应付工资　　805520

22)31 日,按工资总额的 14%计提职工福利费。

借:生产成本　　98773. 64

　制造费用　　5584. 18

　管理费用　　8414. 98

　贷:应付职工薪酬——应付福利费　　112772. 80

23)31 日,计提本月固定资产折旧,其中基本生产车间 39000 元,行政管理部门 12500 元。

借:制造费用　　39000

　管理费用　　12500

　贷:累计折旧　　51500

24)31 日,分配本月制造费用 16207. 18 元。

借:生产成本　　162071. 18

　贷:制造费用　　162071. 18

25)31 日,结转本月完工产品成本,其中 A 产品成本为 1320531. 36 元,B 产品成本为

1205839.46 元。

借:库存商品——A 产品　　　　　　　　1320531.36
　　　　　——B 产品　　　　　　　　1205839.46
　贷:生产成本　　　　　　　　　　　　2526370.82

26)31 日,结转本月销售成本,其中 A 产品销售成本为 377294.50 元,B 产品销售成本为 430657 元。

借:主营业务成本　　　　　　　　　　807951.50
　贷:库存商品——A 产品　　　　　　　377294.50
　　　　　　——B 产品　　　　　　　430657

27)31 日,计提当月增值税。

借:应交税费——应交增值税——转出未交增值税
　　　　　　　　　　　　　　　　　　102180
　贷:应交税费——未交增值税　　　　　102180

28)31 日,计算应交城建税 9353.4 元,教育费附加 4008.60 元。

借:营业税金及附加　　　　　　　　　13362
　贷:应交税费——应交城建税　　　　　9353.40
　　　　　　——应交教育费附加　　　4008.60

29)31 日,将本月实现的主营业务收入、其他业务收入和营业外收入转入“本年利润”账户。

借:主营业务收入　　　　　　　　　　1100000
　其他业务收入　　　　　　　　　　10000
　营业外收入　　　　　　　　　　　1000
　贷:本年利润　　　　　　　　　　　1111000

30)31 日,月末将主营业务成本、营业税金及附加、其他业务成本和营业外支出、管理费用、财务费用、销售费用转入“本年利润”账户。

借:本年利润　　　　　　　　　　　　995960.48
　贷:主营业务成本　　　　　　　　　807951.50
　　营业税金及附加　　　　　　　　13362
　　其他业务成本　　　　　　　　　9000
　　营业外支出　　　　　　　　　　50000
　　管理费用　　　　　　　　　　　108746.98
　　销售费用　　　　　　　　　　　1900

31)31 日,将本月实现利润 25%计算本月应交所得税。

借:所得税费用　　　　　　　　　　　28759.88
　贷:应交税费——应交所得税　　　　　28759.88

32)31 日,月末将所得税转入“本年利润”账户。

借:本年利润　　　　　　　　　　　　28759.88
　贷:所得税费用　　　　　　　　　　2875.88

33)31 日,按税后利润的 10%提取法定盈余公积。

借:利润分配　　　　　　　　　　　　8627.96
　贷:盈余公积　　　　　　　　　　　8627.96

34)31 日,按税后利润的 40%计算应付投资者利润。

借:利润分配　　　　　　　　　　　　34511.86

　　贷:应付股利　　　　　　　　　　　　34511.86

35)31 日,结转本月实现的净利润。

借:本年利润　　　　　　　　　　　　43139.78

　　贷:利润分配　　　　　　　　　　　　43139.78

将以上经济业务的账务处理录入到记账凭证表中。对于结转业务,建议构建金额计算公式,由公式自动算出。

4. 设计

记账凭证打印模板(格式可参照图 5-1),供打印纸质记账凭证使用,要求:

➢ 输入记账凭证编号,自动生成记账凭证内容。

➢ 对记账凭证模板进行保护,除了能输入记账凭证编号外,其他单元格不能进行选取和修改等操作。

5. 制作科目汇总表

应包括凭证起讫编号、起讫日期、一级科目名称、借方发生额、贷方发生额等基本内容。

6. 制作试算平衡表

应反映期初、本期、期末各个一级科目的借、贷方余额。

7. 制作总分类账

总分类账(格式可参照图 6-9)。总分类账的标题应反映总分类账的科目编码及科目名称,主体内容应包含记账日期、摘要以及对应总账科目的借方金额、贷方金额、余额等基本内容,要求:

➢ 提供生成总分类账的科目编码及科目名称列表。

➢ 根据选择的总分类账科目,自动生成总分类账的数据。

8. 制作明细分类账

明细分类账(格式可参照图 6-12)。明细分类账的标题应反映末级科目的科目编码及科目名称,主体内容应包含记账日期、摘要以及对应总账科目的借方金额、贷方金额、余额等基本内容,要求:

➢ 提供生成明细分类账的科目编码及科目名称列表。

➢ 根据选择的明细分类科目,从记账凭证表中筛选出相关记录,并依次返回到明细分类账相关单元格中。

9. 编制会计报表

1)制作资产负债表(格式参照图 7-1)。

2)制作利润表(格式参照图 7-3)。

3)制作现金流量表(格式参照图 7-6)。

要求:

以上三个财务报表的制作,除格式文字及表格线外,报表的项目数据应通过构造单元格计算公式自动生成。

三、薪酬计算练习

某企业职工薪酬构成情况如下:

1. 基本工资:签订用工合同时确定。

2. 工资增项,包括:

➢ 岗位工资:根据所在岗位不同而不同。具体标准是:人力资源部、财务部、办公室,每人每月 500 元;市场部、策划部,每人每月 550 元;客户部、售后服务部,每人每月 450 元。

➢ 职务工资:总经理每月 2000 元,副总经理每月 1800 元,部门经理每月 1500 元,部门副经理每月 1200 元,一般员工每月 800 元。

➢ 学历工资:博士每月 500 元,硕士每月 400 元,本科每月 300 元,专科每月 260 元,中专及高中每月 200 元。

➢ 职称证书补助:有所从事的专业技术工作职称证书的,高级每月 600 元,中级每月 400 元,初级每月 200 元。

➢ 资格证书补助:有所从事工作的职业资格证书,高级每月 300 元,中级每月 200 元,初级每月 100 元。

➢ 工龄工资:10 年(含)工龄每月 100 元,10~20 年工龄每月 200 元,30 年或以上工龄每月 300 元。

3. 工资减项,包括:

➢ 病事假扣款:1 个月病事假以 15 天为限,超过 15 天,本月只计发基本工资;15 天以内(包括 15 天),全额计发基本工资,其余各项工资按天计发,1 个月以 22 个工作日计算。

➢ 缺旷扣款:缺旷每天扣发 500 元,扣完为止。

4. 应发工资

计算公式为:基本工资+工资增项-工资减项

5. 三险一金

➢ 养老保险:个人缴纳的比例为 8%。

➢ 医疗保险:个人缴纳的比例为 2%,大病统筹每人每月 3 元。

➢ 失业保险:个人缴纳的比例为 0.5%。

➢ 住房公积金:个人缴纳的比例为 12%。

6. 个人所得税

➢ 起征点:5000 元。

➢ 应纳税所得额:应发工资-免征额-三险一金-累计专项扣除-专项附加扣除与其他扣除。

➢ 个人所得税税率及速算扣除数:见图 8-13。

➢ 应纳个人所得税:应纳税所得额×税率-速算扣除数。

7. 实发工资

实发工资=应发工资-(三险一金+个人所得税)

根据以上资料,完成:

➢ 相关数据表(如员工基本情况表、考勤表、工资增项表、工资减项表、个人所得税税率表、三险一金缴纳比例表、个税专项附加及其他扣除等)的设计与数据录入。

➢ 设计工资发放清单,并构造工资发放清单数据单元的计算公式。

➢ 工资条的设计与打印。